U0366756

项目化学习设计的
6项核心技术研究与实践

王先云　蔡英甫　编著

上海交通大学出版社
SHANGHAI JIAO TONG UNIVERSITY PRESS

内容提要

　　本书是海口市秀英区长滨小学项目化学习研究与实践的成果集。全书将项目化学习的理论框架与实际操作紧密结合,通过生动的案例,对项目化学习核心技术的实践应用进行深入地剖析和解读。本书共分为6章:项目化学习中驱动性问题设计的基本方法、项目化学习中小组合作学习有效性的提升策略、项目化学习实施过程中的问题链设计流程范式、项目化学习中可视化学习工具的设计与运用、项目化学习中表现性评价任务及量表的设计、项目化学习中结项展示评价与反思展望的设计,提炼成6项核心技术。这些技术相互关联、相互支持,共同构成了项目化学习设计的核心框架,为读者呈现出一个完整、清晰的项目化学习设计流程,提供全面的技术指导和实施建议。本书适合教育教学研究人员和中小学教师使用。

图书在版编目(CIP)数据

　　项目化学习设计的6项核心技术研究与实践/王先云,
蔡英甫编著. 一上海:上海交通大学出版社,2024.9
ISBN 978 - 7 - 313 - 31573 - 1

Ⅰ.G622.3

中国国家版本馆CIP数据核字第2024GG7839号

项目化学习设计的6项核心技术研究与实践
XIANGMUHUA XUEXI SHEJI DE 6XIANG HEXIN JISHU YANJIU YU SHIJIAN

编　　著:	王先云　蔡英甫			
出版发行:	上海交通大学出版社		地　　址:	上海市番禺路951号
邮政编码:	200030		电　　话:	021 - 64071208
印　　制:	上海新华印刷有限公司		经　　销:	全国新华书店
开　　本:	710mm×1000mm　1/16		印　　张:	15.5
字　　数:	321千字			
版　　次:	2024年9月第1版		印　　次:	2024年9月第1次印刷
书　　号:	ISBN 978 - 7 - 313 - 31573 - 1			
定　　价:	68.00元			

让真实的学习自然发生

2021年12月，琼台师范学院与海口市秀英区长滨小学合作共建实践基地签约授牌。2023年9月，两校在琼台师范学院美术学院举行"产学研协同育人合作共建研讨会"。2024年3月，琼台师范学院与长滨小学产学研合作基地签约授牌。至此，两校开启了产学研深度合作，共同致力于教育、科技、人才"三位一体"统筹部署的实践探索，实现在新形势下高校与基础教育学校教育高质量发展的双赢合作模式。还记得在研讨会上，王先云校长向我们介绍了长滨小学办学的基本情况和合作共建的资源优势。让我们感到意外的是，作为一所新建的学校，长滨小学已经提出鲜明的教育主张——启能教育，构建了良好的育人环境。长滨小学以校本价值观"尊重、欣赏、关爱、支持"引领校园文化环境打造，营造教育氛围，实现外在文化和内在理念的对接。学校在实践中总结出"启能管理"体系，有"五位一体""事上练""S-O-R"等工作方法，培养了一批优秀的青年教师。学校相当重视新时代新形势下的教育变革，以"三课"（课堂、课程、课题）为载体，构建并实施学习素养视角下的项目化学习，开发出"冰爽中药保健饮品""新本草纲目""本草制皂"等一系列的项目化学习特色课程。通过学校的文化内涵看长滨小学的管理层，可以看出王先云校长有思维的深度、眼界的宽度和协作的广度，更有独特的教育思想与见解，这是长滨小学之福。

在当今快速变化的时代，教育面临前所未有的挑战与机遇。教育，作为培养未来社会栋梁的重要基石，其核心理念在于激发学生的学习潜能，培养其独立思考与解决问题的能力。随着教育改革的不断深入，越来越多的教育者开始关注学生的学习体验与学习效果。如何让真实的学习自然发生，使学生在学习过程中不仅能掌握知识，更能提升能力与素养，成为我们面临的重要挑战。项目化学习作为一种新兴的教育理念和实践方式，正逐渐成为教育改革的重要方向。项目化学习是一种以学生为中心、以真实问题为导向，通过团队协作和自主探究来解决问题的学习方式。它突破了传统课堂的束缚，让学生在实践中学习、在合作中成长，从而培养他们的创新精神和实践能力。项目化学习强调学生学习的情境性、问题性和实践性。它要求学生将所学知识运用到实际生活中，通过解决真实问题来提升自身能力。为了实现真实学习，我们需要将课堂与社会、生活紧密相连，让学生在实践中感受知识的力量，体验学习的乐趣。

这是一本极具价值的项目化学习参考书籍，它不仅为读者提供了项目化学习的

理论基础,还深入解析了其核心技术的实践应用,对于教育工作者来说是一本不可多得的指导手册。以下是我品读后的几点感想:

一是理论与实践相结合。本书将项目化学习的理论框架与实际操作紧密结合,既提供了深厚的理论基础,又通过生动的案例展示出如何将这些理论应用于实际教学中。这种理论与实践相结合的方式,使得读者能够在理解学习设计原理的同时,快速掌握实施技巧,实现知识的有效转化。

二是核心技术全面解析。书中详细阐述了项目化学习的 6 项核心技术,包括驱动性问题设计技术、合作学习策略技术、问题链设计技术、可视化学习工具运用技术、表现性评价技术和成果展示技术等方面。本书对每项技术都进行了深入的剖析和解读,为读者提供了全面的技术指导和实施建议。

三是助力教师专业发展。本书不仅关注项目化学习的实施技巧,还注重教师的专业发展。通过学习和研究本书,教师可以不断提升自己的教学水平和专业素养,为未来的职业发展奠定坚实的基础。

四是促进学生主动学习。项目化学习强调学生的主体性和主动性,通过让学生参与项目的全过程,培养他们的问题解决能力、创新思维和团队合作精神。本书所介绍的核心技术,有助于教师更好地引导学生进行主动学习,实现学生的全面发展。

五是适应教育改革趋势。当前教育改革强调以学生为中心,注重培养学生的综合素质和实践能力。项目化学习正是顺应这一趋势的有效教学方法。本书所提供的项目化学习设计理念和核心技术,有助于教育工作者更好地适应教育改革的要求,推动教育教学的创新发展。

六是实用性强,易操作。本书所介绍的项目化学习核心技术具有很强的实用性和可操作性。无论是新手教师还是有经验的教育工作者,都可以通过学习和实践本书中的方法和技术,快速提升自己的项目化教学水平。同时,书中的案例和实践建议也具有很强的指导意义,可以帮助读者更好地将理论知识应用于实际教学中。

新时代的今天,科技高速发展,全球化与信息化已经成为我们日常生活的重要组成部分,多元文化交融,极大地拓宽了我们的视野,改变了我们的思维模式。项目化学习作为一种新兴的教学模式,以其独特的优势逐渐成为教育改革的热点。希望大家通过学习本书中的核心技术,能够深入理解并应用于实践中,共同推动项目化学习的发展。希望琼台师范学院与长滨小学产学研合作取得更加卓越的成果。

琼台师范学院院长 刘湘洪

前　言

近年来,随着新课程的全面实施和教育改革的不断推进,教育方式也在随之改变。新课程倡导学科整合,强调学生的主体性和学科交流互动,培养学生成为具有全面素养和高层次能力的人,而不再强调知识的堆积。新课程的实施,使项目化学习成为培育学生综合素养、解决真实学习问题的有效方法。

我们在项目化学习的研究和实践中,提炼了6项核心技术。这些技术相互关联、相互支持,共同构成了项目化学习设计的核心框架。本书是我校开展项目化学习设计的成果汇编,整体框架由王先云校长和蔡英甫副校长设计,各章开头理论部分的具体撰写者如下:第一章由覃金莹老师负责撰写,第二章由范海娟老师负责撰写,第三章由黄乐妍老师负责撰写,第四章由蔡英甫老师负责撰写,第五章由方立婷老师负责撰写,第六章由李兑如老师负责撰写。

为了验证这些核心技术的有效性,我们选取了多个典型的项目化学习案例进行实践应用。这些案例涵盖的对象是不同学科、不同年级的学生,旨在全面检验核心技术的适用性和可操作性。通过分析这些案例的实施过程、学生表现和成果输出,我们得出了许多有益的启示和经验。我们认识到,技术的运用需要紧密结合学科特点和学生实际,注重创新性和实践性。同时,教师的角色和定位也需要发生相应的转变,从传统的知识传授者转变为学习活动的引导者和支持者,教师角色的定位、教学理念、教学方法等多个方面都需要进行相应的调整和更新,以适应新的学习模式并最大限度地发挥其教育价值。我们愿意将这些经验分享给更多的教育工作者,共同推动项目化学习的发展。

本书是建立在教育实践经验的基础上的,而这些实践经验的取得不是教师个人所能做得到的,而是我们共同创造的。感谢和我们共同创造经验的领导和专家;感谢琼台师范学院刘湘洪院长对长滨小学办学理念的认可,并为本书写序;感谢中国教育学会小学教育专业委员会田荣俊副理事长和上海市教科研专家戴申卫教授的倾情指导;感谢参与项目化学习研究与实践的教师们为本书提供了大量的实证资料,并对6项核心技术进行详细的解析,阐述其理论基础、操作方法和实施要点。在本项目的研究与实践过程中,我们还得到了许多专家和同仁的支持和帮助。在此,我们向他们表示衷心的感谢!

本书只是初步呈现我们在学习素养视角下项目化学习技术方面的研究成果,随着教育信息化的深入推进和人工智能等新技术的发展,项目化学习设计的核心技术将不断得到更新和完善。未来,我们可以预见,问题驱动将更加激趣启思,协作学习将更加高效便捷,问题链设计将更加精准深入,可视化学习工具运用将更加丰富多样,表现性评价将更加开放真实,成果展示将更加多样化和个性化。这些技术的发展将为项目化学习提供更加强大的支持,推动教育改革不断向前发展。

希望本书能够为读者打开如何让学习真实发生、深度发生的思路,为提高项目化学习的效果和质量提供帮助。书中难免存在疏漏或不足之处,敬请读者批评指正,谨致谢忱!

王先云

2024 年 6 月

目 录

第一章

项目化学习中驱动性问题设计的基本方法

驱动性问题的设计在项目化学习中发挥着不可或缺的作用。它犹如一盏明灯，照亮学生探索未知的道路，激发他们的好奇心与求知欲。这些问题不仅为学生提供了明确的学习目标，还引导他们主动思考、深入探究，开展真正意义上的自主化学习。

一、项目化学习中驱动性问题的概念界定

(一)什么是驱动性问题

驱动性问题是指在一个项目或任务中，能够推动参与者深入思考和行动的关键问题。这些问题通常具有挑战性、开放性和综合性等特点，能够激发参与者的兴趣，引导他们进行深入研究和探索。驱动性问题可以帮助参与者明确目标和方向，激发他们的创造力和解决问题的能力，提升他们的团队合作和沟通能力，同时还可以帮助他们更好地理解和掌握相关的知识和技能。

(二)驱动性问题与本质性问题的区别

驱动性问题就是将比较抽象的、深奥的本质问题转化为特定年龄段学生感兴趣的问题。本质问题则是指在特定项目背景下，具有根本性、核心性、引导性和探究性的问题。它通常涉及项目的核心目标和关键议题，需要学习者进行深入思考和探究，本质性问题比较抽象，而驱动性问题则嵌入了学生更感兴趣的情境。

二、高质量驱动性问题的特点

(一)真实性

驱动性问题的真实性对于项目化学习的效果具有重要影响。首先，真实性的驱动性问题能够激发学生的学习兴趣和动力，使他们参与项目学习更加投入。其次，真实性的驱动性问题有助于培养学生的批判性思维能力，使他们在分析和解决问题的过程中形成独立的观点和见解。最后，真实性的驱动性问题还能够提高学生的问题解决技巧和实践能力，使他们在面对现实生活中的挑战时能够更加从容应对。

(二)开放性

驱动性问题是开放性的，驱动性问题的开放性体现在多个层面。首先，其解决方法多元且不可预测，并非简单的"对"或"不对"所能解答，而是鼓励学生进行深入探索和创新，没有固定答案和应试束缚。其次，驱动性问题的设计来源广泛，不拘泥于课堂或教科书，还能从时政热点、师生讨论、学生日常生活等多个渠道汲取灵感，避免框

架限制。再次,设计主体可以是教师自我开发,也能是学生主动构建或提出,凸显了师生共同参与的开放性。最后,问题形式灵活多样,涵盖知识、情感、态度、价值观等多个方面,特别是在思想政治学科,更侧重解决学生的思想困惑、兴趣点、价值冲突和认知误区,从而促进学生心智的解放和核心素养的发展。

(三) 趣味性

高质量的驱动性问题还具有一定的趣味性。从表现的角度来看,驱动性问题的趣味性在于它能够引发学生的好奇心和探索欲望。这类问题通常具有引人入胜的特质,能够激发学生的想象力和兴趣点,使他们产生想要一探究竟的冲动。从内容层面分析,驱动性问题的趣味性在于它紧扣学生的兴趣和经验。教师在设计驱动性问题时,需要充分考虑学生的年龄特点、兴趣爱好和认知水平,选择与学生生活紧密相连、能够触动他们内心的话题。这些问题可能涉及学生感兴趣的热门话题、流行的文化活动、身边的社会现象等,从而让学生在解决问题的过程中感受到乐趣和成就感。从形式层面来看,驱动性问题的趣味性体现在其多样性和创新性上。教师可以采用不同的方式呈现问题,如通过角色扮演、模拟游戏、辩论赛等形式,让学生在轻松愉快的氛围中开展学习。

(四) 挑战性

驱动性问题往往具有一定的难度和挑战性,需要学生付出一定的努力和时间才能找到答案。这种挑战性能够激发学生的探索欲望,激发学生的内在动力,促使他们不断挑战自我,实现个人的成长和进步,促使学习从表面层次到更深层次不断深入,同时使思维从低阶水平跃升至高阶水平。通过确保驱动性问题涵盖这些不同水平的挑战,可以有效地引导学生进行深度学习,提升他们的思维层次,并促进全面素养的发展。

三、驱动性问题的设计与实施

(一) 设计过程中出现的问题

项目化学习中,驱动性问题的重要性不容忽视。它不仅是连接学生现有知识水平与学习目标的桥梁,更是整个学习项目的起点。一个好的驱动性问题应当像一盏指路灯,引导学生自主探索、发现知识,而非被动接受。这类问题通常由教师设计,但更为关键的是,学生需要能够主动发现并理解这些问题,从而驱动自己的学习进程。然而,在实际项目中,教师在驱动性问题的设计和引导上往往存在一定误区。

1. 偏离主题

有些项目化学习在设计时,未能明确问题导向,问题过于宽泛或模糊,导致学习过程失去焦点和目标。因此,驱动性问题必须具体明确,能够引导学生进行深入思考和探究。如果问题过于宽泛,学生可能会感到无从下手,无法有效地聚焦到关键点上。同时,如果问题表述模糊,学生可能会对其产生误解,导致探究方向偏离主题。这种偏离不仅影响学习效率,还可能削弱学生的学习动力和兴趣。

2. 随意性强

很多教师往往根据自己的主观理解来设计驱动性问题,从而导致问题不符合设计要点与规范,未能凸显出驱动性问题的应有特征。此外,部分教师在设计驱动性问题时过于随意,直接将项目化学习的活动主题作为驱动性问题提出。这些问题既不能体现学科性质,也无法关联学习目标。这种设计上的随意性不仅影响驱动性问题的质量,还可能对整个项目化学习的效果产生负面影响。

3. 无法驱动

在设计驱动性问题时,确实容易出现"驱动性"不强的现象,这通常表现为问题缺乏深度和挑战性,或是未基于学生的认知冲突,导致无法激发学生的学习兴趣和内在学习动机。驱动性问题的设计应充分考虑学生的年龄、兴趣、经验等因素,确保问题能够引起他们的共鸣并激发其探究欲望。如果问题过于复杂或超出学生的理解范围,可能会让他们感到挫败,失去对项目的兴趣。

(二) 驱动性问题的设计策略

根据高质量驱动性问题设计的特点,以及考虑到设计过程中出现的问题,一般而言,驱动性问题的设计,主要有以下策略:

1. 问题创设要情境化

在设计驱动性问题时,我们可以将驱动性问题情境化,与学生的生活紧密相连,引导学生从现象出发,深入探究其背后的本质问题。这种学习方式不仅让学生感受到学习的实用性,还能够培养他们的创新能力和实践能力。

如在"我做艾条防蚊虫"的项目教学设计中,教师进行了如下情境设计:

情境描述:长滨小学与海峡为邻,依湖而建。夏天到了,校园内花草树木郁郁葱葱,风景唯美。但此时的蚊子也越来越多,几乎是无处不在,真的是让人防不胜防,严重影响了学生的学习生活。

问题设计:海口是热带滨海城市,我们学校又依湖而建,夏季蚊虫尤其多,我们是不是可以探讨一下,用什么方法去解决这个问题呢?用什么驱蚊产品既方便又实惠,且有助于学生身体健康成长呢?如果用艾草驱蚊,如何使用才会更安全、方便、有效?

又如,在"小学生中草药治疗手册"的项目教学设计中,教师设计了学生在操场摔伤的情境,从而提出了这样的驱动性问题:"小学生在学校体育活动和户外运动中容易受到损伤,为了让学生从体育锻炼中获得全面的发展,在认识到运动损伤在所难免的前提下,学生应该怎样治疗运动损伤呢?"在"体育课活动容易受到损伤"这一话题与学生的学习生活紧密相关,加之任务的驱动,能很好地激发学生的兴趣,促使学生陆续提出"体育课中常见运动损伤有哪些""生活中有哪些中草药可以直接用于治疗运动损伤""如何学会一些常用的中医治疗,并向其他同学、朋友宣传"等子问题,从而进入深度学习。

在情境中产生了真实问题,学生的兴趣一下子被挖掘了出来。这样的过程不仅有助于提升学生的学科素养,还能够培养他们的跨学科思维,增强他们对学科的情感、态度和责任感。通过创设与学生生活紧密相关的情境,能够引导学生从日常生活中发现问题、提出问题,进而通过深度学习解决问题。

2. 问题要推进核心知识的落实

驱动性问题应指向核心知识和科学素养,需要明确项目操作方向,分析并确定学生需掌握的核心概念、跨学科素养。如在"我为蚕宝宝找'家'"的项目化学习中,问题的设计是"一棵成年桑树上的叶子大约够多少个蚕宝宝吃一生"。其核心知识是量感、运算能力、应用意识、创新意识和数据意识。可见该项目的驱动性问题不仅能驱动学生一步步地去探究与完成该项目设计的核心知识,培养学生的量感、运算能力、应用意识、创新意识和数据意识,又具有一定的开放性和挑战性,能够引导学生进行深入的思考和研究。

3. 问题要有结构性和递进性

为了确保项目化学习的持续深入,驱动性问题不仅要把握全局,还应将宏观问题细化为微观问题。这样做不仅能持续吸引学生的注意力,激发其思考热情,还能帮助他们逐步接近并最终实现目标。通过小问题的引导,学生能够在解决问题的过程中逐步积累知识、提升技能,从而实现深度学习。这种层层递进的问题设计有助于保持学生的学习动力,确保项目化学习的持续性和有效性。

如在"为同学们的艾草产品制作包装盒"设计中,由问题"学校需要包装艾条、艾草皂等产品,如何使包装设计既美观又节约成本,实现包装最优化"统领,配合具体的子问题"如何挑选包装纸的材料,如何制作不同形状的包装盒,如何设计包装盒更美观,体现产品特性"进行引导,逐渐深入。

因此,在驱动问题的设计时,应遵循由浅入深、由易到难、由理论到实践、由理解到运用的原则,引导学生逐步深入探索,构建完整的知识体系。这样的设计不仅有助于学生的知识掌握和思维发展,还能促进项目化学习的有效进行。

4. 问题要促进知识的综合

驱动性问题在设计时要能够促进学生深入思考和研究。然而,这类问题通常具备跨学科和综合性的特点,要求学生能够整合数学、语文、劳动等多门学科的知识,以便更全面、深入地探究和解决问题。若学生未能有效整合各学科知识,他们将难以对驱动性问题进行深入思考,创造性地提出解决方案。同时,仅掌握单一学科知识的学生难以拥有全局视野,难以对问题做出全面分析并提出综合性解决方案。因此,在设计项目式学习的驱动性问题时,应更加注重知识的综合性,以提升学生的跨学科整合能力和问题解决能力。

如在"学做小小导购员"研究项目中,教师设计了如下几个问题:"要买什么文具,买哪些文具性价比会高一些呢?""作为一年级的我们,能不能为弟弟妹妹们制订一份性价比高的文具购买清单,帮助他们快速买到最具性价比的文具,尽快适应小学生活?"这些问题可以有效整合数学、语文、信息技术、综合实践等多学科知识;可以完整学习、交流、分析、问题的解决及展示的框架;可以综合学生团队合作、人际交往能力,让学生初步产生理财的意识。

在该项目中,学生在项目实践中能够综合运用所学知识,不仅能深入理解各个学科的知识体系,还能将这些知识有效地融合,形成全面的思维模式和解决问题的能力,从而体现出学习过程的挑战性和实用性。通过驱动性问题的引导,能帮助学生更好地实现知识的跨学科整合,进一步提升自身的综合素质和解决问题的能力。

(三) 驱动性问题的设计路径

设计驱动性问题的起点是深入理解和分析学科的本质问题,这些本质问题通常体现了学科的核心概念和原理。设计驱动性问题的思路主要遵循以下路径:

一是精研教学内容,建立核心知识框架:教师需要首先研究课程标准,明确学科的核心目标和要求。同时深入分析教材和学情,了解学生的知识水平和兴趣爱好,确保驱动性问题既符合学科要求,又能引起学生的兴趣。

二是依托核心知识本质,抽取核心概念:从学习目标中抽取核心概念,这些概念是驱动性问题设计的基石。

三是从学科核心概念中提炼出本质问题:从核心概念中提炼出本质问题,这些问题通常反映出学科的核心原理和挑战。

四是结合真实情境,将本质问题转化为驱动性问题:放置在真实的情境中,这样有助于增强问题的现实感和实用性,也能更好地激发学生的兴趣。根据项目化学习任务,将本质问题转化为具体的驱动性问题,这些问题应该具有启发性和引导性,能够促进学生深入思考和研究。

五是特点解析,规范驱动性问题的表达:对驱动性问题进行特点解析,确保问题的表达清晰、准确、规范,易于被学生理解和接受。

通过这样的设计思路,教师能够创造出既符合学科要求又具有实际意义的驱动性问题,有效促进学生的项目式学习(见图1)。

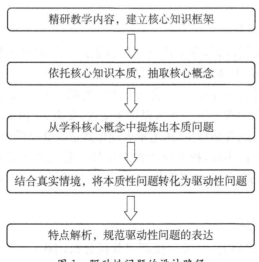

图1 驱动性问题的设计路径

近年来,项目化学习备受瞩目,其众多理念在以核心素养导向下的课程设计与教学实施中起到了关键的启发和引领作用。教师在学习与实践中,不仅要掌握其基本方法与形式,更要深入探究其背后的原因和逻辑。他们应全面了解项目化学习的发展脉络和现实价值,寻求最适合的实践路径和方法。只有这样,他们才能真正发挥项目化学习的优势,提升教育质量,培养具备全面素养的学生。

 案例分享

我做艾条防蚊虫

课程类型	年级	课时数	设计者	实施者
跨学科类项目	四年级	5课时	蔡英甫	蔡英甫

一、项目概述

海口市秀英区长滨小学地处热带滨海城市,随着夏季的到来,校园内蚊子越来越多,频繁骚扰着在校师生。校园内如何防范蚊虫叮咬呢?本项目始终关注"艾草"驱蚊,依托中药园教育基地艾草种植劳动课程,整合语文、科学、美术等学科的重要概念,和多个学科形成关联。学生通过搜索、调查、访谈、咨询等手段来获取信息,并通过信息处理及分析的方式形成基本概念。学生使用各类技能,开展协作式、探究式学习,在解决困扰全校师生蚊虫叮咬问题的同时,学习知识、建立学科联系、掌握技能、使用中医药知识进行防蚊驱蚊和生活保健等,同时还可以传播中医药文化。

二、项目目标

(一)知识与能力目标

(1)语文:通过项目研究,学会用文字语言描述艾草的基本特征、记录项目研究过程、撰写项目报告等,并能通过语言汇报项目开展过程等。

(2)科学:在项目实施过程中,学会艾草防蚊的原理和方法;认识艾草,知道艾草的功效与作用,了解艾草在中医中还可以用于艾灸、艾熏、艾浴等多种疗法。

(3)美术:通过实地观察写生,用艺术表现形式进行艾草绘画写生。

(4)劳动:通过项目实践,提升学生的合作技能和实践技能;掌握手工制作艾条的劳动技能和一般步骤,学会自制艾条,知道如何防潮保存、保持其营养成分和发挥其药效。

(二)学习素养目标

(1)通过本项目的研究,学会根据调研数据分析问题,制作问题清单,整合知识结构,设计制作思维导图。

（2）通过本项目的研究，学会在实践中发现问题，掌握运用可视化学习工具解决问题。

（三）核心价值目标

（1）在项目实施过程中，提高学生的动手能力，使其具备劳动情怀，养成热爱劳动、崇尚劳动的好习惯。

（2）通过项目研究，学生能知道艾草的主要药用价值，了解艾草与中国人的生活有着密切的关系，感受中医传统文化的悠久历史，提高民族自信心与自豪感。

三、挑战性问题

（一）本质问题

如何让学生深入了解中医药文化、认识中草药——艾草在生活中的价值，如：艾草为什么能驱蚊？怎样用艾草驱蚊？

（二）驱动性问题

用什么方法去解决学校夏季蚊虫多这个问题呢？用什么驱蚊产品既方便又实惠且有助于同学们身体健康呢？艾草如何驱蚊才会更安全、方便、有效呢？

四、预期成果

（一）产品形式

（1）艾草绘画写生作品。

（2）绘制艾条制作思维导图。

（3）自制艾条。

（4）相关的演示文稿。

（二）公开方式

学生以小组为单位，带着自己制作的艾条及相关图表、演示文稿等布置艾条产品推销会，向参会的师生介绍项目，呈现产品使用效果，并推销艾条产品。

五、项目评价

（一）过程评价

（1）能否辨识艾草，用语言表达或文字描述的形式说出艾草的生长习性和造型特点，记录艾草的中医药功效与作用。

（2）能否运用绘画技能对艾草进行现场写生。

（3）能否整合知识制作艾条思维导图。

（4）能否熟练掌握晒艾草和制作艾条的劳动技能。

(二) 结果评价

1. 知识技能、合作技能、实践技能的评价量规用表

(1) 知识评价:艾草的"形态特征"以及"功效与作用"的相关评价。

(2) 技能评价:药材的选择、器材的使用、操作技法、沟通评价。

(3) 实操评价:艾草采摘晾晒、手工制作艾条、成品性能检测。

2. 产品展示、项目介绍、营销效果评价

六、项目资源及工具

(一) 项目资源

计算机、网络、与中草药相关的书籍或其他形式的资料信息、绘图工具、美术材料、艾草等。

(二) 制作工具

筛子、盆子、石臼、宣纸、胶水、手工卷条机。

(三) 计划时间表(见表1)

表1 计划时间表

时间	内 容
第1课时	发布项目主题,调查数据分享,确定探究内容,开展入项活动
第2课时	观察艾草特征,了解生长习性,学习功效作用,绘画写生作文
第3、4课时	提供知识技能,掌握技术工具,设计思维导图,手工制作艾条
第5课时	提出修订建议,形成最终成果,演示文稿报告,公开成果展示

七、项目实施设计

(一) 入项活动

(1) 全班学生以小组为单位,利用午读时间,随机对全校师生进行口头问卷调查,寻找校园绿色植被中蚊子最多的地方。

(2) 以小组为单位,统计出被提及次数排名最多的点位。

(3) 公布统计结果,激发学生的驱动力。提出探寻艾草种植区,探寻学生家庭的驱蚊小秘诀。

(二) 项目实施

1. 实地考察,初识艾草

(1) 组织学生参观中药园艾草种植区,观察艾草植物的外形特征。

(2) 完成艾草绘画写生,写出关于艾草形态的说明文。

信息包括植物的高度、叶子的形状、花果的色彩等,植物散发的气味可作为进一步讨论要点。教师提供"艾草绘画写生作品评价量表"(见表2),学生根据审美感知、艺术表现、创意实践、文化理解等学科素养对艾草绘画写生作品进行评价。

表2　艾草绘画写生作品评价量表

评价领域	评价标准	画上你的个性表情吧!		
		自评	组评	师评
审美感知	能否说出艾草植物的组成部分			
	能否准确描述艾叶的形状特征			
艺术表现	能否用线描的形式绘出艾草的基本造型			
	能否准确配对艾草的基本颜色			
创意实践	作品是否有突出艾草生长习性的特写部分			
	作品是否有描写关于艾草形态的说明文			
文化理解	能否用语言表达自己对美术作品的感受			
	能否简单说一说艾草驱蚊对生活的影响			
表情评价	☺ 非常满意	☺ 比较满意		☹ 不满意
综合评语				

2. 运用问题链,促进深研艾草

(1) 教师运用如下问题链促进学生去思考和探索。

① 一棵完整的艾草植物由几个部分组成?

② 艾草叶片的形状特点是什么?

③ 艾草有什么样的气味?

(2) 小组讨论艾草的特征和作用。

① 辨识艾草最有效的方法主要是什么?

② 为什么艾草的种植区没有蚊子?

3. 开展分享会,提升认知与表达能力

根据主题引入中医药文化词汇,学生通过文字描述和语言表达对中草药的初步认识。

如艾草主茎较粗长,根茎为深褐色、暗红色,发枝较短;艾草的叶片呈现卵形,边缘具有不规则的锯齿状,叶片的正反两面分别为灰绿色和灰白色,密布白色的短绒毛。

如艾草本身是一种比较芳香的中药材,有一种纯天然的特殊香味,艾草中还含有一定的挥发油,这些都能有效驱除蚊虫。

如艾叶为艾草植物的叶子。艾草性温、味辛,具有温经止血、祛风散寒及杀虫除湿的功效,可以用于制作艾条、艾熏、艾浴等多种艾草疗法,被广泛用于中药中。

4. 比较驱蚊产品,探索艾草驱蚊的使用方式

(1)学生广泛收集平时常用的驱蚊产品资料。

(2)教师运用如下问题链驱动学生深入探索:①你平时常用什么产品驱蚊?②各式驱蚊产品都有哪些优点和不足?③中草药艾条驱蚊,还有哪些功效和作用?④你更喜欢用哪一种产品?说一说原因?统计出各种驱蚊方法或产品的优缺点(见表3)。

表3 驱蚊产品调查信息统计表

产品	适用场所	使用效果	不足之处	其他功效	是否选用
防蚊喷液					
灭蚊灯					
电蚊香片					
蚊香					
艾条					

(3)以小组为单位,进行头脑风暴,组织学生展开讨论,提出校内驱蚊的方式,形成小组创见。

(4)发表意见,形成决策。全班学生对各小组提出的意见进行分析,运用项目化学习工具查询,填写"驱蚊产品使用利弊分析表"(见表4)。教师运用如下问题链驱动学生继续思考:①是否含有化学成分?②是否适合学校现在的学习环境?③是否有益学生健康成长?④是否方便携带和使用?⑤是否可以节约经费支出?

表4 驱蚊产品使用利弊分析表

产品	有效成分	驱蚊时长	适用年龄	便捷与否	经费预算
防蚊喷液					
灭蚊灯					
电蚊香片					
蚊香					
艾条					

为了帮助学生完成以上任务,我们为其提供了三种类型的知识技能:一是解决该问题所需的学科知识技能,二是项目化学习过程中所需的技术工具(收集信息、中医药书籍和小红书 APP 网络工具),三是合作技能。

5. 探究制作方法,手工制作艾条

(1)小组设计"手工制作艾条"的思维导图。各小组通过小红书、网络查询或自媒体视频学习,了解"手工制作艾条"的方法和步骤,使用不同的设计思维,设计"手工制作艾条"的思维导图,内容包括选艾草、晒艾草、摘艾叶、制艾条等方法和步骤的可行性分析。学生需要决定哪个设计方案是最成功的,并且思考为什么。

教师从以下几个方面驱动学生思考:安全生产、批量生产、防潮保存。学生完成

"思维导图小组活动成果展示的评价量表"(见表5),量化评分进行自我评价。

表5　思维导图小组活动成果展示的评价量表

项目	评价标准	得分
美观性(10分)	颜色和形状新颖;有视觉效果	
简洁性(10分)	抓住中心、关键词	
完整性(10分)	内容全面,科学概念要点无遗漏	
正确性(30分)	主题明确;概念准确;关系合理	
结构性(20分)	层次分明;思路清晰	
形象性(10分)	符号具有独特性;图标指示性强	
参与度(10分)	小组成员有团队意识,能群力群策,交流积极主动	

(2) 各小组分工合作,使用项目工具,手工制作一条长15厘米的艾条。通过尝试,熟练掌握晒艾草和制作艾条的劳动技能、方法和步骤。教师运用如下问题链驱动学生操作实践:①你制作艾条是准备自制使用还是批量生产?②你选择什么样的工具来制作艾条?③你选择什么样的纸张来卷艾条?④艾叶放小石臼里捣碎,大概几分钟就出绒,捣碎直至什么样为最佳状态?⑤为什么有些工匠要用筛子把叶脉筛掉,只留艾绒?⑥你制作完成一根艾条需要多长时间?⑦你们小组的制作方法适合批量生产吗?⑧你是否简单地记录下小组实践操作的步骤?

如手工卷条机内铺上宣纸,压下去,放入适量艾绒,任意调整直径,做成想要的粗细,用力压紧压实,最后涂上胶水或者糯糊,晾干,制作成品。

学生需要记录探究制作数据,并交流分享经验(见表6)。

表6　学生探究制作艾条记录表(一)

目标管理	是否要批量生产
使用工具	小组选择的实操工具有哪些
纸张类型	小组选择什么类型的卷条纸张
捣绒时间	捣碎艾叶出绒需要多少分钟
出绒状态	撕开带绒的状态是怎么样的
过筛效果	是否用筛子把叶脉筛掉,只留艾绒,效果如何
制成时长	小组制作完成要多少分钟
生产条件	小组制作的方法是否适合批量生产
操作步骤	

教师运用如下问题链驱动学生合作探讨:①你选择什么样的艾草?②晒艾草要有哪些注意事项?③艾条防潮有哪些方法?④合作过程中如有意见分歧你是怎么处理的?

学生需要记录探究制作心得,并交流分享经验(见表7)。

表 7 学生探究制作艾条记录表(二)

我的任务:
我的发现:
我猜这可能是因为:
我解决该问题的方法:
小组探讨解决该问题的方法:

(3)自制艾条。为了帮助学生完成以上任务,学校为其提供了手工制作艾条的工具,有筛盆、石臼、宣纸、胶水、手工卷条机等。学生自制艾条驱蚊产品,并完成教师提供的"探究小组 PBL 实践评价表"(见表 8)。

表 8 "自制艾条驱蚊产品"探究小组 PBL 实践评价表

评价要素	主要指标	评价结果(☆☆☆)		
		自评	组评	师评
驱蚊产品调研	积极参与小组分工,调查产品数量达到 10 个以上,善于解决过程中遇到的问题			
调查结果分析	能从驱蚊产品有效成分、防护时长、价格等方面进行综合分析,筛选出适用的驱蚊产品			
自制驱蚊产品	与小组成员积极配合,动手能力强,熟练掌握驱蚊艾条的制作方法			
展示汇报	声音响亮、吐字清晰,表达流利,能较好地呈现出探究结果			
收获的评语				

6. 试验、探讨与矫正

(1)点燃自制的手工艾条,观察烟火和灰烬,烟火柔和、灰烬为白色俱佳。并根据艾条的驱蚊效果确定调整艾条直径,提出修订建议。

(2)个体和项目小组根据意见修订自己的成果(见表 9)。

表 9 自制艾条试验修正表

第一次试验			第二次试验		
晒艾草	捣艾绒	卷艾条	晒艾草	捣艾绒	卷艾条
天气:	用时:	直径:	天气:	用时:	直径:
用时:	带绒度:	松紧度:	用时:	带绒度:	松紧度:
烟火状态:	灰烬状态:		烟火状态:	灰烬状态:	
驱蚊效果:			驱蚊效果:		

(3)收集项目材料,包括项目计划、调查问卷、过程日志、修改记录、评价量规以及艾条测试最终结果,形成最终可以参加展览的成果。

(三) 出项活动

经过入项和实施后,项目活动进入出项公开展示阶段——自制艾条义卖活动。

在学校丰收节活动场地设置展柜,展示自制艾条产品并营销推广,学生需要现场演示测试艾条驱蚊效果。学生先进行评估陈述,在陈述中项目小组共同介绍陈述报告,并介绍自己在项目中承担的任务。

在公开成果展中,记录他人意见和观点(见表10)。

表 10　自制艾条驱蚊产品评估量表

外形	颜色	气味	精油	时长	产量	优点	缺点
意见或建议:							

八、反思与展望

(1)通过本项目的研究,学生学会在实践中发现和解决问题,更加深入地理解所学知识。项目化学习是一种非常有效的学习方式,它可以帮助学生将理论知识应用到实践中,锻炼学生的团队合作和解决问题的能力,增强学生自主学习和沟通能力,培养学生的独立思考和解决问题的能力,让学生在实践中发现和解决问题,更加深入地理解所学知识。

(2)通过本项目的研究,学生学会运用可视化学习工具解决问题。师生根据项目开展阶段的真实情境设计了大量可视化学习工具,有基于观察的问题清单、逻辑性思维的分析表和进行自我学习界定的评价表等,借助项目研究可视化学习工具,学生的思维就有方向,帮助学生形成了一种有形的思维抓手。学生在学习工具的帮助下,像专家一样思考问题、解决问题,实现了素养的提升。

(3)项目化学习带动育人方式变革,给学校和教师带来了许多挑战。通过本项目的研究,在校内进行项目化学习推广,带动育人方式变革,能够促进提升教育教学质量。在实践当中,项目化学习的开放性和不确定性,也为学校和教师带来了许多挑战。教师需要跳出传统教学方式的固有经验,把握好项目化学习的本质内涵,更为积极地拥抱教育观念的转变。

小学生中草药知识手册

课程类型	年级	课时数	设计者	实施者
跨学科项目	三至六年级	5课时	陈文冠	陈文冠　谭婷婷　李燕山

一、项目简述

近年来,学生在学校体育活动中受到损伤的报道屡见不鲜,学生家长和学校间出现了许多矛盾,导致体育教育的形式逐渐保守,学生们的运动质量也不理想。为了让学生从体育锻炼中获得全面的发展,让学生在认识到运动损伤在所难免的前提下,选择合适的方法预防、减损和简单处理显得尤为必要。

本项目始终关注学生掌握处理运动损伤的技能,让学生依托对学校中草药园中的中草药的认识和正确使用中草药对运动损伤进行简单处理,并整合语文、科学、美术、体育等素养类学科的概念,开展小学生中草药知识学习活动,让学生把学到的经验汇编成册,供大家使用。

二、项目目标

(一) 知识与能力目标

通过文字描述和语言表达,做调查问卷报告并进行小组讨论,交流解决方案、撰写决策方案、介绍项目开展过程。通过观、认、画、写来描述和认识中草药,让学生认识到如何预防运动损伤、避免运动损伤的发生。通过本项目化课程的学习,学生学会运用健康与安全的知识和技能,对常见疾病和运动伤病有效预防,并运用在学习和生活中。

(二) 学习素养目标

通过认识中草药以及用中草药对运动损伤进行简单处理,从而使学生学习到中草药的生命观念、健康生活、科学思维、人文精神和责任担当的核心素养。

(三) 核心价值目标

通过本项目化课程的学习,学生能辨别多种治疗伤病的中草药,并能认识到如何预防运动损伤、避免运动损伤的发生,学生学会运用健康与安全的知识和技能,形成健康的生活方式,掌握个人卫生保健、常见疾病和运动伤病预防,并运用到学习和生活中。

三、挑战性问题

(一) 本质问题

如何让学生深入了解中草药在体育运动损伤治疗中发挥的作用,同时培养学生的资料选择能力,以及科学、严谨的语言文字表达能力。

(二) 驱动性问题

(1) 学生常见运动损伤有哪些?

(2) 生活中有哪些中草药可以直接用于治疗运动损伤?

(3) 学生要不要学习一些常用的中医药知识,用于简单的伤情处理?

四、预期成果

(一) 产品形式

(1) 小学生常见运动损伤调查报告。

(2) 小学生中草药知识手册简介。

(3) 制作小学生中草药知识手册项目过程演示文稿。

(4) 让小学生中草药知识手册成为学校内部使用手册,让学生能从中受益。

(二) 公开方式

社区推广:通过社区活动、家长会等方式,向家长和其他社区成员推广小学中草药知识手册,让更多的人了解和掌握中草药知识。

五、项目评价

(一) 过程评价

(1) 能否辨识小学生中草药知识手册中介绍的中草药,尤其是治疗运动损伤的中草药,能否准确地区分它们,并明确它们的功效。

(2) 能否理解中草药的药理作用,以及它们在治疗中的实际应用。

(3) 能否在手册的指导下正确地使用中草药进行运动损伤处理。

(4) 能否培养学生对中草药的热爱和兴趣,为未来的学习和探索打下基础。

(5) 能否运用艺术表现手法绘制中草药知识手册。

(二) 结果评价

1. 知识技能、合作技能、实践技能的评价

(1) 知识评价:能准确描述中草药的名称和药理作用。

(2) 技能评价:能根据损伤的情况选择合适的草药进行简单处理。

(3) 实操评价:能正确根据中草药知识手册进行实际运用。

2. 产品展示、项目介绍、营销效果的评价

六、项目资源及工具

(一) 项目资源

计算器、平板电脑、网络、与中草药相关的书籍或其他形式的资料信息、绘图工具、美术材料、各种治疗伤病草药图解等。

(二) 制作工具

画笔彩笔、空白手册、损伤情况分析表和对应的草药明细表、胶水等。

（三）计划时间表（见表1）

表1　计划时间表

时间	内　　容
第1课时	发布项目主题,调查数据分享,确定探究内容,开展入项活动
第2课时	观察长滨小学中药园各种草药特征,了解其生长习性,调查其药用价值,详细记录
第3和第4课时	提供知识技能,掌握技术工具,绘制小学生中草药知识手册,要求病对药清晰
第5课时	提出修订建议,形成最终成果,知识手册项目过程介绍演示文稿,成果展示

七、项目实施设计

（一）入项活动

在明媚的阳光下,长滨小学的学生们在操场上尽情玩耍。突然,小明在跑步时摔倒,膝盖磕破了;小华在踢足球时不小心扭伤了脚踝……这些场景,不仅在体育课上,甚至在日常生活中,都是学生们常会遇到的。那么,面对这些突发运动损伤,除了常见的西医处理方式,我们还有没有其他的选择? 答案是肯定的,那就是我们中华民族传统医学的瑰宝——中草药治疗。而长滨小学独特的中药园,里面种植的各种具有药用价值的植物,刚好能派上用场。

（1）调查学校学生对运动损伤处理的了解情况。全班学生以小组为单位,利用午餐、午读时间,随机对全校师生进行口头问卷调查,关于学生对运动损伤的处理方法,询问学生知道哪些常见的伤病、哪些中草药治疗效果最佳,通过这样的调查,学生可以更直观地了解到中草药治疗的重要性和实用性。

（2）以小组为单位,统计出被提及次数排名最多的伤病和相对应治疗的中药。

（3）公布统计结果,激发学生编写小学生中草药知识手册。让学生探寻学校中药园,找出日常生活中可以直接用于治疗运动损伤的中药进行记录汇总,绘制出中草药知识手册。

（二）项目实施

1. 实地考察,初识中草药

（1）组织学生走进学校的中药园,了解各种中草药的特性、功效以及用法。

（2）完成小学生中草药知识手册的绘制,写出关于治疗运动损伤的使用明文。

（3）完善信息,包括伤病的情况及其相对应的中药,紧急处理和后续就医治疗的建议（见表2）。

表 2　小学生中草药知识手册评价量表

评价领域	评价标准	画上你的个性表情吧！		
		自评	组评	师评
审美感知	能否说出治疗运动损伤有哪些中药			
	能否准确描述红花草药等其他中药的形状特征			
艺术表现	能否用线描的形式绘出治疗运动损伤三种以上中药的基本造型			
	能否准确配对治疗损伤中药的基本颜色			
文化理解	能否用语言表达自己对美术作品的感受			
	能否简单说一说中药治疗运动损伤对生活的影响			
表情评价	☺ 非常满意　　　　☺ 比较满意		☹ 不满意	
综合评语				

2. 运用问题链,促进深研日常健康管理知识

(1) 教师运用如下问题链促进学生去思考和探索(见表 3)。

表 3　问题链

问题链	预设学习的知识
小学生常见的运动损伤有哪些	扭伤、挫伤、骨折、脱臼等
小学生常见的运动损伤往往是什么原因造成的	有没有积极热身
你是如何处理的	利用中草药进行热敷、冷敷,固定、加压包扎等
为了避免运动损伤,运动前应该注意什么	积极热身、充分伸展身体各个关节
中草药能治疗运动损伤吗	能根据损伤情况进行相对应的治疗
你能举出几种常见治疗运动损伤的中草药吗	三七、辣蓼草、马钱子、桃仁、红花
中草药是如何帮助我们进行治疗伤病的,都有哪些特性(如便捷、实惠、无副作用)	中草药通过其独特的药理作用,如清热解毒、活血化瘀、扶正祛邪等,帮助治疗伤病。它们可以调节人体内部环境,促进新陈代谢,增强免疫力,从而达到治疗疾病的目的。同时,中草药还含有丰富的营养成分,有助于身体的恢复和健康

(2) 小组讨论治疗运动损伤的中药有哪些特征和作用。

① 辨识治疗不同损伤,如活血化瘀类、消肿止痛类、骨折等最有效的方法主要是什么。

② 探讨中草药是如何阻止自由基对细胞膜的连锁氧化作用,从而保护细胞免受损伤的。

3. 开展分享会,提升认知与表达能力

根据主题引入中医药文化词汇,学生通过文字描述和语言表达对中草药的初步

认识：

如辣蓼草是一种直立生长的植物,多分枝,表面有紫红色的小斑点,被绵毛,节稍膨大。它的叶子是互生的,有短柄或近乎无柄,叶片披针形,先端渐尖,基部楔形,全缘或微波状。辣蓼草的花序是圆锥形的,顶生或腋生,花小,绿白色或粉红色,密生。瘦果卵圆形,扁平,两侧面中部微凹,褐黑色而光亮,包于宿存的花被内。

如辣蓼草的味道是辛、辣,以叶多、带花、味辛辣浓烈者为佳。

如辣蓼草可以全草入药,味辛,性温,归心、大肠经。它具有解毒、健脾、化湿、活血、截疟等功效,常用于治疗疮疡肿痛、跌打伤疼、疟疾等症状。

4. 探索搜集常用中草药的功效及使用方式

(1) 学生广泛收集平时常用中草药资料,回答以下问题:①你平时常用什么中草药处理伤病? ②中药和西药产品都有哪些优点和不足? ③中草药治疗损伤,有哪些功效和作用? ④你更喜欢用哪一种中草药处理损伤? 说一说原因。

(2) 以小组为单位,进行头脑风暴,组织学生展开讨论,提出体育课和生活中运动损伤后用中草药简单处理的方式,并形成小组创见。

(3) 发表意见,形成决策。全班学生对各小组提出的体育课和生活中遇到损伤中草药简单处理的利弊进行分析(见表4),教师运用如下问题链驱动学生思考:①中草药简单处理是否有副作用? ②是否适合学校现在的学习环境使用? ③是否有益学生健康成长? ④是否便捷高效? ⑤是否可以节约经费支出?

表4 各种中草药使用功效和利弊分析表

产品	有效成分	主要功效	适用哪种伤病	便捷与否	经费预算
三七					
辣蓼草					
马钱子					
桃仁					
红花					

为了帮助学生完成以上任务,我们为其提供了语文、体育、美术三科相关的知识技能;在本项目化学习课程学习过程中,我们还提供了相应的技术支持,比如利用网络工具查阅中医药书籍以及收集关于中草药的相关内容;在本项目化课程实施过程中,我们引导学生进行探究、合作和交流,从而更好地完成以上任务。

5. 探究制作方法,制作小学生中草药知识手册的草稿

(1) 小组设计"手工绘制"知识手册可以从以下几个方面进行。

①学习各种中草药的名称、功效、用法等基础知识,可以通过查阅相关书籍、资料,或者请教专业人士来获取这些信息。②草药图鉴:为了更好地了解各种中草药,可以参考草药图鉴,通过观察草药的图片和特征,加深对草药的认识。③了解中草药的治疗原理和作用机制,有助于更好地理解如何使用中草药进行治疗。④中草药知

识手册的设计技巧,包括版面设计、插图绘制、文字排版等,可以通过参考其他手册或者专业设计书籍来获取相关知识。

教师可以从安全生产、批量生产、防潮保存三个方面驱动学生继续深入思考。

(2)各小组分工合作,使用项目工具,了解我校中药园的草药和功效,记录、绘制,通过损伤情况匹配相对应的草药。

教师运用如下问题链驱动学生合作探讨:①你选择什么样的中草药?②运动损伤使用草药直接处理时要有哪些注意事项?③存储草药有哪些方法?④合作过程中如有意见分歧你是怎么处理的?

(3)学生需要记录探究制作心得,并分享交流经验(见表5)。

表5　学生绘制中草药知识手册问题记录表

| 我的任务: |
| 我的发现: |
| 我猜这可能是因为: |
| 我解决该问题的方法是: |
| 小组探讨解决该问题的方法是: |

(4)绘制中草药知识手册。

为了帮助学生完成以上任务,我们为其提供了手工绘制的工具:画笔彩笔、空白手册、损伤情况分析表和对应的中草药明细表、胶水。学生绘制完成后,我们为其制订了实践评价表(见表6)。

表6　"学生绘制中草药知识手册"探究小组 PBL 实践评价表

评价要素	主要指标	评价结果(ABC)		
		自评	组评	师评
治疗伤病草药产品调研	积极参与小组分工,调查治疗运动损伤的中草药10种以上,善于解决过程中遇到的问题			
调查结果分析	手册是否涵盖了所有重要的中草药种类,以及它们的治疗应用			
手册的可读性	评估手册的语言是否简洁明了,插图和解释是否清晰易懂			
展示汇报	声音响亮、吐字清晰、表达流利,能较好地呈现出探究结果			
收获的评语				

6. 试验、探讨与矫正

(1)查看各组绘制的中草药知识手册,评估手册的语言是否简洁明了、插图和解释是否清晰易懂,并提出修订建议。

（2）个体和项目小组根据意见修订自己的成果。

（3）收集项目材料,包括项目计划、调查问卷、过程日志、修改记录,形成最终可以参加成果展的成果。

（三）出项活动

（1）学校内部使用手册,让学生们能够从中受益。

（2）社区推广:通过社区活动、家长会等方式,向家长和其他社区成员推广小学中草药知识手册,让更多的人了解和掌握中草药知识。

（3）进行评估陈述。在陈述中,项目小组共同介绍陈述报告,并介绍自己在项目中所承担的责任。

（4）在公开成果展中记录他人意见和观点(见表7)。

表7　小学生中草药治疗手册产品评价估量表

封面	草药图案	目录	草药介绍	伤病分析	治疗方法	优点	缺点
意见或建议:							

八、反思与展望

（1）在本项目化课程实施过程中,让学生深感中医药学的博大精深,中草药是中医药体系的重要组成部分,可以治疗多种疾病和损伤,是中华民族灿烂文化的重要组成部分。

（2）希望通过本项目化课程的学习,能够引导学生在学习中华优秀传统文化中树立文化自信,激发学生对中草药的兴趣,弘扬中华优秀传统文化。

（3）教师在讲授形式上应注重趣味性、探究性和体验感,强调培养学生的动手能力和实践能力,以及综合素质的锻炼。

（4）教师应根据不同年级学生的接受程度细分知识板块,设计不同难度的学习内容,从基础的、具象的中草药文化知识到发散的、抽象的中草药思维,从理论到实践,强调德智体美劳五育并举,重视学生的全面发展,让学生对中草药产生正确认知,提高学生中草药文化素养。

我为蚕宝宝找"家"

课程类型	年级	课时数	设计者	实施者
学科类项目	五年级	7课时	刘志刚	刘志刚　黄雪雅

一、项目概述

海南气候温和,夏无酷热,冬无严寒,非常适宜栽桑养蚕,而且桑树终年生长不休眠,具有发展高产、优质、高效蚕桑产业的气候条件。如何帮助桑农们根据桑树的数量合理地放置一定数量的蚕宝宝呢?本项目运用多边形的面积计算和估算、小数乘法、除数计算等数学知识,重在培养学生的量感、运算能力、应用意识、创新意识、数据意识。学生通过分工合作搜集、调查、分析相关资料,采用探究式学习、协作式学习,建立学科知识的联系。在解决有关"种桑养蚕"的数学问题中,提高学生的解决问题能力、持续探究能力、自我学习能力、协调沟通能力,培养学生的团队意识、合作意识、数据意识。学生还能更深入地了解桑蚕文化,激发爱国情怀,同时提升学生的民族自豪感。

二、项目目标

(一) 知识与能力目标

(1) 获得适应未来生活和进一步发展所必需的数学基础知识、基本技能、基本思想和基本活动经验。

(2) 体会数学知识之间、数学与其他学科之间、数学与生活之间的联系,在探索真实情境所蕴含的关系中,培养发现问题和提出问题的能力,可以运用数学和其他学科的知识和方法分析问题并解决问题。

(3) 在解决实际的问题过程中,会选择合适的方法进行估算。合理地解释结果的实际意义,逐步形成模型意识和应用意识,提高解决问题的能力。

(二) 学习素养目标

(1) 培养逻辑思维和解决问题的能力,学习帮助学生建立精确性和计算能力,同时也促进学生从不同角度理解问题,发展逻辑推理和解决复杂问题的能力。

(2) 培养学生数学的思考能力,能够运用数学的眼光去观察现实世界。

(三) 价值目标

提高热爱自然、珍重生命的情操。

三、挑战性问题

(一) 本质问题

如何让学生深入感受数的运算在实际生产和生活中的应用?

(二) 驱动性问题

一棵成年桑树上的叶子大约够多少个蚕宝宝吃一生?

四、预期成果

(一) 产品形式

(1) 绘制桑叶介绍图。

(2) 绘制蚕宝宝生命阶段图。

（3）制作主题板报介绍自己的项目过程及成果。

（4）PPT 演示文稿。

（5）种桑养蚕历史文化手抄报。

（二）公开方式

（1）形成书面的微报告。

（2）宣讲自己的项目成果。

（3）录制有关数据计算的讲解视频。

五、项目评价

（一）过程评价

（1）能否辨认桑树叶和蚕宝宝。

（2）能否估算成年桑树的产量。

（3）能否估算出蚕宝宝日进食量。

（4）能否解释桑叶和蚕宝宝进食量之间的数量关系。

（5）能否记录有关的数据信息并进行数学表达。

（二）结果评价

（1）完成桑叶有关知识问答卷评价。

（2）制作 PPT 文稿，完成微报告，制作宣讲视频。

（3）学生及教师填写项目化学习成果评价表。

（4）把小组研究的过程与方法讲给其他组听。

（5）将计算的结果提供给桑农，并且根据他们种植的桑树给出如何更加合理地放蚕建议。

六、项目资源及工具

（一）项目资源

计算机、网络、与种桑养蚕相关的书籍或其他形式的资料信息、美术材料。

（二）项目工具

手抄报纸张若干，计算器、秒表、电子秤、卷尺、直尺。

（三）计划时间表（见表1）

表1　计划时间表

课时	内　　容
第1课时	团队组建，确定项目主题；查阅桑树和蚕的有关资料
第2课时	小组分工合作，制订活动方案

(续表)

课时	内　　　容
第3课时	小组讨论形成解决方案报告
第4课时	学生进行实验观察记录,计(估)算有关数据
第5课时	小组内讨论整理数据
第6课时	将实践成果形成微报告
第7课时	成果分享

（四）其他准备

（1）想一想,设计方案前,先要做哪些方面的准备(即子问题设计)。运用问题链厘清项目化学习流程(见图1)。

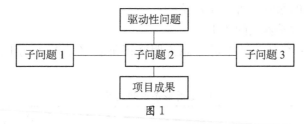

图1

（2）想一想,对于这些子问题,你都知道哪些,哪些不知道,如何解决不知道的问题(见表2)。

表2

Know 关于这个问题我已知的	What 关于这个问题我想知道的	How 我打算如何解决(进一步学习)

七、项目实施设计

（一）项目入项

中国是世界上最早种桑养蚕的国家,我国有近六千年的养蚕、缫丝和织绸历史,丝绸因其柔软滑爽、穿着舒适而被誉为"纤维皇后"。它不仅是人类创造的物质财富,更是中华民族灿烂文化的重要组成部分。海南拥有"种桑养蚕"的适宜环境,作为海南的学生,应当多了解适合海南种植的经济作物,不仅对海南的历史文化有更深的了解,还能够提升学生们的民族自豪感,也能体会到数学在生活中的广泛应用。

（1）利用课后时间随机对五年级师生进行调查,对桑树和蚕的知识了解情况形成调查报告。

（2）开展种桑养蚕的历史知识分享和现代养蚕产业化的小组交流讨论,开拓学生课外内容知识面,激发学生的学习热情。

（二）项目实施

1. 认识桑叶

（1）组织学生观察桑叶。

（2）绘制桑叶结构图,写出关于桑叶形态的说明文（包括植物的高度、叶子的形状、叶子的气味、生长周期等）。

① 桑叶有什么样的气味?

② 桑叶叶片的形状特点?

（3）制作种桑养蚕历史文化手抄报。

① 是否了解桑树的种植环境?

② 不同月份的桑叶是否存在差异?

③ 是否了解种桑养蚕的历史?

学生两人为一组,完成"桑叶形态说明文评价表"（见表 3）,用于判断是否了解桑叶。

表 3　桑叶形态说明文评价表

评价维度	评价方式		
	自评	他评	师评
能否说出桑叶的组成部分			
能否准确描述桑叶的形状特征			
能够辨别桑叶			
是否参与桑叶说明文的制作			
能否用语言简单地介绍桑叶特征			
是否了解种桑养蚕的历史			
表情评价	☺ 非常满意	☺ 比较满意	☹ 不满意

2. 认识蚕宝宝

（1）组织学生观察蚕宝宝。

（2）绘制不同生命阶段的蚕宝宝图。

（3）区分出蚕宝宝不同生命阶段的形态。

（4）教师运用如下问题链促进学生去思考和探索:①适宜蚕宝宝的生活环境是什么呢?（从温度、湿度和清洁度方面考虑)②将蚕宝宝的一生分为几个生命阶段? ③蚕宝宝每个生长阶段的天数大约是多少? ④蚕宝宝不同生长阶段的特征是什么?

（5）制成蚕宝宝不同生长阶段特征表（见表 4）。

表4 蚕宝宝不同生长阶段特征表

生长阶段	天数	特 征
蚕卵孵化期		
一龄期		
二龄期		
三龄期		
四龄期		
五龄期		

3. 调查一棵成年桑树的叶子产量

（1）学生从不同的渠道调查桑树的产量。如：查阅桑树种植的有关书籍，请教种桑养蚕的从业人士等。

（2）确定研究对象的范围。①成年桑树的生长周期是多少年？②以生长多少年范围内的桑树作为研究对象？③如何估算一棵成年桑树的产量？

（3）制成估算桑树的产量的方法对比表（见表5）。

（4）各小组开展讨论，选用合适的估算方法。

表5 估算桑树的产量的方法对比

方法	估算公式	优点	缺点	是否选用
春叶条长估产法				
春叶经验估产法				
春叶实测估产法				
夏叶估产法				
秋叶估产法				

4. 蚕宝宝进食量的计算

（1）以小组为单位，进行头脑风暴，组织学生展开讨论，提出蚕宝宝进食量的计算方法，形成小组创见。

（2）发表意见，形成决策。全班学生对各小组提出不同计算方法的利弊进行分析，制成对比表。

（3）选用合适的蚕宝宝进食量的计算方法。①你采用的计算方法是否节约成本。②你是否知道每种计算方法对应的计算公式。③你更喜欢哪一种计算方法？说一说为什么。

表6 蚕宝宝进食量的计算方法对比

方法	计算公式	优点	缺点	是否选用
按食桑面积计算				
按食桑质量计算				

（4）以小组为单位，组织学生观察不同生长阶段蚕宝宝的进食情况并记录数据（见表7、表8）。

① 以相同数量的蚕宝宝进行测算。如：100 只蚕宝宝。

表7　蚕宝宝进食量记录表（单位时间内）

生长阶段	单位时间	日食桑量	食桑天数	食桑总量
蚕卵孵化期				
一龄期				
二龄期				
三龄期				
四龄期				
五龄期				

计算公式：

各个生长阶段的食桑总量＝24÷单位时间×食桑量×食桑天数

蚕宝宝一生食桑总量＝各个生长阶段的食桑总量之和

② 以相同的桑叶量，记录 100 只蚕宝宝吃完需要的时间进行测算。

表8　蚕宝宝进食量记录表（桑叶量一定）

生长阶段	桑叶量	食桑时间(h)	食桑天数	食桑总量
蚕卵孵化期				
一龄期				
二龄期				
三龄期				
四龄期				
五龄期				

计算公式：

各个生长阶段的食桑总量＝桑叶量÷食桑时间×24×食桑天数

蚕宝宝一生食桑总量＝各个生长阶段的食桑总量之和

5. 讨论、分析与估算

（1）将两次收集的蚕宝宝进食量记录表的数据进行分析和处理，选择两次测算结果的均值作为最终的蚕宝宝进食量。

（2）分析影响蚕宝宝进食量计算的原因，对所收集的数据进行调整。如：①蚕宝宝产生的粪便遗留在桑叶上，影响食桑量计算；②受温度和湿度的影响，蚕宝宝的食桑量不同；③测量的工具准确度不高。

（3）估算一棵成年桑树上的叶子大约够多少个蚕宝宝吃一生。

（4）收集项目材料，包括项目计划、调查问卷、相关数据、修改记录、所形成的说明文、手抄报、任务记录表等，最终将成果形成一个微报告。

(三) 出项活动

1. 经过入项和实施后，项目活动进入出项公开展示阶段

(1) 将实践成果形成一个微报告。

(2) 在学校文化宣传栏中展示种桑养蚕的历史文化手抄报。

(3) 在学校广播站分享种桑养蚕的历史知识。

(4) 项目小组人员介绍自己在整个活动中承担的责任，谈一谈自己的收获。

(5) 写一篇关于种桑养蚕的作文。

(6) 开展一次关于"种桑养蚕文化"的主题班会。

(7) 录一段介绍"种桑养蚕"的科普视频，分享在家长交流群中。

2. 延伸思考，提升感悟

(1) 每人填写一份"素养提升评价表"(见表9)，评价自己在项目化学习中的表现。

表9　素养提升评价表

评价内容	评价指标	得分
自主探究素养：及时发现问题并且表达自己想法。(10分)	1. 你是否有自己的见解，并且能积极发表自己的看法？(5分) 2. 当遇到问题时你是否能积极面对？(5分)	
合作学习素养：积极地与他人沟通，认真倾听组员的建议，并且给予他人必要的帮助。(15分)	1. 你是否态度积极，并且协助他人完成相应的任务？(5分) 2. 当其他组员有困难时，你是否会积极提出建议或进行帮助？(5分) 3. 当别人否定你时，无论正确与否，你都能安静地倾听别人的意见吗？(5分)	
数学运算素养：正确地计算出想要的数据，并且说明结果所表示的数学意义。(15分)	1. 你是否会验证自己的计算结果？(5分) 2. 你能够用两种及以上方法进行计算吗？(5分) 3. 你能否说出每一步计算所表示的意义？(5分)	
你一共获得(　　)分。		
在哪个素养上你还有不足，你会怎样提升？		

(2) 思考：根据我们的探究结果，你能否给养蚕人建议一下，一棵成年桑树上放多大面积的带卵纸(养蚕人会把交配过的雌蛾放到一张纸上，它就把卵产在纸上，然后养蚕人再把沾满卵的纸挂在桑树上)比较合适。

八、反思与展望

(1) 在规划项目教学时，我们应该尊重学生的兴趣和爱好，取消非必要的限制和约束。应当帮助学生制订一些合理的规则与标准，确保学生在项目中不偏离主要目

标。例如：在前期对桑树的认识和蚕宝宝的认识过程中，完全可以放手让学生自己分配人员，学生自主选择展示的方式，可以是视频解说，也可以是思维导图，甚至是讲故事的方式。

（2）建立一个良好的师生互动、生生互动的平台。通过合作让每个人都能够享有自主研究和发现知识的机会，创造创新的氛围。例如：在计算蚕宝宝进食量时，学生意见分歧，出现了不同的计算方法，两种方法是否都能解决我们遇到的问题，大家会一起分析这两种方法的优势和不足。

（3）教师要引导学生自主学习，可以给予他们适当的指导和支持。例如，在计算桑树产量试验中，教师可以引导学生运用不同的计算方法，并引导他们分析这些方法的利弊。教师还要鼓励学生充分发挥自己的想象力和创造力，提出自己的疑问和解决方案。通过这样的实践，学生能够更好地理解和掌握不同计算方法的美妙，从而感受到学习数学的乐趣。

为同学们的艾草产品制作包装盒

课程类型	年级	课时数	设计者	实施者
跨学科项目	五年级	5 课时	顾思思	顾思思

一、项目概述

海口市秀英区长滨小学地处热带滨海城市，随着夏季的到来，校园内蚊子越来越多，频繁骚扰着在校师生，于是，学校决定利用田园基地的艾草制作相关的驱蚊产品，想让学生帮助设计艾草产品的包装。本项目始终关注数学思维和动手能力的提升。学生协作式、探究式学习，如走进超市，观察生活中物体的包装，发现包装中隐藏着很多问题。有的学生发现装饮料的包装不卫生；有的发现一些易碎食品在剧烈震动后易碎；有的学生还发现粽子的形状是三棱锥，放在长方体的盒子里很占空间；还有的学生问盒装牛奶为什么总是 12 盒一包装呢……学生在观察中认真思考，总结出了自己的发现，从包装中抽象出立体图形，建立表面积与体积的模型，整合数学、美术等学科知识为学校艾草产品设计包装。

二、项目目标

（一）知识与能力目标

（1）数学：绘制平面图，计算不同包装盒的表面积，发展最优化设计。

（2）科学：了解各种艾草产品的特性，根据特性选择包装材料。

（3）美术：审美感知和艺术表现，为包装设计包装图案。

（4）历史：了解历史上艾草代言人，如张仲景、鲍姑等。

（5）劳动：知识技能、合作技能、实践技能，动手制作包装盒，裁剪包装盒。

（二）学习素养目标

（1）自主学习能力。

（2）协同合作能力。

（3）持续探究能力。

（三）核心价值目标

学生在探究学习的过程中，激发好奇心和探究兴趣，乐于小组合作探究，乐于讲述自己的观点，乐于展示自己的成果。

三、挑战性问题

（一）本质问题

设计艾草产品的包装需要注意哪些因素？如何设计才能让包装最优化？

（二）驱动性问题

学校需要包装艾条、艾草皂等产品，如何设计包装既美观又节约材料，实现包装最优化？

问题1：如何挑选包装纸的材料？

问题2：如何制作不同形状的包装盒？

问题3：如何设计包装盒更美观，体现产品特性？

四、预期成果

（一）产品形式

（1）市场产品包装调查报告。

（2）包装盒结构设计图。

（3）包装盒外观设计图。

（4）产品特性汇总表。

（5）不同产品的包装盒设计样品。

（二）公开方式

学生以小组为单位，带着自己制作的包装产品及相关图表、演示文稿、Vlog等，布置艾条产品推销会，向参会的师生介绍项目经历，呈现产品，展示并介绍推销产品。

五、项目评价

（一）过程评价

（1）能否积极地参与市场包装产品调研，总结市场一些包装产品的优点和弊端，形成调研报告,为后期包装设计做好准备。

（2）能否用结构化的思维图呈现包装设计应该考虑的因素。

（3）能否运用数学相关知识动手画出最优化的包装平面图。

（4）能否正确地裁剪包装盒。

（5）能否为包装外观设计精美的图画。

（6）能否用精美的语言在包装纸上介绍产品。

（7）能否合理美观地布局包装上的图案、产品简介等信息。

（二）结果评价

1. 知识技能、合作技能、实践技能的评价

（1）知识检测:表面积最优化,平面图设计。

（2）技能检测:包装纸的选择,包装纸的裁剪,插画的设计。

（3）实操检测:包装纸的组装,成品性能检测。

2. 产品展示、项目介绍、营销效果的评价

六、项目资源及工具

（一）项目资源

计算机、建模系统、网络、与中草药相关的书籍或其他形式的资料信息、绘图工具、美术材料等。

（二）项目工具

包装纸、盒子、剪刀等。

（三）计划时间表（见表 1）

表 1　计划时间表

时间	内　容
第 1 课时	发布项目主题,调查数据分享,确定探究内容,开展入项活动
第 2 课时	调研产品包装,发现潜在问题,分析包装问题,形成相应对策
第 3、4 课时	提供知识技能,建立数学模型,设计包装图纸,形成包装产品
第 5 课时	提出修订建议,形成最终成果,演示文稿报告,公开成果展示

七、项目实施设计

（一）入项活动

有些学生制作了驱蚊的相关艾草产品:驱蚊艾条、艾贴、浴包,现在请为这些产品设计包装盒。

1. 建议学生思考（见表 2）

表 2

我已经知道了什么？ （Know）	我还想知道什么？ （What）	我想运用这些知识解决 怎样的问题？（How）

2. 制订设计流程

在入项开始之前，小组成员共同研讨，教师走进学生的研讨后发现存在的问题并进行指导，得出设计包装流程（见图 1）。小组成员了解并熟知设计，明确目标，为后续操作奠定基础。

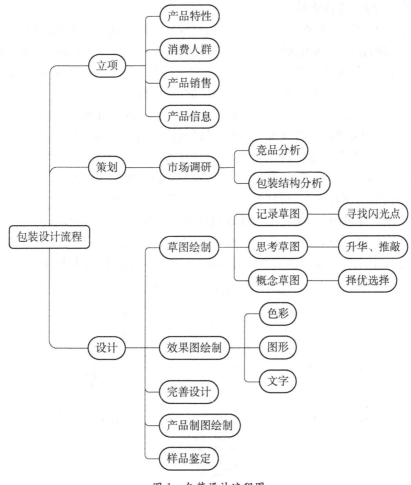

图 1　包装设计流程图

(二) 项目实施

1. 根据驱动性问题学生分小组先进行调研

学生们走进超市,观察生活中物体的包装,发现包装中隐藏的各种问题。学生在观察中认真思考,根据发现的问题总结出包装艾草产品需要注意的事项:

(1) 包装必须满足功能性需求。它应该保护产品免受损害,确保产品的安全性和完整性。

(2) 包装设计要考虑可持续性。使用可回收材料,降低包装浪费,减少环境污染。

(3) 包装要具有吸引力,能够吸引潜在消费者的注意,因此色彩、图案和形状都很重要。

(4) 包装上的信息应该清晰易懂,包括产品名称、特点、用途、成分等,以便消费者快速了解产品。

(5) 包装设计应考虑到产品的易用性,易于打开、封闭和储存。

2. 自主分组,查找资料

包装设计开始之前,首要任务是进行前期资料分析。这一步非常关键,就像准备一张地图一样,让我们知道我们要去哪里。这包括收集有关产品、品牌、市场和目标受众的信息。了解相关产品经营状况、品牌愿景以及产品的特点和售价以及销售渠道等都是必要的。这些信息将指导我们后续的设计过程。

首先,填写小组分工表,一组学生收集有关产品、品牌、市场和目标受众的信息;二组同学了解相关产品经营状况、品牌愿景以及产品的特点和售价以及销售渠道;三组学生负责查阅艾草产品的特性,根据产品特性选择合适的包装纸,并为不同的产品盒设计插画;四组学生负责查阅资料建立体积与表面积的数学模型,为不同的产品设计包装设计图(有圆柱组、三棱柱组、长方体组、不规则图形组等)。在明确小组分工后,学生带着心中的疑问,通过上网或询问身边人的方式,完成各自的任务。

各小组任务完成后召集在一起汇报,教师走进汇报会,发现学生的问题并进行指导,最终学生汇总资料得出包装产品需要考虑的因素,制作出下图(见图 2)。

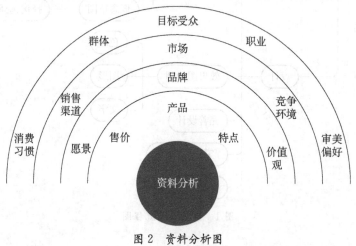

图 2 资料分析图

根据包装资料分析,学生对需要包装的产品进行分析,制作出下表(见表3)。

表3　包装分析表

产品	特性	产品形态
艾条	易潮、易碎……	圆柱
艾贴	易潮	长方体
浴包	易潮、易挥发	正方体
蚊香	易潮、易碎	圆柱
电蚊香片	易潮、易碎	长方体
防蚊喷液	易挥发	圆柱

学生分小组填写"调查评价表"(见表4),展示完成的学习单的内容。

表4　调查评价表

评价领域	评价标准	画上你的个性表情吧!		
		自评	组评	师评
情感态度	能积极参与小组活动			
	能小组合作分工完成任务			
知识素养	能根据产品特性选择合适的包装材质			
	能根据产品特性设计不同形状的包装盒,并建立体积与表面积的数学模型			
创意实践	包装设计图是否体现产品的理念			
	包装设计是否美观、环保			
文化理解	能否用语言表达产品设计理念			
	能否说说包装的必要性			
表情评价	☺ 非常满意	☺ 比较满意		☺ 不满意
综合评语				

3. 整理分类

各组学生明确自己的任务后,根据需要包装的产品形状、特性等特点进行分类整理,为不同的产品选择不同的包装纸,设计不同的包装方式和包装插画,并制作完成以下表格(见表5)。

表5

产品	特性	包装盒型(袋形状)	选择的包装纸	字体设计	图案元素设计	文案、元素排版
艾条						
艾皂						
艾贴						
蚊香						
电蚊香片						
防蚊喷液						

4. 包装创意策略

包装设计的成功与否依赖于一个清晰的创意策略。这包括确定产品的卖点、制订文案和文案主次关系，以及明确主视觉元素、照片、插画等创意要素。学生要了解创意目的，即包装的主要目标是提高品牌知名度、引起消费者兴趣还是提高销售额等。

学生完成设计初稿后，对设计初稿进行评价（见表 6）。

表 6 包装创意策略评价量表

包装项目	评价标准		自评	师评
颜色	包装的色彩既能表现产品的品质和属性，又能触及人们的审美	品质		
		属性		
		审美		
造型	对造型的设计，既能体现设计感，又考虑易用性、安全性	设计感		
		易用性		
		安全性		
构图	图形的隐意表达出消费者对商品理想价值的要求，能激发购买欲	理念价值激发购买欲		
材质	材质的选择彰显产品的特点	体现产品特性		
平均得星总数（7 颗及以上为优秀；4 颗至 6 颗为合格；4 颗以下为不合格）。（备注：满足一项得一星）	优秀		合格	不合格

5. 动手操作，付诸行动

（1）选择合适的包装材料纸。包装材料和结构的选择必须根据产品特性，考虑结实性、柔韧性、产品特性、易保存性，是不是容易碎，需不需要防潮、避光等。产品要卖多少钱，这也会影响选材料的决定。内部和外部包装要合拍，要适合产品的大小和试装，免得东倒西歪，影响产品安全和美观性。这个过程需要平衡产品保护和成本控制，以制订最佳的包装方案。例如，选择什么纸包装让艾条燃烧更充分、选择什么样的包装纸艾条、艾包不易潮湿……

（2）包装盒设计图。根据不同的产品形式设计不同形状的包装盒。运用数学知识，确定包装基本尺寸，画出平面图（艾柱—圆柱、艾贴—长方体、浴包—正方体等）。

（3）包装插画设计。设计要体现产品差异化卖点、传承中医国粹、复兴东方美学，新颖且有寓意。学生查阅一些古代艾制品的代言人，如张仲景、鲍姑等，根据这些名人故事或者名人画像设计插画。学生们亲自动手参与包装过程，在挑选精美包装纸的过程中提升审美能力。

（4）包装视觉呈现。包装的视觉呈现是设计的核心。这包括核心元素的设计，如品牌标志和产品图像，以及配色、字体和版式的搭配。整体信息的层次和布局也需要精心设计，确保消费者一眼就能找到他们想知道的东西。当然，包装的风格和调性也不能弄错,得准确地展现产品和品牌的特点,以及促进销售的方式,这可以通过营造情感联系或传达产品的价值来实现。

(5) 包装纸的裁剪及制作。呈现出包装盒样品,并完成包装盒设计评价量表(见表7)。

表7 包装盒设计评价量表

项目	评价标准	备注:满足一个特性得一星	
		自评	师评
包装材料	根据产品特性,考虑易燃性、防潮性、结实性、易保存性等,平衡产品保护和成本控制		
环保性	包装纸的环保性、节约性,体现最优化包装方案		
创意性	体现产品差异化卖点、传承中医国粹、复兴东方美学、新颖而有寓意		
美观性	主视觉元素、包装视觉呈现即配色、字体和板式的搭配要合理美观		

完成包装盒设计后,小组进行包装实践评价表(见表8)。

表8 艾草产品包装实践评价表

评价要素	主要指标	评价结果(ABC)		
		自评	组评	师评
包装产品调研	积极参与小组分工,善于发现并解决包装中的问题			
调查结果分析	能从产品的特性等方面考虑包装纸的选择,分析产品形态设计最优化环保包装			
包装产品设计	体现环保、美观、差异化卖点,富有创新			
展示汇报	声音响亮,吐字清晰,表达流利,能较好地呈现出探究结果			

(三) 出项活动——自制艾草产品义卖活动

在学校丰收节活动场地设置展柜,展示自制艾草产品并营销推广,进行设计思路梳理、产品理念陈述。项目小组共同介绍陈述报告,并介绍自己在项目中承担的责任,设计产品反馈单,记录别人的反馈意见和建议,以便更好地对设计方案进行整理、修改。

八、反思与展望

(1) 教师反思:教师在项目式教学中的主要作用是组织引导与个性化辅导,变说给学生听为写给学生看,要尽量避免广播式讲解。为了保证项目式教学的推进,教师在课前应该做好充足的准备——选取与现实生活密切联系的项目主题,书写合理详细的项目指南,设置明确具体的任务,把课上所需的工具材料准备齐全。"教师更像是学生的情绪管理者",教师的职责不能仅停留在传道授业解惑之上。在今后的教学中,教师可以尝试向学生灌输"以世界为学校,以城市为教室"的学习观念,引导学生在实践探索中充实自我,从而加快进步与成长。

(2)学生反思:学生撰写反思笔记,谈谈自己在本次项目化学习中的收获与疑惑,促进自我不断重建和丰富自己的内部经验,发现探索中存在的缺陷和可能遗漏的问题,从而更好地认识自己、认识团队,理解项目的目标价值。

(3)完成家庭亲子劳动作业:学生经过系统的项目化实践后,形成了一定的能力,能运用数学等多学科知识解决生活中的实际问题,在爸爸妈妈的陪伴下动手做一些跟项目化有关的亲子作业,增进亲子感情,形成良好的家庭氛围。

学做小小导购员

课程类型	年级	课时数	设计者	实施者
跨学科类项目	一年级	5 课时	覃金莹	覃金莹　张友奕

一、项目概述

"钱是用来干什么的?""钱是怎么来的?"这些问题看似简单,但对于尚在成长中的孩子们来说却是塑造自我价值观、确立未来人生基石中不可或缺的课题。教育学家认为,儿童应从 3 岁开始就有经济意识,3 岁开始辨认钱币,认识币值;4 岁学会用钱买简单的用品;5 岁弄明白钱是通过劳动得到的报酬;6 岁能数较大数额的钱,开始学习攒钱。随着网络快捷支付的普及,使用人民币进行交易的机会越来越少,尤其对于一年级的小学生来说,对"元、角、分"的认知更是挑战。为培养学生的财商,提高学生的理财能力,本学期我们结合一年级数学下册"认识人民币"这个单元的知识,以"给一年级新生制订一份性价比较高的文具清单介绍书"为核心驱动问题,引导学生们通过调查实践等活动,激发学生认识人民币的兴趣,培养学生团队合作、人际交往能力,让学生初步产生理财意识。

二、项目目标

(一)知识与能力目标

(1)语文:通过项目研究,学会表达自己的思维、学会言语交流沟通。

(2)数学:在活动中感受"元"是人民币最常用的单位,对钱币有大小关系的直观感知。会针对真实情境选择合适的钱币,并认识各种常用面值的人民币,了解各种面值人民币之间的关系,能在简单的真实情境中进行合理估算,做出合理判断。

(3)信息技术:能在项目过程中,通过网络媒介查找资料,梳理资料信息,并能制作线上调查问卷及展示 PPT。

（4）综合实践：能在项目过程中，通过购物活动，初步体会人民币在社会生活、商品交换中的作用，初步了解简单的货币文化，并知道爱护人民币。

(二) 学习素养目标

（1）学习搜集、整合资料的方法，注意运用关键词法整合资料，进行信息搜集与概括，让学生具备初步搜集和整理信息的能力。

（2）数学思维：培养计算能力，学会进行简单的人民币换算和使用。

（3）生活应用：掌握使用人民币进行购物交易的实际技能。

（4）价值观：养成爱护人民币、合理使用金钱的意识。

（5）社会适应：了解货币在社会经济中的作用和意义，适应社会经济生活。

（6）问题解决：能够在实际生活中灵活运用人民币知识解决相关问题。

（7）合作交流：在学习过程中，学会与他人合作、交流，共同解决问题。

（8）金融素养：初步形成一定的金融意识和理财观念。

(三) 核心价值目标

（1）货币认知：使学生深入了解人民币的面值、种类、特征等基本知识。

（2）价值感知：让学生理解人民币的价值和在社会经济中的重要性。

（3）消费观念：培养理性消费观念，懂得珍惜和合理使用金钱。

（4）生活技能：掌握使用人民币进行日常消费交易的能力。

（5）爱国教育：通过了解人民币，增强对国家货币的认同感和自豪感。

（6）数学能力：与数学知识相结合，提高计算和运算能力。

（7）诚信意识：在使用人民币过程中，培养诚信交易的意识。

三、挑战性问题

(一) 本质问题

如何更好地让学生认识人民币、运用人民币？

(二) 驱动性问题

文具是上学必备的工具，作为一年级的学生，你们能不能为弟弟妹妹们制订一份性价比高的文具购买清单介绍书，帮助他们快速买到最具性价比的文具，让他们尽快适用小学生活呢？

四、预期成果

(一) 产品形式

（1）人民币知识手抄报。

（2）闲置文具清单统计表。

（3）文具购买账单。

（4）文具采购清单介绍书。

（二）公开方式

（1）学校作品展示栏。

（2）学生以小组为单位，带着自己制作的采购清单介绍书，给新入一年级的弟弟妹妹们介绍文具采购清单。

五、项目评价

（一）过程性评价

（1）能否合理使用人民币。

（2）能否介绍认识的人民币，并能辨别元、角、分的面值。

（3）能否制作文具采购清单介绍书。

（二）结果评价

1. 知识技能、合作技能、实践技能的评价

（1）知识评价：货币的面值大小，货币单位之间的转换检测。

（2）技能评价：文具的选择，制作文具采购清单。

（3）实操评价：手抄报，采购清单介绍书的有效性检测。

2. 产品展示、项目介绍、实用性效果的评价

六、项目资源及工具

（一）项目资源

计算机、与人民币知识相关的书籍或其他形式的资料信息、网络、PPT。

（二）项目工具

义卖小车、纸张、PPT。

（三）计划时间表（见表1）

表 1　计划时间表

时间	内　　容
第 1 课时	发布项目主题，确定探究内容，开展入项活动
第 2 课时	查阅资料，了解人民币相关知识，制作人民币知识手抄报
第 3 课时	制作"文具义卖"手工账单，化身小小售货员
第 4 课时	讨论文具清单，实地调查价格，绘制文具清单
第 5 课时	制作文具采购清单介绍书

七、项目实施设计

（一）入项活动

下学期,新一批一年级的学生们就要来到长滨小学这个大家庭上学了,由于幼儿园与小学学习形式的不同,要准备的学习用品零零碎碎,买起来也比较麻烦。所以,入学前文具的选择和购买是一件令人头疼的事情。

（1）提出驱动性问题:"我们能不能为弟弟妹妹们制订一个性价比高的文具清单介绍书,帮助他们快速买到最具性价比的文具,让他们尽快适用小学生活呢?"组织学生讨论,对驱动性问题进行分解,形成思考路径和问题链。

（2）头脑风暴:要完成一份有性价比的文具清单介绍书,需要做哪些准备? 需要运用哪些知识点?

（二）项目实施

1. 了解货币文化——制作人民币知识手抄报

（1）收集资料,认识人民币。①组织学生利用周末空闲时间,在家长的帮助下通过网络、书籍等不同的渠道查找自己感兴趣的人民币知识。②通过自己的资料收集,完成人民币知识手抄报第一稿。

（2）运用问题链,促进深研人民币。

① 教师运用如下问题链促进学生去思考和探索:我们常用的人民币有哪些? 我们可以根据什么判断面值的多少? 各面值的人民币之间有什么不同?

② 小组讨论人民币的特征和用处。怎么快速地辨别出人民币的面值? 各面值的人民币有哪些特征? 你在什么地方用过或见过?

③ 学生将讨论后的内容归纳整理,完善人民币知识手抄报。

（3）开展分享会,提升认知与表达能力。

① 学生将完善后的人民币知识手抄报在组内进行分享,通过组内比较分析投票评选出最优的人民币知识手抄报。学生通过文字描述和语言表达对人民币的认识。

如:人民币是中华人民共和国的法定货币,它的单位有元、角、分,1 元＝10 角,1 角＝10 分。

如:纸币面额包括 1 角、5 角、1 元、5 元、10 元、20 元、50 元、100 元;硬币面额包括 1 分、2 分、5 分、1 角、5 角、1 元。

如:人民币上有很多图案,比如山水、建筑、人物等,这些图案都有一定的寓意和象征意义。

② 小组讲解员代表上台展示并讲解小组的人民币知识手抄报。"人民币知识手抄报评价量表"见表 2。

表2　人民币知识手抄报评价量表

评价标准	画上你的个性表情吧！		
	自评	组评	师评
能否表明钱币的面值			
能否准确描述各面值钱币的特征			
作品是否有人民币单位之间的转换			
作品是否有描写关于人民币的说明文			
能否用语言表达自己对人民币的感受			
能否简单说一说人民币在生活中的重要性			
表情评价	☺ 非常满意	☺ 比较满意	☹ 不满意

2. "闲置文具"爱心义卖

（1）调查一年级所需文具清单。

① 以小组为单位，到一年级各班实地调查一年级所需的文具。

② 整理收集调查数据，制作一年级所需文具清单（见表3）。

表3　一年级所需文具清单

序号	文具名称	数量
1		
2		
3		
4		
5		
……		

③ 以小组为单位，进行头脑风暴，组织学生展开讨论，提出爱心义卖，确保数据的准确性。

（2）制作闲置文具统计表。

① 查找资料，理解"闲置"一词。组织学生在课堂上自主翻看字典，找出"闲置"的概念。小组讨论，什么是"闲置文具"。

② 全班学生对各小组提出的"闲置文具"的理解进行分析，教师运用如下问题链驱动学生思考：你家的闲置文具有哪些？ 为什么觉得它是闲置文具？ 变成闲置文具的原因是什么？ 这些闲置文具我们可以怎么运用起来？ 将闲置文具进行义卖有什么好处或意义？

③ 利用调查出的需购买的文具清单收集闲置文具。学生回家利用饭后时间收纳整理自己的闲置文具。以小组为单位利用制作出的所需文具清单有意识地收集各班闲置文具。

④ 制作闲置文具统计表。将收集到的闲置文具整理归纳，并将数据记录在闲置

统计表中(见表4)。

表4　闲置文具统计表

序号	闲置文具名称	数量	闲置原因	备注
1				
2				
3				
4				
……				

(3) 开展"文具集市"爱心义卖活动。

① 讨论需要准备的人民币。小组内讨论需要准备的人民币。学生回家准备好义卖活动可能需要用到的人民币。如:50元、20元、10元、1元、5角、1角若干张。

② 制作摊位牌。利用课间时间,小组讨论,发挥想象,制作具有小组特色的摊位牌。

③ 讨论义卖细节。小组讨论明确分工,各尽其职。如:推销员介绍价格,售卖员计算总钱数、收钱、找钱,记账员整理数据。

(4) 制作购买手账。

① 以小组为单位将记账员整理记录的数据(见表5)用购物手账的形式制作出来。

表5　文具购买账单

序号	文具名称	原有数量(个)	购买人数	剩余数量(个)	受欢迎程度
1					
2					
3					
4					
5					
……					

② 小组成员集思广益,对文具购买手账进行装饰。

(5) 根据文具购买账单,进一步完善和确定所需购买的文具清单(见表6)。

表6　需购买的文具清单

序号	文具名称	数量	预估价格
1			
2			
3			
4			
5			
……			

① 开展文具购买手账展示会。公布统计结果,激发学生的驱动力,提出整理最受欢迎的文具,探寻学生一年级入学所需要的文具。

② 整理受欢迎的文具名称。学生展开讨论,整理受欢迎的文具名称。确定本组要调查的文具种类及数量。预估所需购买的文具价格。

③ 教师运用如下问题链驱动学生探讨:整理出需购买的文具清单,下一步该怎么做? 该怎样进行调查? 只需要调查一家的文具价格吗? 合作过程中如有意见分歧你是怎么处理的?

如:教师可适当引导学生讨论,总结做文具购买清单介绍书的步骤,可围绕以下几点:

确定需求:想一想需要购买哪些文具,如笔、笔记本、文件夹、橡皮擦等。

分类列出:根据文具的种类,将它们分类列出,比如书写工具、纸张用品、修正用品等。

考虑数量:根据使用频率和需求,估计每个文具需要购买的数量。

添加品牌和规格:如果对某些品牌或规格有特别的要求,可以在清单上注明。

设定预算:确定愿意花费的金额,这样可以帮助控制购买成本。

检查和整理:仔细检查清单,确保没有遗漏任何重要的文具,并根据需要进行整理和排序。

学生需要记录探究心得,以小组为单位进行头脑风暴,组织学生展开讨论,并讨论制作方案,形成小组创见。

3. 实地调查价格,完成文具清单介绍书

(1) 周末每一小组内又进行详细分组(可以是 1~3 人),在爸爸妈妈的陪同下,往不同的文具店进行实地调查,并把调查到的价格记录在表格内。

(2) 学生通过货比三家选出性价比最高的商品。

(3) 把实地调查的结果进行组内比较,找出搜集到性价比最高的文具,完成文具清单介绍书(见表 7)。

表 7　文具清单介绍书

序号	文具名称	参考品牌	参考价格	购买商店
1				
2				
3				
4				
5				
……				

小组内填完表格以后,将总金额计算出来,最后用彩笔对清单进行装饰。

(4) 文具清单介绍书评价表(见表 8)。

表8　"文具清单介绍书"评价表

评价要素	主要指标	评价结果（ABC）		
		自评	组评	师评
美观性（20分）	颜色和形状新颖；视觉效果			
完整性（20分）	文具种类全面			
代表性（20分）	选取的文具具有代表性			
准确性（20分）	收集到的价格及信息准确			
展示汇报（20分）	汇报时声音响亮，吐字清晰，表达流利，能较好地呈现出探究结果			
收获的评语				
A	优秀（90分以上）	B 良好（80分以上）	C	一般（80分以下）

学生需要决定哪个文具清单介绍书是最成功的，并思考为什么。

教师就以下几个方面驱动学生思考：文具清单的种类，文具的实用性、具体性。

（三）出项活动

在新生入学时期，在学校设置一个展台，向新入学的一年级学生展示文具清单介绍书，学生需要现场介绍文具清单的用处。

进行评估陈述。在陈述中，项目小组共同介绍陈述报告，并介绍自己在项目中承担的责任。

八、反思与展望

（1）有些学生在制作文具清单时，发现用100元钱购买这些文具其实是不够的。该环节老师可结合这个契机建立学生的理财观。教育学生要学会理财，合理用钱，知道钱是通过辛苦劳动得来的，所以要爱惜。

（2）因为一年级的小朋友还没办法独立进行实地调查，对于视频拍摄也有一定的难度，而且本学期也是初次接触统计表的学习，对于独立制作表格还有一定的难度。所以，在制作表格和录制视频的时候需要家长和老师的帮助。学生们长大些，可以通过学习视频剪辑、制作，尝试以第一视角将实地调查、爱心义卖、小组讨论的过程以Vlog的形式拍摄录制，相信在他们的成长中会是一次别样的体验！

（3）理财是一个长期规划和管理的过程，理的是一生的财，也就是个人一生的现金流量与风险管理。从小培养孩子的财商将树立正确的金钱观、消费观、价值观，对孩子以后的人生大有帮助。本次PBL项目学习圆满结束，有收获也有反思，行动即为最好的开始，希望通过PBL项目化学习，教师和学生都能在实践中共同成长。

第二章

项目化学习中小组合作学习有效性的提升策略

合作学习是项目化学习过程中最重要的学习方式,学会合作也是中国学生必备的学习素养,它不仅仅是一种简单的学习方式,更应是学生探索知识、培养能力的有效途径。下面将结合学生核心素养的培养,深入探讨合作学习在项目化学习中发挥的重要作用及有效性,为学生的全面发展提供有力支撑。

一、小组合作学习的概念界定

合作学习(Cooperative Learning)是目前世界上许多国家普遍采用的最富有成效的教学策略之一。小组合作学习,指的是在学习过程中和同伴一起互学、互助、共享、共创,最终达成更为理想的学习效果。简单地说,合作学习就是以小组为基本组织形式,小组成员互相帮助,共同达成学习目标的活动。

多年的教学实践证明,小组合作学习为学生创设了一个能在学习中积极交流、展示的机会,能促进学生间的互帮互学、思维的碰撞;有利于师生间的相互启发,教学相长,有利于形成积极欢快的课堂学习氛围,更有利于学生创造性思维、思辨能力和其他综合素质能力的发展。在教师有效指导下,学生人人参与课堂,各司其职,各尽其责;人人学习,充分发挥其学习的主体地位。学生在互学、互动、互助的过程中,深入思考,积极探究,认真倾听,不断质疑,大胆表述,让学生真正成为学习的主人,人人体会到学习的乐趣和成功的喜悦。

二、小组合作学习有效实施的基本方式

在项目化学习过程中,教师需在核心素养导向下对合作学习进行优化,转变教学理念和方法,避免合作学习流于形式。

(一)小组合作价值的理解

要使小组合作学习发挥出最大作用,教师的指导作用至关重要。首先,教师必须明白什么是有效的合作学习、合作性学习与竞争性学习和个体化学习的关系是什么、各自的优劣势是什么,要相信合作性学习是最有效的。其次,教师要始终以学生为合作学习的主体。合作学习的目的是要让每一个学生都参与到问题的学习与讨论中来,而对问题和任务在独立思考分析的基础上又以合作的方式进行探讨和交流。最后,在合作学习的整个环节中,教师既要充当"管理者""支持者""倾听者"等多种角色,又要适当地当个"旁观者",教师需要根据学生的学习进展不停地进行角色转换。而这一系列角色的转变,旨在促进整个教学过程的有序发展,使学生在已有认知水平

和新知之间的关联、矛盾得到解决，使学习效果得到最优化。

（二）小组合作规则的制定

规则就是师生就小组合作问题而共同制定出来的规章制度和具体要求，规则一旦制定，人人都要遵守和落实。例如，在自主学习阶段应该独立思考，组内探讨阶段必须先倾听再发言，分享展示阶段要大胆发言，等等，每个环节要遵守什么规则必须有明确要求。在分工合作阶段，鼓励各个成员发挥自身优势、取长补短，发挥出小组实力。在小组展示阶段，还有一条很重要的合作规则就是"让后进生先说，其他成员补充，学优生概括或总结"。或者可以让能言善辩者多说，性格内向者做记录，等等。总之，在整个合作过程中，需要有明确的小组合作规则，从而为小组合作学习的顺利开展提供制度保障。

（三）小组合作成功的体验

合作学习重在人人参与，人人有收获。小组合作学习与个人自主学习的一个重要区别在于，合作学习的过程是小组成员与其他成员之间的默契配合，他们在每个合作学习的环节与活动中都能相互学习、相互提醒、相互改进、共同进步。每个成员在自主学习阶段应独立思考；在合作探究阶段应认真倾听，积极发言；在归纳总结阶段能做好记录，有自己的独到的见解；在展示阶段应勇于担当；大胆质疑或反驳。总之，在合作学习的每一个阶段，每个组员都能有不同的收获，能尊重他人，接纳不同观点，理解他人的思维方式。在认真虚心接纳他人的合理化建议的同时，又敢于否定自己，和同伴形成相互配合、和谐默契的学习氛围，每个人的创造潜能都能得到充分发挥，真正实现"学有乐趣，学有意义"。

（四）小组合作学习的评价

任何有效的学习都离不开评价，对学生的一个良好的评价奖励机制对小组合作学习的有效性开展至关重要。教师的评价对学生而言是一种启发、一种帮助、一种激励，更是一种人文关怀。因此，在合作学习中，教师的评价一定要有鼓励性、针对性、指导性和全面性。

教师的评价应做到以下三点：一是重视个人自主评价与小组集体评价相结合，通过评价促进小组成员之间互学、互帮、互补、互促；二是重视学习过程评价与学习结果评价相结合，教师除对小组学习结果进行恰如其分的评价外，更要注重对学习过程中学生的合作态度、合作方法、参与程度的评价；三是评价形式要多样化，即教师可以经常性地运用口头评价、"星星"评价、"小花朵"评价、"等第"评价。同时，为了使评价更具科学性与可操作性，教师也可以设计相应的评价量表。因为评价量表能激发学生的合作兴趣，也能使合作学习更为有效地开展下去。对不同层次的学生可以制订不同的评价标准，让每个学生都体会到成功的喜悦，增强自信心。如此一来，合作学习的效果更佳。例如，在"趣味声音训练手册"项目化学习中，教师制订出科学、合理、精细的评价量表，并指导学生分别从某一方面进行分析，让学生在合作中开展有效自评

（见表1）。

表1　小组分工合作评价量表

评价领域	评价标准	画上你的个性表情吧！		
		☺	☺	☺
成员 A 评价审美感知	能否说合唱在哪一方面吸引你			
	能否初步说出合唱团的构成			
成员 B 评价艺术表现	能否用模仿的形式确定适合自己的声部			
	能否唱准单音、音程、和声			
成员 C 评价创意实践	是否对合唱作品有不一样的了解			
	能否举例并模仿大自然当中的声音			
成员 D 评价文化理解	能否用语言表达自己对合唱作品的感受			
	能否将合唱运用到生活当中			
小组综合评语				

三、项目化学习中小组合作学习实施的有效策略

传统的合作学习存在合作仅限于课堂内、性格内向的学生参与度低、对学习活动不感兴趣等局限，教师应该积极寻求改进合作学习的方式和方法，探索行之有效的实施策略，努力克服其局限性和不足，充分发挥其优势。

（一）成员分工明确化

小组合作学习中，每个成员都扮演不同的角色，肩负不同的职责，实行分工的原则目的是让每个小组成员都有任务。为使每一位学生都能发挥特长，教师应充分考虑学生的能力、兴趣、性别等特点精心组织、合理分工，保证组内成员间的优势互补、相互促进。小组成员的分工无论是讨论的组织者、发言人，还是记录员，分工都不必固定，可以由组员轮流来承担，真正体现小组各个职责的重要性，这样更有利于培养他们的团结和合作精神。例如，在"海南传统文化推荐之儋州调声"项目化学习中，组员之间分工具体，共同促进深入研究儋州调声活动任务的完成（见表2）。

表2　探究儋州调声信息分工表

成员 A 任务	在哪些地域流行	深受哪些人群喜爱
成员 B 任务	有没有必要传承	如何推广
成员 C 任务	了解其文化价值	未来发展
成员 D 任务	汇总、整理小组内资料	

（二）学习目标具象化

每个学习小组都应当有明确的小组目标、学习内容及问题链，这样学生才有明确

的学习方向。教师根据学习内容的要求设计出既有利于学生的认知水平和认知规律的发展，又促使学生乐于学习，同时能启发他们学习探究的思维。在这种明确的学习目标的引领下，学生的思维不断碰撞，讨论活动处于最佳状态。如在"海口美食推介会"的项目化学习中，学生在教师的指导下，实地考察，探寻海南美食，到海口著名小吃街走访，采访当地居民，研究食材，品尝美食，并尝试亲手制作海南美食。在他们积极探索和有效的合作下，一本精美的美食册展现在人们面前。

（三）学习过程工具化

基于学情，我们发现绝大部分学生的学习处于低阶思维的学习阶段，要想让学生的学习思维真正发生，教师需要借助可视化的学习工具。目前可视化学习工具有很多，比如，思维导图、数据统计表、故事地图等，这些工具都能为项目化学习的有效推进提供支架。例如，在"中药花茶图谱"项目化学习中，在教师的指导下，学生分小组对中草药进行调研、分析，继而绘制出条理清晰、符合实际的思维导图（见图1）。

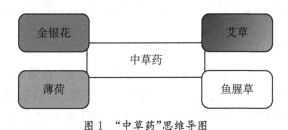

图1 "中草药"思维导图

这些思维导图作为学习工具，在合作学习中可以帮助学生高效运行思维。教师通过观察学生的参与行为、表达能力、思维品质及创造能力等方面，发现学生在此学习过程中有明显的成长和收获。

（四）学习方法科学化

正如前面所述，在合作学习中教师不仅是指导者，更是学习方法的引导者。教师应根据学生的性格特点和原有认知水平，结合学习任务的特点和他们对新知识的需求，有针对性地指导他们掌握科学的合作学习方法，这包括如何有效分组、如何明确任务与角色分配、如何开展讨论与交流、如何搜集资料与整理、如何总结与反思等。对于难度较大的学习任务，教师也可以通过具体的案例分析、及时的示范与指导，以此来帮助学生逐渐掌握合作学习的技巧，从而提高合作学习的效率和效果。科学有效的方法可以帮助小组成员之间互相帮助、互相答疑、互相评价、互相促进，使合作学习有序推进。例如，在"自制香薰蜡烛"的项目化学习中，学生在教师科学有效的指导下，了解香薰的制作过程，并利用紫苏、藿香、薄荷、金银花等植物完成香薰的制作。

（五）学习结果显性化

合作学习的结果只有通过显性化才更具有价值，学生才能更加真切地感受到学习成果带来的成功与喜悦。比如，"海口美食推介会"的项目化学习中，当学生在教师的引导下,经过一系列学习活动之后,自信大方地站在讲台上,利用中英双语,来向外国小朋友推荐海南特色美食,通过惟妙惟肖的介绍,赢得在场观众的阵阵掌声,学生倍感自豪,合作学习的成果真实而有效。

总之,小组合作学习在现代教育中越发凸显其重要作用,教师应不断更新教育理念,积极探索创新,深入研究小组合作学习的方法与途径,使之在项目化学习中发挥最优作用,从而助力学生全面成长。

案例分享

趣味声音训练手册

课程类型	年级	课时数	设计者	实施者
跨学科类项目	三、四年级	5 课时	楼政	楼政

一、项目概述

海口市秀英区长滨小学属于一所新开办的公办学校,在重视德智体美劳的素质教育背景下,校级的合唱团及合唱兴趣班的组建必不可少,那么想要快速地组织、培养一支校级合唱团,教师应该使用什么样的排练手法来促进合唱排练的高效性呢?本项目始终关注"趣味"声音训练,改变传统的合唱授课方式,学生自行发现、探究、采取一些贴近生活的趣味排练手法来进行学习、排练,从而提高学习的质量并且更好地提升学生对音乐的兴趣。而在排练过程中,学生可以通过实验、调查、咨询等手段来掌握知识,并通过实践及分析的方式形成基本概念。学生使用各类技能,开展协作式、探究式学习。在解决合唱排练所遇到问题的同时,学习知识、掌握技能、激起兴趣,热爱上合唱排练。如果能结合运用好趣味声音训练手册,合唱排练的效果就会有非常显著的提升。

二、项目目标

(一) 知识与能力目标

(1)趣味声音训练是近代提出的一种新型合唱排练方式。这种新型合唱排练方式与传统的排练手法不同之处在于"趣味"二字,且在每个年龄段、每个环境、每支队伍所使用的"趣味"的方式方法都不一样。

(2)为了能让学生更快更好地接受所讲内容,贴切学生的内心,提高排练的质量与效益,让学生发挥想象,从理论走到实践中,运用自我探寻、小组探究的方式来创造出一些贴切自身的合唱排练手法,从中了解合唱、激发兴趣,从而提升合唱排练的效率。例如:结合审美感知与艺术表现,制作趣味声音训练手册;培养自主编创能力及语言表达能力;合唱歌曲成品展示音乐会。

(二) 学习素养目标

(1) 学习搜集、整合资料的方法,注意运用关键词法整合资料,进行信息的搜集与概括,让学生具备初步搜集和整理信息的能力。

(2) 科学探究:应学会经过调查发现问题,用各种学习工具确定要解决的问题,提出解决假设和验证,最终给出解决方案。

(三) 核心价值目标

(1) 让学生感受合唱,懂得合唱。

(2) 从合唱当中表现对音乐的热爱,培养发散性思维。

三、挑战性问题

(一) 本质问题

(1) 什么样的趣味声音训练更合适我们、更方便运用?

(2) 合唱是一件比较抽象的事情,且长滨小学又是一所新兴学校,合唱团刚刚建成,没有太多的经验,那我们应该怎么提升合唱排练的效率,快速建成一支校合唱团呢? 我们是否可以在生活中发现声音、探究声音、运用声音、模仿声音,并将这些声音运用到合唱学习中呢?

(3) 什么样的趣味声音训练更合适我们、更方便运用?

(4) 在编创、发现趣味声音线索的过程中培养创新、合作的观念以及团队意识。

(二) 驱动性问题

如何让学生更加了解合唱知识及相关的音乐知识,制作出能提升排练效率的趣味声音训练手册,并且在制作出趣味声音训练手册后运用到实践当中,去开展趣味声音合唱作品音乐会。如:生活中你听到过哪些来自自然的声音? 你可以用什么方式将这种声音模仿出来? 这种声音是否能吸引你的注意,使你感兴趣? 你应该如何将这些声音运用到合唱当中?

四、预期成果

(一) 产品形式

(1) 传统排练方式的问卷调查。

(2) 问卷及结果报告提出方案:趣味声音训练能提升合唱排练的效率。

(3) 在"趣味"训练的过程中真正掌握音色、音准、节奏、力度等重点以及发声技能。

(4) 小组探究并以书面方式呈现趣味声音训练手册。

(5) 相关的演示文稿。

（6）作品展演。

（二）公开方式

学生以小组为单位，编创合唱趣味声音训练手册，并且在制作完成后运用到实践当中，通过作品展演的方式进行展示。

五、项目评价

（一）过程评价

（1）能否很好地将训练的内容结合并呈现在歌曲当中。

（2）能否掌握音色、音准、节奏、力度等重点以及发声技能。

（3）能否掌握基础乐理知识。

（4）能否培养较强的审美感知能力和严谨的艺术表现能力。

（5）能否锻炼多声部之间配合的默契程度。

（二）结果评价

（1）知识评价：对基础的乐理知识了解程度如何。

（2）技能评价：是否能在歌曲中将乐理知识及趣味声音训练内容融入其中。

（3）实操评价：趣味声音训练手册的发表、展演作品、介绍展示。

六、项目资源及工具

（一）项目资源

钢琴、合唱教室、网络、多媒体、与合唱排练相关的书籍或其他形式的资料信息等。

（二）制作工具

打印机、A4 纸。

（三）计划时间表（见表 1）

表 1　计划时间表

时间	内　　容
第 1 课时	趣味声音训练；分析合唱作品《萱草花》谱例；分声部练习作品《萱草花》
第 2 课时	趣味声音训练；编排、合排合唱作品《萱草花》ABC 乐段
第 3、4 课时	趣味声音训练；合排合唱作品《萱草花》；作品《装扮蓝色的地球》分排
第 5 课时	合排两首作品并做好展演准备，公开作品展演

七、项目实施设计

（一）入项活动

长滨小学是一所新开办的学校，合唱团的建团经验几乎为零，且在重视德智体美劳的素质教育背景下,学校更是想大力开展、开发合唱课程。但由于是新学校,缺乏建团经验,且教师多为年轻的教师,同样缺乏经验。

(1) 将合唱团选拔的学生划分为多个小组,利用课余时间收集声音,以及收集可以发出一些有趣声音的物质。

(2) 以小组为单位,记录收集到的"有趣"声音,并且发散思维,用外界的物质或用自己的身体各种器官、肢体进行模仿。

(3) 将各小组收集的"有趣"的声音制作成册,并且运用到合唱排练当中,不断探究趣味声音训练手册是否对合唱排练起到提高效率的作用。

(二) 项目实施

1. 初听合唱,初识合唱

(1) 组织学生观看、聆听著名童声合唱团的成果展示——合唱作品,说出其与平日里独唱、齐唱有何不同,美在哪里。

(2) 了解合唱团的构成,并了解合唱团所构成的意义。信息包括组建一支合唱团所需要的人数比例、声部比例、声音要求、歌曲要求等,情感要求可作为进一步讨论点。详见"初听合唱作品评价量表"(见表2)。

表 2　初听合唱作品评价量表

评价领域	评价标准	画上你的个性表情吧!		
		自评	组评	师评
审美感知	能否说合唱在哪一方面吸引你			
	能否初步说出合唱团的构成			
艺术表现	能否用模仿的形式确定适合自己的声部			
	能否唱准单音、音程、和声			
创意实践	是否对合唱作品有不一样的了解			
	能否举例并模仿大自然当中的声音			
文化理解	能否用语言表达自己对合唱作品的感受			
	能否将合唱运用到生活当中			
表情评价	☺ 非常满意	☺ 比较满意		☹ 不满意
综合评语				

2. 运用问题链,促进深研"趣味"声音

(1) 教师运用如下问题链促进学生去思考和探索:①一个完整的混声合唱团、童声合唱团由几个基本的声部组成? ②根据歌曲的不同,要运用怎样的音色? ③根据不同的音色特点,要如何调整声音位置? ④如何将大自然的声音与合唱所需声音相结合,形成趣味声音训练? ⑤怎么样的趣味声音训练更能激发起学生排练的兴趣?

(2) 小组讨论趣味声音训练中"趣味"的特征和作用。①"趣味"声音来自哪里,为什么叫"趣味"声音? ②为什么趣味声音训练能促进合唱排练的高效性?

3. 开展趣味声音训练分享会，提升认知与表达能力

根据主题引入趣味声音的元素，通过引导的方式给学生讲述这些声音来自哪里，是怎么将这些声音编成趣味声音训练练习的，学生通过模仿、创造和语言表达对趣味声音的初步认识：

（1）角色扮演式之音色训练。

模仿不同动物的声音，感受不同的发声位置可以发出不同的音色，从细微的变化中体会到不同的音色所带来的不同的渲染力。这样可以很好地激起好奇心，在快乐的模仿中激发学生对合唱排练的兴趣。例如在排练作品《捡螺歌》时，由于这是一首海南的民族歌曲，音色要求清澈透亮，可以模仿夜莺的叫声。夜莺的叫声宛转悠扬，先模仿夜莺的叫声来对歌曲进行哼唱，找到正确的发声位置以及音色，随后再带入歌词进行完整演唱。

（2）多声部和声训练之"家常话"。

在多声部的声音训练当中，可以运用"家常话"的趣味声音训练方式，效果显著。所以学生可以进行自主创编，换汤不换药，将"家常话"的单声部趣味声音训练方式与多声部的声音训练相结合，碰撞出不一样的和声美感。学生可以通过创新的方式将一些贴切的家常话带入合唱声音训练当中，感受到音乐就在身边、音乐无处不在。此方法可以更好地训练学生在合唱当中的和声感，产生多声部和声的概念。使用这种方式可以使和声感提前进行训练，有利于后期多声部合唱作品的排练，并且从中体会到合唱追求的是集体发声的听感舒适，而不是追求杂乱洪亮。

多声部的创编无论是歌词还是旋律都是可以进行灵活变化的，学生可以根据自己喜欢的事物获感兴趣的事物来进行编创，灵活多变，不断编创，让自己保持新鲜感的同时很好地掌握多声部合唱声部与声部之间的关系以及和声感。

（3）音阶变体式音准训练。

演唱音阶，类似于柯达伊音乐教学体系中的柯尔文手势。柯尔文手势是通过手势的形象作用来提示学生发音，还可以通过手势位置的高低来提示学生发音。教师提示学生进行创新，将柯达伊教学体系中的柯尔文手势进行创新，将创新的小游戏带入音阶构唱的形式当中，改编手势，运用拍腿、跺脚的方式对学生进行训练。在游戏的过程中，能在潜移默化中提升自己的音准。通过实践，这个小游戏能非常好地激起学生自我对合唱声音训练的兴趣，使注意力更加集中、音准得到很好的训练，排练效果以及排练氛围相当好。

表 3 为合唱排练过程观察表。

表 3　合唱排练过程观察表

排练手法	适用团体	排练效果	不足之处	是否选用
音色训练				
音准训练				

(续表)

排练手法	适用团体	排练效果	不足之处	是否选用
和声训练				
节奏训练				
趣味声音训练				

4. 收集、比较排练手法,探索趣味声音训练排练方式

(1)学生广泛观看、查找、收集平时传统的合唱声音训练资料。

(2)教师运用如下问题链驱动学生探索,统计出各式排练手法及其存在的优缺点:①市面上的合唱团运用什么排练手法最多?②各式排练都有哪些优点和不足?③趣味声音训练运用到合唱排练中,能否起到作用?④你更喜欢用哪一种合唱排练手法?说一说原因。

(3)以小组为单位,进行实地走访、探讨研究,组织学生展开讨论,提出收集趣味声音的方式,形成小组创见。

(4)发表意见,形成决策。合唱团全体对各小组提出的各种趣味声音训练方式的利弊进行分析,教师运用如下问题链驱动学生思考:①是否能对声音进行改良?②是否适合本年龄段同学的声音状态及心智?③是否有益于提高合唱水平及个人歌唱水品?④是否能运用到日常排练当中?

5. 探究生活中的声音,初步制作趣味声音训练手册

(1)小组以文字形式呈现收集到的趣味声音。

各小组通过观察、探究、想象、网络查询、自媒体视频等途径收集自己认为有趣的声音,并可以作收集方法和步骤等的可行性分析。

学生需要决定哪个声音的出现是最有趣的,并且思考为什么。

教师从以下几个方面驱动学生思考:是否适用、是否有用、存在的利与弊。

以下为"趣味声音收集小组活动成果展示的评价量表"(见表4)。

表4　趣味声音收集小组活动成果展示的评价量表

项目	评价标准
适用性(20分)	是否适用于本团;是否对该团队有作用
简洁性(20分)	是否能用简单的"乐器"模仿出该声音
正确性(20分)	主题明确;概念准确;运用合理
文字性(10分)	能否营造情境并说明你为什么喜欢该声音
聆听性(20分)	是否动听,是否是乐音而不是噪音
参与度(10分)	小组成员有团队意识,能群力群策,交流积极主动

(2)各小组分工合作,使用录音机、传声机、留声机等工具,每个小组制作、编创3～5条"趣味"声音,并且能用道具或身体器官模仿出该声音,且将这些收集的声音

记录在册。

教师运用如下问题链驱动学生合作探讨：①你喜欢什么类型的声音？动物叫、汽车开过的声音？②收集到有趣的声音，你该如何留下？③收集趣味声音的方法有哪些？④收集声音的过程中如有意见分歧，你是怎么处理的？

学生需要记录探究制作心得，并交流分享经验（见表 5）。

表 5　学生收集趣味声音记录表

我的任务：
我如何收集声音的：
我如何用文字表达出这个声音情境的：
我用什么东西来模仿这种声音的：
小组探讨解决该问题的方法是：

（3）自制趣味声音手册。

将各个小组收集到的趣味声音进行分类、整合，在合唱团内集体讨论、研究，并投票选举出适用于该团队的趣味声音，并编创成为练声曲，最后整合成为"趣味声音训练手册"，且能用文字形式表达情境以及介绍声音。

（三）出项活动

学校召开小型合唱作品展演。参与人员包括校领导、父母及教师、学生等。在公开展演中记录他人意见和观点。并且将趣味声音训练手册发放给每位到场的校领导、父母、教师。

八、反思与展望

（1）学生通过这一次的合作创编趣味声音训练手册，可以了解到什么是合唱，什么是趣味声音训练。从实践当中不断培养善于发现、不断创新的小组合作精神。

（2）艺无止境，学生还需要继续学习关于合唱的知识，从最基础的乐理知识开始，认识五线谱、简谱、和声、曲式，从而更好地分析曲式、分析作品、表达作品。

（3）教师在教育、引导学生的过程中也是在自我学习，将自身所学的专业不断运用、拓展、实践，在接下来的教育与实践当中才能学习更多专业知识，服务学生。

海南传统文化推荐之儋州调声

课程类型	年级	课时数	设计者	实施者
学科类项目	五年级	5 课时	周金多　聂长秀	周金多　聂长秀

一、项目概述

长滨少年作为自贸港的一分子,我们能够为自贸港的建设做点什么呢? 长滨学子为了积极响应总书记的号召,应从小养成爱国爱家乡的情怀,通过小眼睛、大视野,从小关注海南发展、宣传海南特色;长滨学子用脚步丈量海南,介绍海南风貌,让更多的人了解海南,走近海南。儋州调声流传于海南省儋州市,具有独特地域风格的传统民间音乐形式,产生于西汉时期,在中国近代得到发展,儋州调声用儋州方言演唱,节奏明快,旋律优美,感情热烈,可歌可舞,被誉为"南国艺苑奇葩"。儋州调声主要特色是男女集体对唱,把唱歌与舞蹈融为一体。2006 年,儋州调声被国务院批准列入第一批国家级非物质文化遗产名录。长滨娃化身为小小文化传播使者,把海南的非遗文化宣传、推广出去。学生通过搜索、调查、访谈、咨询等手段来获取信息,并通过信息处理及分析的方式形成基本概念。学生开展协作式、探究式学习。在学习儋州调声同时,宣传儋州调声、传播海南本土音乐传统文化,提高对海南传统音乐的鉴赏能力。

二、项目目标

(一) 核心知识与能力

(1) 语文:运用文字描述了解儋州调声发展,结合情境创编歌词。调查问卷报告、小组讨论交流解决方案、撰写决策方案和项目开展经历介绍。

(2) 音乐:审美感知和艺术表现,提高对海南本土音乐的鉴赏能力。

(3) 舞蹈:了解调声的舞步,学习调声的表演表现形式。

(二) 学习素养

(1) 能够以不同方式收集资料来获取信息,并学会整理资料。

(2) 通过信息处理及分析的方式形成基本概念,了解海南传统文化儋州调声的魅力。

(3) 能够根据文化遗产中存在的问题,找出对应的保护措施。

(4) 能自信大方地表演儋州调声,并谈谈学习心得及体会。

(三) 价值观念

(1) 能感受海南传统文化儋州调声的魅力,树立保护儋州调声文化遗产的意识。

(2) 能加强对海南传统文化儋州调声的认同感、自豪感,激发学生的责任心,呼吁他人共同保护、传承海南传统文化儋州调声遗产。

三、挑战性问题

(一) 本质问题

如何让学生深入意识到海南传统文化儋州调声遗产的价值,努力做好保护和传承海南传统文化艺术,同时提升学生对海南本土音乐艺术的综合素养?

(二) 驱动性问题

长滨少年作为自贸港的一分子,我们能够为自贸港的建设做点什么呢? 儋州调声是海南省非遗文化,学习了解儋州调声助力海南传统文化的传承,同学们一起探讨用什么方式去传播非遗文化,向岛内外更多的人传播儋州调声。

四、产品形式

(1) 儋州调声的市民了解程度的问卷调查。

(2) 问卷及结果报告提出方案:调声传承更重要。

(3) 儋州调声作品呈现。

(4) 儋州调声的相关文化。

(5) 自己编创调声。

(6) 相关的演示文稿。

五、项目评价

(一) 过程评价

(1) 能否说出儋州调声和流行音乐的不同。

(2) 能否详细说出儋州调声的非遗价值。

(3) 能否运用艺术表现能力展示调声的魅力。

(4) 能否通过学习提高对儋州调声的认同感、自豪感。

(二) 结果评价

1. 知识技能、合作技能、实践技能的方式来评价学习效果

(1) 知识评价:调声的表演形式以及价值与作用的相关检测。

(2) 技能评价:歌词的选择、服装的搭配、队形的变化。

(3) 实操评价:调声的歌词、服装、队形、作品的呈现。

2. 产品展示、项目介绍、推广效果评价

六、项目资源及工具

(一) 项目资源

计算机、平板电脑、网络、与儋州调声相关的书籍或其他形式的资料信息。

(二) 项目工具

服装道具、PPT 课件、书籍等。

(三) 计划时间表(见表 1)

表 1　计划时间表

时间	内　容
第 1 课时	发布项目主题,调查数据分享,确定探究内容,开展入项活动
第 2 课时	学习儋州文化,了解调声特点,知道调声价值,布置作文内容
第 3、4 课时	提供知识技能,掌握基本要素,设计动作队形,小组分工合作
第 5 课时	提出修订建议,形成最终成果,演示文稿报告,公开成果展演

七、项目实施设计

(一) 入项活动

儋州调声作为海南的传统特色艺术文化,我们作为自贸港的一分子,应为宣传和传播海南文化出一份力。请你以海南艺术文化使者的身份向岛内外友人讲解、表演儋州调声,并呼吁更多的人投入传承和传播海南传统艺术中。

(1) 全班学生以小组为单位,利用主题班会时间,展示自己所了解的海南传统艺术,激发同学对儋州调声学习的动力。

(2) 以小组为单位,统计校园内学生对儋州调声的了解数据。

(3) 公布统计结果,激发学生的驱动力。

(4) 儋州调声作为"南国艺苑奇葩"值得我们去学习、了解它,并且我们还要化身为海南艺术文化使者为传承和传播儋州调声出力。

(二) 项目实施

1. 实地考察,初识调声

(1) 组织学生参观儋州文化馆,学习了解儋州调声的魅力。

(2) 观看儋州调声表演,写出儋州调声的解说小习作:信息包括调声的由来、调声歌词的选择、服装的搭配、队形的安排等,儋州调声的推广可作为进一步讨论点。以下为儋州调声,习作评价量表(见表 2)。

表 2　儋州调声习作评价量表

评价领域	评价标准	画上你的个性表情吧!		
		自评	组评	师评
审美感知	能否说出儋州调声的表现形式			
	能否准确描述儋州调声的艺术特征			
艺术表现	能否选出儋州调声的表演服饰			
	能否准确搭配男女服装			

（续表）

评价领域	评价标准	画上你的个性表情吧！		
		自评	组评	师评
创意实践	作品是否有突出当下的实时要事			
	作品是否有描写关于儋州调声的呈现步骤			
文化理解	能否用语言表达自己对调声作品的感受			
	能否简单说一说儋州调声对海南的影响			
表情评价	☺ 非常满意　　☺ 比较满意	⊙ 不满意		
综合评语				

2. 运用问题链,促进深研儋州调声

（1）学习、了解儋州调声后的感受,通过表格了解学生的学习收获(见表3)：

表3　学生探究儋州调声信息记录表

有没有必要传承	有	没有
离开地域它还能不能生存	能	不能
有没有文化价值	有	没有
艺术表现	容易	难
传承方式	简单	复杂

（2）小组讨论调声的特征和价值：①分辨调声和流行音乐最有效的特征。②为什么调声在儋州这个地方发起？③儋州调声有什么艺术人文价值？

3. 比较流行音乐,探索调声的表演形式

（1）学生广泛收集平时调声资料。

（2）教师运用如下问题链驱动学生探索,统计出调声产品的优缺点：①你平时有学习了解儋州调声？②你认为调声都有哪些优点和不足？③你认为调声的价值有哪些？④你最喜欢哪首调声歌曲？说一说原因。

（3）以小组为单位,进行头脑风暴,组织学生展开讨论,提出校内调声的表现方式,形成小组创见。

（4）发表意见,形成决策。全班学生对各小组提出的调声优点进行分析,教师运用如下问题链驱动学生思考：①是否通俗易懂？②是否适合学校现在的学习环境？③是否有益于传播、弘扬海南传统文化？④是否方便随时表现？能否提高对海南本土音乐的鉴赏能力？

为了帮助学生完成以上任务,我们为其提供了三种类型的知识技能：一是解决该问题所需的学科知识技能；二是项目化学习过程中所需的技术工具；三是合作表现。

4. 探究表演方法,初排调声节目

(1) 小组设计调声的节目。

各小组通过小红书、网络查询或自媒体视频学习,了解调声表演的形式,设计不同的调声动作、队形队列,内容包括选歌词、选服装等方法和步骤的可行性分析。

学生需要决定哪个设计方案是最成功的,并且思考为什么。

教师从表演艺术方面驱动学生思考。以下为小组活动成果展示的评价量表。

表4　小组活动成果展示的评价量表

项目	评 价 标 准
艺术性(10分)	视觉效果
即兴性(10分)	即兴创作、现场表演
完整性(10分)	服装、队形队列、歌曲表现
美观性(30分)	舞台效果
娱乐性(20分)	男女老少都可以
形象性(10分)	歌词内容
参与度(10分)	小组成员有团队意识,能群策群力,交流积极主动

(2) 各小组分工合作,编排一个调声节目。

教师运用如下问题链驱动学生合作探讨:

①你选择哪首调声歌曲?

②服装选择有哪些注意事项?

③男女生如何站队?

④合作过程中如有意见分歧,你是怎么处理的?

学生需要记录探究制作心得,并交流分享经验(见表5)。

表5　学生探究合作表演调声记录表

我的任务:
我的发现:
我猜这可能是因为:
我解决该问题的方法:
小组探讨解决该问题的方法:

5. 开展分享会,提升认知与表达能力

根据主题引入地方传统文化词汇,学生通过文字描述和语言表达对儋州调声的初步认识:如:调声的即兴创作,表现方式、服装选择、队形队列等等。

6. 试验、探讨与矫正

(1) 组内表演展示,并根据呈现的效果,发现不足及时调整,探讨修订建议。

（2）个体和项目小组根据意见修订自己的成果。以下为小组展示调声修正表（见表6）。

表6　小组展示调声修正表

第一次展演			第二次展演		
选曲	服装道具	呈现效果	选曲	服装道具	呈现效果
时长：	色彩搭配：	时长：	时长：	色彩搭配：	时长：
内容：	协调度：	完整性：	内容：	协调度：	完整性：
表演状态：		呈现状态：	表演状态：		呈现状态：
宣传效果：			宣传效果：		

（3）收集项目材料，包括项目计划、调查问卷、过程日志、修改记录以及调声展演的最终结果，形成最终可以参加成果展的成果。

（三）出项活动

（1）在学校元旦晚会上，展示调声节目并宣传和推广儋州调声文化，队员现场鼓励观众加入我们的表演。

（2）进行评估陈述。在陈述中，项目小组共同介绍陈述报告，并介绍自己在项目中承担的责任。

（3）在公开成果展中记录他人意见和观点（见表7）。

表7　呈现儋州调声产品评估量表

选曲	服装	动作	道具	时长	音量	优点	缺点
意见或建议：							

八、反思与展望

（1）通过该课程的设计，本人对项目化课程又有了更深入的了解，原来项目化学习是一个周期性的过程，学生通过一个周期的学习，可以自主地完成课程要求，进行自我展示。

（2）该课程改变了教师的传统授课模式，对课程的编排、创新，让学生在课程当中真正达到快乐学习的目标。

（3）项目化学习每一环都是环环相扣的，最终达成教师的教学目标，学生完成自我成长。

海口美食推介会

课程类型	年级	课时数	设计者	实施者
跨学科项目	二年级	4课时	江泽 范海娟	江泽 范海娟

一、项目概述

"民以食为天",饮食与我们的生活密不可分,为了让学生了解传统文化,了解海南美食文化,从而激发学生对中华传统文化的热爱,本项目围绕海南美食进行个性化探究,分别从了解中国及海南饮食特色,设计个性化菜单,制作海南美食、厨艺展示,品尝、推广海南美食及饮食文化探索等方面进行探究性学习。学美食:通过学习课文《中国美食》,学生了解了一些中国美食,再通过查阅资料等方式,收集其他的中国传统美食,完成学习任务单。①知美食:根据人文主题、语文要素,结合学生的具体认知能力,引导学生了解家乡美食。②荐美食:创设情境,请学生们化身自贸港小小外交官,结合英语课学习过的介绍海南美食的词语、句式,用美食地图、宣传单的形式,把自己最喜欢的海南特色美食画出来、写出来,图文并茂。③说美食:以小组合作学习展示成果的形式,利用中英双语,向外国小朋友推荐海南特色美食。

基于对海南美食文化的弘扬,我们尝试用项目化学习的方式宣传并推广海南美食。

二、项目目标

(一) 核心知识与能力

(1) 语文:结合学生年龄特点、兴趣点和已有生活经验,引导学生重点掌握海南特色菜并融入当地文化;通过多个渠道了解中国美食、海南美食,提升学生查找整理信息的能力,锻炼学生口头表达能力。

(2) 英语:整理信息的能力,锻炼学生的英语口语表达能力。

了解中国美食以及海南特色美食,激发学生对海南以及中华传统文化的热爱之情;立足海南,了解自贸港饮食文化,自主探究美食的奥妙,从而坚定文化自信,形成正确的世界观和人生观;以国际旅游岛教材海南板块"Welcome to Hainan"为依托,积累关于"Delicious Foods""yummy"等词汇,能熟练运用生活会话介绍海南美食、品尝美食、进行厨艺展示介绍等。

(3) 美术:绘制精美菜单图,培养审美能力。

(二) 学习素养

(1) 学习搜集、整合资料的方法,注意运用关键词法整合资料,进行信息的搜集与概括,让学生具备初步搜集和整理信息的能力。

(2) 学习各类应用文的得体表达(说明文、采访稿、主持稿),能根据不同交际场合使用恰当的口语表达(采访、访谈、上街推广、街头调查等)。

（3）科学探究：应学会经过调查发现问题、用各种学习工具确定要解决的问题、提出解决假设和验证，最终给出各种解决方案。

（三）价值观念

（1）培养热爱家乡、热爱美食的意识。

（2）形成合理饮食、不浪费粮食的价值观念。

三、挑战性问题

（一）本质问题

作为一名小小外交官，你是如何利用中英双语来向外国小朋友推荐海南特色美食，让他们了解海南饮食文化和本土乡情的呢？

（二）驱动性问题

海南美食数不胜数，请同学们化身自贸港小小外交官，用中英双语来向外国小朋友推荐海南特色美食。那作为自贸港的小小建设者，你能回答以下几个问题吗：

（1）你知道的海南美食有哪些？

（2）你了解这些美食的食材吗？

（3）你会制作这些美食吗？

（4）你怎样让外国小朋友喜欢海南美食？

四、预期成果

（一）产品形式

海南美食宣传手册。

（二）公开方式

以小组为单位，带着自己制作的海南美食及精美菜单、演示文稿等布置海南美食推介会，向参会的师生介绍项目经历，呈现产品使用效果，展示并推广海南美食。

五、预期评价

（一）过程评价

（1）能否准确了解海南当地美食？

（2）能否用文字描述、语言表达、线描彩绘海南美食基本特征？

（3）能否亲手制作海南美食的生活技能？

（4）能否运用艺术表现能力绘制美食菜单，用双语推介美食？

（二）结果评价

1. 知识技能、合作技能、实践技能的评价量规用表

（1）知识评价：海南美食的形态特征。

（2）技能评价：食材的选择、厨具的使用、操作方法。

（3）实操评价：亲手制作美食，品鉴与改进。

2. 产品展示、美食介绍

六、项目资源及工具

(一) 项目资源

计算机、网络、与海南美食相关的书籍或其他形式的资料信息、绘图工具、美术材料等。

(二) 制作工具

新鲜食材、锅铲、油盐等调料、宣纸、彩色笔。

(三) 项目时间表(见表1)

表 1　项目时间表

时间	内　　容
第1课时	发布项目主题，调查数据分享，确定探究内容，开展入项活动
第2课时	咨询家人，了解海南美食，学习食材，品尝美食
第3课时	提供知识技能，掌握技术工具，设计思维导图，亲手制作美食
第4课时	提出修订建议，形成最终成果，演示文稿报告，公开成果展示

七、项目学习活动

(一) 入项活动

海南正在全力建设自由贸易港，那就需要吸引全国乃至全世界的目光，让更多的人看到海南、了解海南、想要来到海南。当游客们来到海南岛，沉浸于这"人间仙境"的时候，会发现，海南的美食文化也让人赞不绝口。本项目围绕海南美食进行个性化探究，学生通过向家人、朋友咨询、发放问卷调查表、到知名小吃街实地考察等途径，分别从了解海南饮食特色，设计个性化菜单，制作海南美食、厨艺展示，品尝、推广海南美食及饮食文化探索等方面进行探究学习。

（1）以小组为单位，多渠道了解海南美食。

（2）公布统计结果，激发学生的驱动力。

（3）提出探寻美食、品尝美食、制作美食、推介美食的系列活动。

(二) 项目实施

1. 了解中国美食有哪些

通过学习课文《中国美食》，学生了解了一些中国美食，再通过查阅资料等方式，收集其他的中国传统美食，完成学习任务单；结合学生的具体认知能力，引导学生了

解家乡美食。先说一说自己最喜欢的海南美食是什么,然后了解这些美食与制作方法。(见表 2)

表 2　项目学习活动:品尝海南特色美食

实地考察	1. 随同家人、朋友一起走访海口美食街——骑楼老街 2. 探寻美食 3. 根据课文所学,用 It's... 介绍所见美食
品尝体验	品尝美食,并用 I like... yummy, cool, delicious, nice, wonderful, super 表达
实际运用	观察特色美食所用食材,向老板请教美食做法

2. 如何向外国小朋友推荐你最喜欢的海南美食

(1)荐美食。创设情境,请学生们化身自贸港小小外交官,结合英语课学习过的介绍海南美食的词语、句式,用美食地图、宣传单的形式,把自己最喜欢的海南特色美食画出来、写出来,图文并茂。

(2)分解驱动问题:(英语口语交际)我最喜欢的海南美食。

(3)说美食。以小组合作学习展示成果的形式,利用中英双语来向外国小朋友推荐海南特色美食。

学生可从以下几个方面进行介绍:①我所知道的海南特色美食有哪些? ②我最喜欢的海南美食是什么? ③这道美食主要的食材是什么,主要使用的烹饪方法是什么? ④简单说说这道美食的味道口感是什么样的? ⑤你喜欢这道美食的理由是什么? ⑥可以自行补充其他方面进行介绍。(见表 3)

表 3　项目学习活动:制作、推广海南特色美食

制作菜单	学生们采用菜单的形式,把自己最喜欢的海南特色美食画出来,图文并茂
亲自下厨	每个小组亲自制作一道海南美食
推广美食	创设情境,请学生们化身自贸港小小外交官,结合英语课学习过的介绍美食的词语、句式,以小组合作学习展示成果的形式,利用中英双语来向外国小朋友推荐海南特色美食

3. 开展美食推介会,提升认知与表达能力

根据主题引入中英文美食文化词汇,学生通过文字描述和语言表达对海南美食的认识。

4. 比较菜单成果图及美食宣传手册(见表 4)

表 4　海南美食宣传手册

美食	食材	做法	可口之处	价格	保质期
清补凉					
椰子汁					
海南粉					

（续表）

美食	食材	做法	可口之处	价格	保质期
文昌鸡					
加积鸭					

为了帮助学生完成以上任务,我们为其提供了三种类型的知识技能:一是解决该问题所需的学科知识技能;二是项目化学习过程中所需的技术工具(收集信息、美食书籍和小红书 APP 网络工具);三是合作技能。

5. 设计"海南美食"的菜单

（1）小组设计菜单。

各小组通过向家长或朋友们求助、网络查询、自媒体视频学习等途径,了解海南美食特点,设计"海南美食菜单",并填写"海南美食菜单成果展示的评价量表"(见表5)。

表5　海南美食菜单成果展示的评价量表

项目	评 价 标 准
美观性(10分)	颜色和形状新颖;视觉效果
简洁性(10分)	抓住中心、关键词
完整性(10分)	内容全面,科学概念要点无遗漏
正确性(30分)	主题明确;概念准确;关系合理
结构性(20分)	层次分明;思路清晰
形象性(10分)	符号具有独特性;图标指示性强
参与度(10分)	小组成员有团队意识,能群策群力,交流积极主动

（2）分工安排。

各小组分工合作,使用项目工具,亲手制作一道海南美食。

教师运用如下问题链驱动学生合作探讨:①你选择哪一道海南美食?②需要有哪些食材?③合作过程中如有意见分歧你是怎么处理的?

学生需要记录探究制作心得,并交流分享经验(见表6)。

表6　学生探究制作美食记录表

我的任务:
我的发现:
我猜这可能是因为:
我解决该问题的方法是:
小组探讨解决该问题的方法是:

（3）自制海南美食。

为了帮助学生完成以上任务,我们为其提供了手工制作美食的工具:炒菜锅、锅铲、酱油、食盐、白砂糖等。活动结束后填写评价表(见表7)。

表7 "自制海南美食"探究小组 PBL 实践评价表

评价要素	主要指标	评价结果(ABC)		
		自评	组评	师评
美食产品调研	积极参与小组分工,善于解决过程中遇到的问题			
调查结果分析	能从美食的食材、烹饪方法、保质期等方面进行综合分析			
自制海南美食	与小组成员积极配合,动手能力强,熟练掌握该美食的制作方法			
展示汇报	声音响亮,吐字清晰,表达流利,能较好地呈现出探究结果			
我收获的评语				

(三) 出项活动——海南美食推介会

(1)在学校读书节活动场地设置展柜,展示自制海南美食并推广。

(2)进行评估陈述。在陈述中,项目小组共同介绍陈述报告,并介绍自己在项目中承担的任务。

(3)在公开成果展中记录他人意见和观点。填写自制美食评估量表(见表8)。

表8 自制美食评估量表

色	香	味	综合	缺点

八、反思与展望

(1)体验学习乐趣。本项目化学习活动将知识性、文化性、创造性、趣味性、实践性相融合,在真实的情境中,让学生们了解美食文化并能组织语言介绍家乡的美食。学生在活动过程中积极性很高,掌握了学习的主动权,做到了快乐学习。

(2)提升学科素养。学科项目化学习是培养学生核心素养的重要路径,在本项目化学习课程中,学生的"语言建构与运用"和"文化理解与传承"两大语文核心素养得以提升。在项目化学习活动中,学生通过主动地积累、梳理和整合,了解形声构字法及其作用,逐步掌握汉语文字的特点及其运用规律。

(3)增强文化自信。学生运用双语推荐海南美食,正确有效地进行交流和表达,逐步形成个体的语言经验,让学生的语言建构与运用能力得到提升。在此过程中,学生乐于分享,善于分享,推广了家乡美食,增强了自信心。

中药花茶图谱

课程类型	年级	课时数	设计者	实施者
跨学科类项目	五年级	5课时	殷海丽	殷海丽

一、项目概述

海南作为国内唯一的全域热带省份,四季雨量充沛,植被茂盛,药用植物资源高达2 600余种,独特的气候孕育了丰富的动植物资源,有力地促进了海南中医药事业发展。

中医是中国传统文化沃土上孕育的奇葩,可现在却面临困境。造成这样的局面,主要原因之一是基础教育中缺少中草药知识的普及和中医药文化的传承。海南地处热带,拥有大量的中草药资源,居住在这片土地上的人们普遍有喝凉茶和药膳汤的习惯,跟中草药的关系十分密切。

开展中药花茶图谱项目化学习,既能让同学们学会自主学习、收集信息,认识一些中草药的单词,感受到中草药文化的魅力,了解中医药文化的价值,又能提升学生对中国传统文化的热爱,推动中医药宣传,让中医悄然成为海南国际旅游岛新名片,打造海南国际"香岛"品牌,并由此产生传承中华传统中草药文化的使命感。

二、项目目标

(一) 知识与能力目标

(1) 语文:通过项目研究,学会用文字描述一些中草药的基本特征、记录项目研究过程、撰写项目报告等;学会组织语言介绍并汇报项目开展经历。

(2) 科学:在项目实施过程中,学会认识一些中草药,知道它们的功效与作用。

(3) 美术:通过实地观察写生,用艺术表现形式进行绘画写生。

(4) 劳动:通过项目实践,提升学生的合作技能和实践技能。掌握劳动技能和一般步骤,学会制作花茶图谱。

(二) 学习素养目标

既能让学生了解中医药文化的价值,又能提升学生对祖国传统文化的热爱。

(三) 核心价值目标

了解关于中草药药材的介绍,包括药材的外形特色、药用价值、口味等,让学生在感知中医药文化博大精深的同时,自觉地担负起传承中医药文化的光荣使命。利用中英双语来向外国小朋友推荐海南特色美食。

三、挑战性问题

(一) 本质问题

你知道如何用英语向外国友人推荐中草药吗？

(二) 驱动性问题

增加点情境创设的内容,中心思想是利用中英双语来向外国小朋友推荐中药花茶图谱。作为国际自贸港的小小建设者,你如何回答以下问题:

(1) Know:你知道的海南中草药有哪些?

(2) What:你了解这些中草药的形态特征及药用价值吗?

(3) How:你懂得如何制作中药花茶吗? 你如何让外国小朋友喜欢海南的中药花茶?

四、预期成果

(一) 产品形式

设计一份英文版的中药花茶图谱(包括问卷及结果报告提出方案:中药花茶的药用价值、中草药绘画写生作品、绘制思维导图、自制中药花茶和相关的演示文稿)。

(二) 公开方式

学生以小组为单位,带着自己制作的中药花茶图谱、演示文稿、实物花茶等布置作品介绍会,向参会的师生介绍项目经历,呈现产品使用效果,展示并推销中药花茶(如金银花、千日红、茉莉、桂花等)。

五、项目评价

(一) 过程评价

(1) 能否准确辨识中草药,说出中草药药材的英文学名等。

(2) 能否用文字描述、语言表达、线描中草药的基本特征。

(3) 能否详细记录中医药功效与作用的知识技能。

(4) 能否运用艺术表现能力绘制中草药花茶图谱,用双语推介花茶。

(二) 结果评价

1. 知识技能、合作技能、实践技能的评价量规用表

(1) 知识评价(Knowledge evaluation):中草药的形态特征以及功效与作用的相关评价。

(2) 技能评价(Skill evaluation):药材的选择、工具的使用、绘画技法、沟通检测。

(3) 实操评价(Operational evaluation):亲手制作花茶图谱和花茶。

2. 作品展示、项目介绍、花茶图谱作品评价

六、项目资源与工具

(一) 项目资源

计算机、网络、与中草药相关的书籍或其他形式的资料信息、绘图工具、美术材料等。

(二) 制作工具

笔、墨、纸、调色盘、颜料、塑料小水桶、花茶杯等。

(三) 计划时间表(见表 1)

表 1　计划时间表

时间	内　　容
第 1 课时	发布项目主题,调查数据分享,确定探究内容,开展入项活动
第 2 课时	观察植物特征,了解生长习性,学习功效作用,绘画写生作文
第 3 课时	提供知识技能,掌握制作要领,设计思维导图,制作花茶图谱
第 4 课时	提出修订建议,形成最终成果,演示文稿报告,公开成果展示

七、项目实施设计

(一) 入项活动

中草药文化是中国传统文化的精粹,更是中华民族的瑰宝,是中华传统优秀文化的代表,蕴含丰富的人文科学和哲学思想。学校有责任让一代又一代的学生把中医药文化知识传承下去,让中华文化展现出永久的魅力和时代的风采。

此次长滨小学联合海南医学院药学院利用学校有限的空间,建立中医药文化科普基地——小绿芽中药园,就是为了营造具有浓厚中医药文化氛围的校园,为学校开展丰富多彩的综合实践课程提供阵地。

为更好地弘扬优秀传统文化,传播中草药知识,提高学生的综合素养,长滨小学五年级学生开展了探究中草药文化为主题的有意思、有价值的项目化学习活动。

(二) 项目实施

1. 实地考察,初识自然界中的中草药花卉

(1) 组织学生参观绿芽中药园药材种植区,观察中草药植物的外形特征、种类、来源等,识别生活中常见的中草药。如金银花具有清热解毒、疏散风热的功效,主治痈肿疔疮、外感风热、温病初起、热毒血痢;枸杞子具有滋肾、润肺、补肝、明目等功效,主治肝肾阴亏、腰膝酸软、头晕目眩、目昏多泪等。

(2) 完成中草药的绘画写生(包括中草药的英文名称、外部特征及药用价值等),

临摹中草药,设计中草药名片,写出关于中草药形态的说明文。信息包括植物的高度、叶子的形状、花果的色彩等,植物散发的气味可作为进一步讨论点。

(3)填写中草药绘画写生作品评价量表(见表2)。

表 2　中草药绘画写生作品评价量表

评价领域	评价标准	画上你的个性表情吧!		
		自评	组评	师评
审美感知	能否说出中草药植物的组成部分			
	能否准确描述中草药的形状特征			
艺术表现	能否用线描的形式绘出中草药的基本造型			
	能否准确绘出中草药的基本颜色			
创意实践	作品是否有突出中草药生长习性的特写部分			
	花茶图谱是否包括了功效及作用			
文化理解	能否用语言表达自己对中药花茶的感受			
	能否向外国友人推介中药花茶			
表情评价	☺ 非常满意　　　　🙂 比较满意　　　　🙁 不满意			
综合评语				

2. 开展分享会,提升认知与表达能力

据主题引入中医药文化英文词汇,学生通过文字描述和语言表达对中草药的初步认识。如:金银花(Golden-and-silver honeysuckle)性寒,味甘,入肺、心、胃经,具有清热解毒、抗炎、补虚疗风的功效。

3. 了解水墨画知识

引导学生认识、了解国画的历史,水墨画的定义、分类、历史、基本技巧方法,师生一同体验用笔、用墨方法。

4. 初步体验手绘中草药花卉

怎样才能更好地记录或展现中草药花卉的魅力呢? 让我们找一找身边的中草药花卉,通过画一画、拍一拍、写一写、品一品等体验活动,手绘表现中草药花卉,植物图谱分析中草药花卉之结构,了解其药用功能,在诗词美文中品味中草药的魅力。

(1)用线描的表现方法画一幅中草药题材作品,形式不限。

(2)写一段描写中草药的文字,形式不限。

(3)用中国画的表现方法画一幅中草药花卉小品,并试着在合适的地方落款。

(4)尝试用美术语言评价同伴或自己的作品,大胆地评述作品,提升分析作品、评价作品的能力,尝试用美术语言撰写一段评价短文。

5. 尝试用中草药元素设计文创

描绘当季盛开的中草药花卉,尝试在不同的材质上体验笔墨乐趣或电脑手绘设计。同时自己动手做各种文创产品,如团扇、宫灯、书籍封面、明信片、布袋、书签等,大胆挖掘创新能力。

如：制作香囊。"端五以赤白彩造如囊，以彩线贯之，搐使如花形。"香囊，是我国古代劳动妇女运用针线技艺所创造的一种手工艺品，也是我国历史最悠久、最古老的吉祥物。不仅有驱邪祈福、护佑平安的寓意，还因其内部填充物的不同，具有各种药用价值。同学们将在老师的指导下，对折布料，缝制边缘；夹入吊绳，固定紧实；返口翻面，装填香料；平缝收口，系上腰绳，制作出一个个可爱精致的香囊。

（三）出项活动

经过入项和实施后，项目活动进入出项公开展示阶段——中药花茶图谱展示。

在学校设置展柜，展示中草药水墨画作品及中药花茶图谱，邀请师生现场观赏，学生先进行评估陈述。在陈述中，项目小组共同介绍陈述报告，并介绍自己在项目中承担的责任。

在公开成果展中记录他人意见和观点（见表3）。

表3　中药花茶图谱作品评估量表（小组合作）

构图清晰	色彩鲜明	分类	创造性	完整性	过程	亮点	缺点
意见或建议：							

八、反思与展望

（1）此次活动在项目开展的过程中，围绕当季盛开的花花草草，将多个学科进行了融合，拓展了学科的核心素养。

（2）通过探寻中草药，了解中草药，解读中草药，学画中草药，在任务驱动中引导学生观察与思考。本次项目化活动不仅加深了学生对中草药植物的认识和理解，激发了学生学习中药的兴趣，还让学生深刻感受到中医药文化的博大精深，更加坚定文化自信。

（3）中医药学凝聚着深邃的哲学智慧和中华民族几千年的健康养生理念以及实践经验，是中国古代科学的瑰宝，也是打开中华文明宝库的钥匙。需持之以恒、不断深化项目实施，努力创设情境，让学生有更多体验式学习。

自制香薰蜡烛

课程类型	年级	课时数	设计者	实施者
跨学科类项目	五年级	5课时	周安旺	周安旺

一、项目概述

现代社会很多人由于学习、工作精神压力大，导致精神涣散、失眠多梦。这些人包括我们家里的亲戚、身边的朋友、老师、同学等,我们是不是可以探讨一下用什么方法去解决这个问题呢? 本项目始终围绕中草药制作香薰,依托中药园教育基地艾草种植劳动课程,开展"知薰、寻薰、做薰、赞薰"的实践活动,整合语文、科学、美术等学科的重要概念和多个学科形成关联。学生通过搜索、调查、访谈、咨询等手段来获取信息,并通过信息处理及分析的方式形成基本概念。学生使用各类技能,开展协作式、探究式学习,建立学科联系、掌握技能。同时,还能推动中国传统文化的传承与普及。

二、项目目标

(一) 知识与能力目标

(1) 语文:文字描述和语言表达。调查问卷报告、小组讨论交流解决方案、撰写决策方案和项目开展经历介绍。

(2) 科学:香薰制作的原理和方法。认识香薰,了解香薰的功效与作用,选择你想要使用的中草药,比如紫苏、藿香、薄荷、金银花等。这些草药通常具有独特的香气和药用价值以及香薰的功效与作用,会描绘并表述其基本特征。

(3) 美术:审美感知和艺术表现。如:香薰的美术绘画,设计美术思维导图。

(4) 劳动:知识技能、合作技能、实践技能。如:掌握手工制作蜡烛香薰劳动技能和一般步骤,学会设计思维导图,自制蜡烛,知道如何选择优质中草药以及在合适的地方点燃香薰,注意安全,增加热爱生活的情趣。

(二) 学习素养目标

(1) 学习搜集、整合资料的方法,注意运用关键词整合资料,进行信息的搜集与概括,让学生具备初步搜集和整理信息的能力。

(2) 培养动手实践能力,从认知到实践过程中解决生活中的实际问题。

(3) 科学探究:应学会经过调查发现问题、用各种学习工具确定要解决的问题、提出解决假设和验证,最终给出各种解决方案。

(三) 核心价值目标

(1) 培养学生主动关心父母的情感,具有关爱身边人的责任心。

(2) 形成热爱生活的情感态度,向往健康美好生活的价值观念。

三、挑战性问题

(一) 本质问题

如何通过开展"自制香薰蜡烛"这个项目学习,让学生深入了解中医药文化,认识香薰在生活中的价值与功效,以及培养学生关爱父母的健康等情感态度价值观。香薰为什么能舒缓神经、安眠? 怎样使用香薰?

(二) 驱动性问题

(1) 现代社会很多人由于学习、工作精神压力大,导致精神涣散、失眠多梦,我们是不是可以探讨一下用什么方法去解决这个问题呢?

(2) 用什么舒缓情绪产品既方便又实惠,且有助于身体健康成长呢?

(3) 如何运用中草药药理,制作中草药蜡烛香薰?

四、预期成果

(一) 产品形式

(1) 市场在售香薰产品效果的问卷调查。

(2) 根据问卷及结果报告提出方案:香薰舒缓生活更健康。

(3) 香薰绘画写生作品和设计图。

(4) 香薰蜡烛。

(5) 相关的演示文稿。

(二) 公开方式

学生以小组为单位,带着自己制作的香薰及相关图表、演示文稿等布置艾条产品推介会,向参会的师生介绍项目经历,呈现产品使用效果,展示并推介香薰产品。

五、预期评价

(一) 过程评价

(1) 能否辨识制作香薰的中草药组成的气味和功效,说明哪些中草药适合制作蜡烛香薰。

(2) 能否用文字描述、语言表达、线描彩绘香薰的基本特点。

(3) 能否详细记录并说出香薰中医药功效与作用的知识技能。

(4) 能否运用艺术表现能力编制蜡烛香薰图鉴。

(二) 结果评价

1. 知识技能、合作技能、实践技能的评价量规用表

(1) 知识评价:香薰的中草药组成以及功效与作用的相关检测。

(2) 技能评价:药材的选择、器材的使用、操作技法、沟通检测。

(3) 实操评价:手工制作香薰,成品性能检测。

2. 产品展示、项目介绍、推介效果评价

六、项目资源及工具

(一) 项目资源

计算机、网络、与中草药相关的书籍或其他形式的资料信息、绘图工具、美术材

料等。

(二) 制作工具

蜡料、中草药萃取物精华、颜料、蜡烛芯、蜡烛模具、隔水加热锅、计量杯、搅拌勺、温度计等。

(三) 项目时间表(见表1)

表1 项目时间表

时间	内　　容
第1课时	发布项目主题,调查数据分享,确定探究内容,开展入项活动
第2课时	观察草药植物,了解生长习性,学习功效作用,绘画写生作文
第3、4课时	提供知识技能,掌握技术工具,设计思维导图,手工制作香薰
第5课时	提出修订建议,形成最终成果,演示文稿报告,公开成果展示

七、预期学习活动

(一) 入项活动

蜡烛香薰是一种具有悠久历史的传统工艺品,它不仅可以提供温馨的氛围,还可以舒缓身心,提高生活质量。

(1) 全班学生以小组为单位,利用午读时间,随机对全校师生进行口头问卷调查,寻找校园里味道最让人醒目、提神、放松的植物。

(2) 以小组为单位,统计出被提及次数排名最多的植物。

(3) 公布统计结果,激发学生的驱动力。提出探寻中草药种植区,探寻学生家庭的舒心小妙招。

(二) 项目实施

1. 实地考察,初识适用于制作香薰的中草药

(1) 组织学生参观中药园种植区,观察适合用于制作香薰的中草药植物的外形特征。

(2) 完成中草药香薰绘画写生,写出关于香薰的说明文。信息包括适用于制作香薰的植物的高度、叶子的形状、花果的色彩等,植物散发的气味可作为进一步讨论点。完成"制作香薰植物绘画写生作品评价量表"(见表2)。

表2　制作香薰植物绘画写生作品评价量表

评价领域	评价标准	画上你的个性表情吧!		
		自评	组评	师评
审美感知	说出适用于制作香薰植物的组成部分			
	准确描述用来制作香薰植物的形状特征			

(续表)

评价领域	评价标准	画上你的个性表情吧!		
		自评	组评	师评
艺术表现	用线描的形式绘出制作香薰植物的基本特征			
	准确配对制作香薰植物的基本颜色			
创意实践	作品有突出制作香薰植物的过程。			
	作品有描写关于制作香薰植物形态的特征。			
文化理解	用语言表达自己对美术作品的感受			
	能否简单说一说香薰对生活的影响			
表情评价	☺ 非常满意	☺ 比较满意		☺ 不满意
综合评语				

2. 运用问题链,促进深研香薰

(1) 教师运用如下问题链促进学生去思考和探索:①哪些中草药植物适合制作香薰? ②比如用紫苏、藿香、薄荷、金银花等制作香薰,一棵完整的香薰制作植物由几个部分组成? ③香薰具有什么样的气味才能让人们易于接受?

(2) 小组讨论香薰的特征和作用:①辨识香薰最大的功效主要是什么? ②为什么香薰能舒缓情绪,起到安眠的效果?

3. 开展分享会,提升认知与表达能力

通过开展分享会,提升学生对中草药香薰的认知,锻炼其表达能力,培养对中草药的热爱,传承中华优秀传统文化。

主题引入:通过一段关于中草药香薰的短片,引导学生了解中草药香薰的起源、发展及其在现代生活中的运用。短片内容可涵盖中草药香薰的制作过程、功效及对身心健康的益处等。

中草药香薰词汇分享:邀请学生提前准备一些与中草药香薰相关的词汇,并在分享会上进行介绍。词汇内容可包括各种香薰草药的名称、功效、适用场景等。通过文字描述和语言表达,使学生对中草药香薰有更深入的了解。

中草药香薰实物展示:准备一些常见的中草药香薰材料,如薰衣草、薄荷、檀香等,让学生亲手触摸、闻嗅,更直观地了解中草药香薰的特性。同时,通过实物展示,让学生感受到中草药香薰的独特魅力。

中草药香薰制作体验:邀请专业人员或教师演示中草药香薰的制作过程,并邀请学生参与其中,亲自动手制作香薰。通过实际操作,让学生更深入地了解中草药香薰的制作技巧和注意事项。

中草药香薰故事分享:邀请学生讲述与中草药香薰相关的故事或个人经历,如使用中草药香薰改善睡眠质量、缓解焦虑等。通过故事的形式,增强学生对中草药香薰的认知,同时锻炼其语言表达和逻辑思维能力。

互动环节:设置提问环节,鼓励其他学生对分享者的内容进行提问或补充。这一环节旨在激发学生的思考能力,促进知识的交流与共享。

总结反馈:活动结束前,请学生代表对本次分享会进行总结,并提出意见和建议。教师可根据学生的反馈,对下次分享会做出改进,以更好地满足学生的需求。

4. 比较香薰产品,探索香薰的使用方式

(1)学生广泛收集平时常用的香薰产品资料。

(2)教师运用如下问题链驱动学生探索:①你平时有用什么产品舒缓?②各种香薰产品都有哪些优点和不足?③中草药蜡烛香薰有哪些功效和作用?④你更喜欢用哪一种产品?说一说原因。

(3)以小组为单位,进行头脑风暴,组织学生展开讨论,提出让人舒缓情绪、放松的香薰产品方式,形成小组创见。

(4)发表意见,形成决策。全班学生对各小组提出的香薰方式的利弊进行分析(见表3),教师运用如下问题链驱动学生思考。①是否含有化学成分?②是否适合学校现在的学习环境下进行香薰制作和使用?③是否有益学生健康成长?④是否方便携带和使用?⑤是否可以节约经费支出?

表3 舒缓情绪产品使用利弊分析表

产品	有效成分	释放时长	适用年龄	便捷与否	经费预算
香薰油					
香薰蜡烛					
香薰精油					
扩香石					

为了帮助学生完成以上任务,我们为其提供了三种类型的知识技能:一是解决该问题所需的学科知识技能;二是项目化学习过程中所需的技术工具(收集信息、中医药书籍和小红书 APP 网络工具);三是合作技能。

5. 探究制作方法,初步制作艾草驱蚊产品

(1)小组设计"手工制作蜡烛香薰"的思维导图,并完成评价量表(见表4)。

表4 思维导图小组活动成果展示的评价量表

项目	评价标准
美观性(10分)	颜色和形状新颖;视觉效果
简洁性(10分)	抓住中心、关键词
完整性(10分)	内容全面,科学概念要点无遗漏
正确性(30分)	主题明确;概念准确;关系合理
结构性(20分)	层次分明;思路清晰
形象性(10分)	符号具有独特性;图标指示性强
参与度(10分)	小组成员有团队意识,能群策群力,交流积极主动

各小组通过小红书学习、网络查询或自媒体视频学习，了解"手工制作艾条"的方法和步骤，使用不同的设计思维，设计"手工制作蜡烛香薰"的思维导图，内容包括选制中草药植物等蜡烛香薰和步骤的可行性分析。

学生需要决定哪个设计方案是最成功的，并且思考其为什么。

教师从以下几个方面驱动学生思考：安全生产、批量生产、防潮保存。

（2）各小组分工合作，使用项目工具，手工制作蜡烛香薰。通过尝试，熟练掌握制作蜡烛香薰的劳动技能。

教师运用如下问题链驱动学生合作探讨：①你选择什么样的中草药萃取物制作香薰？②点燃蜡烛香薰有哪些注意事项？③蜡烛香薰有哪些长久保存方法？④合作过程中如有意见分歧你是怎么处理的？学生需要记录探究制作心得，并交流分享经验（见表5）。

表5　学生探究制作香薰蜡烛记录表

我的任务：
我的发现：
我猜这可能是因为：
我解决该问题的方法：
小组探讨解决该问题的方法：

（3）自制蜡烛香薰。

为了帮助学生完成以上任务，我们为其提供了蜡料、中草药精油、颜料、蜡烛芯、蜡烛模具、隔水加热锅、计量杯、搅拌勺、温度计等。学生完成任务后，填写"探究小组PBL实践评价表"（见表6）。

表6　"香薰蜡烛产品"探究小组PBL实践评价表

评价要素	主要指标	评价结果（ABC）		
		自评	组评	师评
香薰产品调研	积极参与小组分工，调查产品数量达到10个以上，善于解决过程中遇到的问题			
调查结果分析	能从香薰产品有效成分、舒缓时长、价格等方面进行综合分析，筛选出适用的香薰产品			
自制香薰产品	与小组成员积极配合，熟练掌握蜡烛香薰的制作方法			
展示汇报	声音响亮，吐字清晰，表达流利，能较好地呈现出探究结果			
收获的评语				

6. 试验、探讨与矫正

（1）点燃自制的手工香薰蜡烛，观察蜡烛的燃烧效果：均匀的燃烧、无烟、无刺激性气味是优质蜡烛的标志，并提出修订建议（见表7）。

表7　香薰蜡烛试验修正表

第一次试验			第二次试验		
天气：	时间：	气味：	天气：	用时：	气味：
烟雾状态：		火焰状态：	烟雾状态：		火焰状态：
舒缓、助眠效果：			舒缓、助眠效果：		

（2）个体和项目小组根据意见修订自己的成果。

（3）收集项目材料，包括项目计划、调查问卷、过程日志、修改记录、评价量规以及香薰测试最终结果，形成最终可以参加成果展的成果。

（三）出项活动

通过入项和实施后，项目活动进入出项公开展示阶段——自制香薰蜡烛义卖活动。在学校丰收节活动场地设置展柜，展示自制蜡烛香薰产品并营销推广，学生需要现场演示测试蜡烛香薰舒缓的效果。学生进行评估陈述，在陈述中项目小组共同介绍陈述报告，并介绍自己在项目中承担的责任。

在公开成果展中记录他人意见和观点（见表8）。

表8　自制产品评估量表

外形	颜色	气味	精油	时长	产量	优点	缺点
意见或建议：							

八、反思与展望

（1）学生在制作香薰蜡烛的过程中，体会到了手工制作的乐趣与挑战，从最初的选材到最后的成型，每一个步骤都需要精心策划与细心执行。在这个过程中学生不断尝试、调整，感受到了手工制作的魅力，但在选材环节对于蜡的种类、香精的选择以及添加物的搭配，学生局限于教师给予的材料，未能进行深入了解与研究，不能完成制作出既美观又实用的蜡烛。同时，对香薰蜡烛的包装上还需进一步精心设计，希望能够在细节处展现出蜡烛的独特魅力。

（2）在使用方面，蜡烛的燃烧时间、香气散发情况以及烟雾的产生符合预期。尤其是香气方面，选择的中草药香精既浓郁又持久，可以带来愉悦的使用体验。但在评估过程中，蜡烛的燃烧速度有时会出现不均匀的情况，这可能是由于在制作过程中搅拌不均匀或者香精添加量过多导致的。此外,蜡烛的烟雾产生量在某些情况下会稍微偏大,这与蜡的选择相关,必须进一步实验。

(3) 通过对比实验和市场调研以及用户体验,找到最适合制作香薰蜡烛的优质材料,从而提升最终成品的质量。

第三章

项目化学习实施过程中的问题链设计流程范式

问题是学生思维发展的"触发器"。一个目标明确、整体完整、活动性强、层次分明的问题链,不仅可以帮助学生深入思考学习内容,为他们提供学习路径,而且可以为教师构建教育框架,促进教与学方式的改变。因此,教师应该结合项目化学习的主题,设计具有统摄、引领和层次特性的问题链,构筑具有挑战性的问题情境,以引领学生在递进式问题的思考与探索中,主动构建认知结构,从而提升他们解决问题的能力,实现思维的深度学习和核心素养的形成。

一、正确理解项目化学习中问题链的概念与作用

问题是思维的源泉,更是思维的动力,所有问题的解决必然以对问题的认识为开始,而在项目化学习当中,问题更是处于中心位置。随着时代的发展,传统的线性提问模式和问题性质已经远远不能满足当前探究式学习的需求。因此,教师必须拓展问题的广度和深度,同时设计出具有层次性和系统性的问题,使学生能够从多个角度深入理解知识,并在阐述、拓展自身观点的过程中,不断深化对知识的认识和理解。

所谓"问题链",即"教师为了实现一定的教学目标,根据学生的已有知识或经验,针对学生学习过程中将要产生或可能产生的困惑,将教材知识转换成为层次鲜明、具有系统性的一连串的教学问题;是一组有中心、有序列、相对独立而又相互关联的问题"。

由此可见,"问题链"不仅仅局限于教师提出问题和学生回答的简单互动,而是师生双方围绕层层递进、环环相扣的问题情境进行多层次、多角度、多元化的探索和发现。在这个过程中,学生要采用深度学习模式,完成思维的进阶和理解的深化。在项目化学习过程中,"问题链"更是被看作是师生互动的过程,是教师通过提出疑问引导学生自主回顾和构建知识体系,以促进学生独立思考和创造性思维能力的培养的动态发展过程。这一过程不仅在于引导学生进行知识探索,也旨在培养他们的独立思考与创新能力。在项目化学习中提倡"问题链"教学已成为教学改革的重要特征之一,它的推广和应用可以改变传统的以回忆和提取表层信息为主的被动学习模式,将浅层学习转化为由推理、阐释、应用等环节组成的深度学习模式。

二、项目化学习过程中问题链设计的基本策略

(一) 准确把握问题链设计的关键点

在这个信息化时代,学习的泛在性、知识的高更新率和高折旧率并存是典型特

征,这也对教育带来了新的挑战。因此,引导学生运用深层次的思维来学习,通过解决问题来深化学生对知识的理解,实施以问题为中心的项目化学习,问题链的设计是至关重要的一环。在问题链设计时,应把握的关键点有:

(1)"问题链"是否有利于项目化目标整体实现,是否能与生活建立广泛的联系和迁移。

(2)"问题链"的目标是否明确,立意是否鲜明,是否指向学科核心问题。

(3)"问题链"是否能够满足项目化实施进程的需求,是否为学生构建了基本支架。

(4)"问题链"出现的时机和问题展示的方式是否满足学生的心理需要,对学生的智力发展是否具有较高的价值。

(5)"问题链"是否具有层次性、递进性、情境性、适度性和开放性等特点,是否具有思考价值、启发价值和情感价值等。

(二) 设计流程范式(见图1)

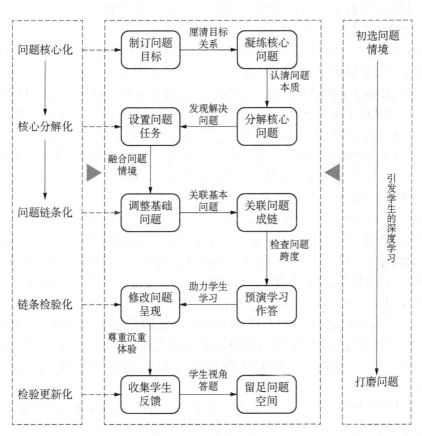

图1 设计流程图

设计问题链的核心目的是通过教师建构具有逻辑关系的问题群，引导学生进行逻辑思索和高阶思维，促进学生对学习内容的深度理解。在项目化学习中通过设置问题链进行提问，能够有效弥补提问的细碎、离散、低认知及随意性等不足，帮助学生完成知识建构，引导学生进行高水平的思维活动，促进学生深度理解，帮助学生更好地获得解决问题的技巧策略，实现系统论中所说的"整体大于部分之和"之功效，循序渐进地促进项目化学习走向更深层次的发展，让深度学习自然发生。因此，如何设计"问题链"，成为教师开展项目化学习至关重要的"抓手"。

1. 根据最终目标，确定大情境问题

教学目标是一堂课的灵魂，是教师教学的方向，是判断教学成果达成度的参照标准，因此教师在设计问题链时，要以最终的教学目标为依据，紧紧围绕最终目标展开，不能远离目标设计问题链。

在确立了问题链所需达到的最终目标后，教师在开展教学中，还需为学生的自主学习确立大情境问题，借助情境的直观性和问题的驱动性，充分调动学生内在学习的积极性，培养学生的学习兴趣，让学生主动参与问题链学习中。

2. 分解核心大概念，探寻"关联概念"

"问题链"是教师利用学生已有的知识或经验，针对他们在学习过程中可能出现的疑惑点，将知识转化为一系列层次清晰、系统完整的问题。问题化学习有效地链接了教师的讲授和学生的学习过程。为了更加利于学生在核心问题引领下开展深度学习，教师可将情境主线拆分为一个个子情境，从情境中凝练问题，将核心问题分解为一个个问题链或问题矩阵。这些问题链将围绕项目化学习的目标和内容展开，引导学生逐层深入解决问题，并厘清问题间的逻辑关系。教师在项目化学习实施过程中应把握问题难易度，还要兼顾挑战性、创新性、生成性等特点。

3. 研究学生认知特点，确定起点问题

戴尔的"学习金字塔"表明，诸如讨论、实践、教授给他人这类主动的学习活动，才能使学习内容的平均留存率较高，而听讲、阅读、视听、演示这类被动学习活动的学习内容平均留存率不足 30%。因而基于问题式教学的深度学习应依托这类促进学生发生主动学习的项目化活动，发挥学生主体性。在项目化学习中，不同的情境问题链下，根据不同的任务要求，教师结合学生实际的学习表现和认知基础适时地提供学习支架，如各类示意图、表格、视频资料等，以帮助学生更好地完成学习任务。在问题任务驱动下，学生通过完成相应类别的学科活动较好地强化了学科知识，培养了学习能力，进而能将所学知识适当迁移到新的情境中去，促进高阶思维形成，达到深度学习的目的。

在整个问题链的设计过程中，教师应关注学生实际发展水平和认知基础，并确保所设计的问题链层次清晰，有广度、难度、深度，不同水平的学生都能"跳一跳，就摘到果实"，通过适度的挑战达到自己的学习目标，从而在各自的最近发展区内获得知识。这样就能更好地激发学生的学习热情和兴趣，促进积极思维，加强知识的掌握和应用,从而提高学习效率。

4. 细化问题主干,形成问题链

"智能之士,不学不成,不问不知。"当下的项目化学习,存在着问题创设浅、散、粗,学生思维发展浅表化等问题,教师向学生出示笼统问题,这会掩盖住问题中所包含的诸多密切关联,不利于学生的深度学习,直接导致学生参与程度、卷入程度和情感投入程度不高等困局。问题的细致划分,有助于帮助学生厘清思路、构建解决方法、外显思维,将解决问题的关键要素转化为一系列相关的小问题,这是一个做"加法"的过程。这些小问题之间是环环相扣、层层深入、由表及里的逻辑关系。这也正体现了问题链具有精密性这一显著特征。因此,在项目化学习实践过程中,要根据问题主干细化层次,形成环环相扣、层层递进的"问题链",让学生在思考中提升思维。

根据布鲁姆教育目标分类学划分的六大教学目标层次,基于问题式教学的项目化学习应以情境为载体,以问题为导向,以项目化学习活动为依托,帮助学生建立学习内容与现实生活间的联系,搭建以学习为中心的桥梁,在以真实问题组成的问题链或问题矩阵引领下开展项目化活动,能够分析、综合、评价、应用学习内容,以达到对知识的迁移、强化。实施"问题链设置"的项目化学习的关键在于创造适当的情境,准确设定层次分明的问题,并由教师精心引导;通过设计具有趣味性和深度的问题激发学生的创新思维;再通过设置开放式问题激发学生的探索欲望,从而为学生知识的学习营造良好的氛围;最后,在教师精心的引导下,把学生逐步引向知识的彼岸。当然,如何达到最佳效果,需针对各类项目类型、具体内容、学生个体差异以及教师的教学策略进行灵活调整。每种方法可能因情境而异,故需因材施教,不断优化。所以,"问题链设置"学习方法还有待在实践中不断探索,深入研究。

三、项目化学习中"问题链"设计的案例

(一) 创设真实情境,构建核心问题

项目化学习情境的创设应基于真实的生活,情境化的学习是学生从获得知识向素养形成转化的重要途径。在项目化学习实践中,教师要具备敏锐的洞察能力,及时收集、整理与合理运用有价值的学习素材。在创设学习情境之前,教师还应关注学生的实际发展水平,保证创设的情境与学生的生活实际相贴切,使问题情境符合学生的认知特点,并与教学内容相吻合。更重要的是,创设的情境应利于设立核心问题,能激发学生进一步探究的欲望,这样才能有效地将以知识为本的目标转为以核心素养为导向的目标,才能真正起到引领统摄的作用。比如在"我最喜欢的故事分享会"项目活动里,教师围绕"如何让学生深入了解中国神话故事、认识英雄人物,从而感受神话故事中神奇的想象和鲜明的人物形象"这一核心问题时,运用问题链驱动学生探索和思考。又如,在"'青蛙'书市"项目化活动中,教师借助学校举办的读书节活动这一真实情境,设计出办书市需要掌握的技能的问题链,让学生在活动中开展协作式、探究式学习。在"学海南美食,品传统文化"项目化学习中,教师根据三年级学生探索欲

强、认知具象等心理特征,在导入环节创设了外国游客来海南做客,请他们来做海南美食文化小使者,宣传海南美食文化的情境,让学生根据教师给予的问题链,设计调查表(见表 1),让学生带着问题与兴趣开始学习之旅。

表 1　海南传统美食调查信息表

问题链	调查信息
你的家乡在哪里	海南(　　)　外地(　　)
你了解海南的传统美食吗	了解(　　)　不了解(　　)
你所熟知的海南美食种类有几种	1～3 种(　　)　4～6 种(　　) 6 种以上(　　)
您最喜欢前往哪里品尝海南传统美食	饭店(　　)　小吃街(　　)　其他(　　)
您会向国内外游客推荐哪种海南传统美食呢	
您了解海南传统美食的制作过程吗	了解(　　)　不了解(　　)
您认为海南传统美食应该得到保护和传承吗	应该(　　)　不应该(　　)
您认为如何才能更好地保护和传承海南传统美食	

(二)展开核心问题,剖析链式问题

问题化学习是沟通教师和学生的桥梁。为了更加利于学生在核心问题引领下开展深度学习,教师将核心问题分解为一个个问题链或问题矩阵。这些问题链围绕本节课的教学目标和教学内容展开,引导学生逐层深入解决问题,并厘清问题间的逻辑关系。在"海南文化遗产保护倡议"项目化学习中,教师以"深研文化遗产保护建议"为核心问题,引导学生探讨文化遗产存在的主要问题、当前文化遗产保护运用的方法以及这些方法是否适合继续运用这三个方面,据此让学生提出具有建设性、可操作性的文化保护措施。在"插上想象的翅膀——举办一场童话创编表演剧"项目化学习中,教师运用问题链,完成童话设计。先让学生在活动中去关注童话的特征和要素这一核心问题,然后在后续的童话排练项目学习活动中去展开剖析链式问题,步步深入,由此及彼。教师在项目化活动实施过程中将任务分解,而学生在合作探究过程中逐步剖析一个个子问题,这种方式一定程度上降低了问题的难度,提高了学生的自我效能感。

问题链作为项目化学习的核心支撑,它构建了学生学习活动的整体架构,并能根据学生的实际学习情况对项目化学习内容做出灵活、适度的调整。通过问题链,教师可以实施精细、准确的教学。问题链能激活学生的经验,并触发思维的交流与碰撞,促进学生的思维向更高层次发展。从这个角度看,问题链在培养学生的高级思维能力和认知层面发挥着重要作用。

我最喜欢的故事分享会

课程类型	年级	课时数	设计者	实施者
学科项目	四年级	5课时	黄晓静	黄晓静

一、项目概述

　　项目基于四年级上册第四单元学习内容——神话故事主题单元,用感受神话故事的魅力这一关键,用"感受神话故事中的神奇想象和鲜明的人物形象特点"和"展开想象的翅膀,你最想和哪个神话中的英雄人物度过怎么样的一天"这两个问题重构单元课文的内容,设计形式多样的听说读写演等活动,和多个学科形成关联,激发学生学习动机,引导学生与单元整组文本建立联系,开展项目化学习。本项目秉承"让学生亲历学习"的理念,整体设计项目化学习任务,分小组合作,以此安排阶段性分层任务,通过阅读课内外书籍、绘制思维导图、神话英雄榜、英雄手绘本、说英雄、听英雄,让学生感受神话故事中的神奇想象和鲜明的人物形象,对中国神话产生兴趣,从而传播中国神话故事。

二、项目目标

(一) 知识能力目标

　　(1) 语文:总结、概括神话中神奇想象。小组讨论阅读书籍、资料收集方案、撰写决策方案和项目开展经历介绍。

　　(2) 美术:审美感知和艺术表现。如:神话英雄的手绘本。

　　(3) 信息技术:信息收集和信息整理。搜集神话故事涵盖的英雄、神话英雄信息整理。

(二) 学习素养目标

　　(1) 学习搜集、整合资料的方法,注意运用关键词法整合资料,进行信息的搜集与概括,让学生具备初步搜集和整理信息的能力。

　　(2) 表达能力:通过参与故事分享会项目,学生将有机会借助语言、行为等方式来表达自己的创意和想法,提高口头表达和沟通能力。

　　(3) 合作与团队精神:在项目中,学生需要与同学合作共同完成创作和表演任务,培养团队协作意识和合作精神,学会互相尊重、倾听和理解他人的观点。

(三) 核心价值目标

　　(1) 能感受神话中神奇的想象和鲜明的人物形象,交流对神话的认识。

（2）对中国神话产生兴趣，激发文化自信，传播中国神话故事。

（3）通过参与故事分享会，学生有机会展示自己的才华，增强自我表达能力和自信心，培养学生积极向上的心态和自信心。

三、挑战性问题

（一）本质问题

如何让学生深入了解中国神话故事、认识英雄人物，从而感受神话故事中神奇的想象和鲜明的人物形象？

（二）驱动性问题

展开想象的翅膀，你最想和哪个神话中的英雄人物度过怎么样的一天？

四、预期成果

（一）产品形式

（1）举办中国神话故事分享会。

（2）拍摄讲述神话英雄的短视频、多媒体影音作品。

（二）公开方式

（1）学生以小组为单位，在班级开展故事分享会。

（2）学生可以在学校的校园文化节活动中展示他们的故事分享大会，通过学校展示栏、学校微信群、学校公众号与同学、老师和家长分享成果。

（3）学生可以参加各类讲述故事、拍摄视频等比赛和活动，展示自己的作品并获得奖项，增加对作品的认可度和推广度。

五、预期评价

（一）过程评价

（1）能否辨识故事及其英雄人物，说出哪位英雄人物出自哪个故事。

（2）能否用文字描述、用语言表达故事中英雄的基本特征。

（3）能否详细记录并说清楚英雄的神奇故事。

（二）结果评价

1. 知识技能、实践技能的评价量规用表

（1）知识评价：英雄的外貌、形态特征以及故事情节的评价。

（2）实操评价：英雄信息收集、神话英雄手绘本、神话故事思维导图检测。

2. 产品展示、项目介绍、师生反馈评价

六、项目资源及工具

(一) 项目资源

计算机、网络、与神话故事相关的书籍或其他形式的资料信息等。

(二) 项目工具

拍摄设备,如摄影机、音频设备和照明设备。

(三) 计划时间表(表1)

表1 计划时间表

时间	内 容
第1课时	发布项目主题,调查数据分享,确定探究内容,开展入项活动
第2课时	小组收集资料、整理资料
第3课时	开展故事分享会
第4课时	开展视频拍摄准备
第5课时	整理材料、剪辑、发布视频

七、项目实施设计

(一) 入项活动

项目基于四年级上册第四单元学习内容——神话故事主题单元,用"感受神话故事的魅力"这一关键概念,用"感受神话故事中的神奇想象和鲜明的人物形象"和"展开想象的翅膀,你最想和哪个神话中的英雄人物度过怎么样的一天"这两个问题重构单元课文的内容,设计形式多样的听、说、读、写、演等活动,和多个学科形成关联,激发学生学习动机,引导学生与单元整组文本建立联系,开展项目化学习。

(1) 全班学生以小组为单位,利用课间、午读时间,随机对全校师生进行口头问卷调查,通过阅读课内外书籍,收集神话故事、英雄人物资料。

(2) 以小组为单位,统计出被提及最多的神话故事和英雄人物。

(3) 公布统计结果,激发学生的驱动力,探寻神话故事起源、英雄人物形象来源,从而为绘制神话故事思维导图、绘画人物提供线索,为拍摄讲述神话英雄的短视频、多媒体影音作品提供素材。

(二) 项目实施

1. **任务一**:选择具有代表性的中国神话故事、英雄人物品质进行探究

任务要求:探究中国神话故事、英雄人物品质是一项非常有意义的活动,它不仅能帮助学生了解中国文化的深厚底蕴,培养他们顽强、坚持、有毅力等理想品质、道德

感召力,还可以培养他们的文化自信。引导学生列出我国神话故事、英雄人物清单,并以小组合作的形式,利用互联网查找我国的神话故事、英雄人物,同时还可以对神话故事起源、英雄人物品质进一步探究。

(1)教师运用如下问题驱动学生探索和思考:①你平时有阅读关于神话故事类书籍吗?②其中让你觉得最感兴趣的是哪个故事?其中哪些英雄人物令你印象深刻?③你有去调查、了解神话故事的背景和人物塑造起源吗?

(2)运用下面的调查表格驱动学生去收集、统计出神话故事的调查信息。引导学生形成探究学习小组,自行设计分配任务。分配任务时需要关注学生的特定学习技能,尊重学生的差异,支持学生深度阅读,指向阶段目标的实现。

例如,学生分组设计:

① 一组:故事组——收集、统计神话故事信息(见图1、见表2)。

根据你最喜欢的书里的内容,完成下面的"井"字游戏。请填写三个格子,使得他们穿过中心点且连成一条线,快来填一填吧!

预测	有趣的事实	问题
根据书名,我猜这本书的内容是关于:_____	我在阅读的过程中,发现了两个有趣的事实:1. _____ 2. _____	读完这本书后,我还想了解的问题是:_____
主旨	观点	我学到了
读完这本书后,我理解这本书的主旨是:_____	读完这本书后,我认为这本书的观点是:_____	读完这本书后,我学到了:1. _____ 2. _____
细节	联系	摘要
我认为这本书的主要章节是:_____,理由是:_____	我发现这本书中的内容和我的生活、其他书中的内容、现实世界有以下联系:_____	我发现这本书讲的是(答案请包含人物、时间、地点、事件、中心思想):_____

图 1 "井"字游戏

表 2 神话故事调查信息表

你最喜欢的神话故事是什么?	
你为什么喜欢这个神话故事?	
有哪些让你印象深刻的人物或故事情节?	
你有去了解神话故事起源、人物塑造来源吗?	

② 二组:人物组——收集、统计英雄人物信息(见表3)。

表 3　神话英雄人物调查信息表

你最喜欢神话故事中的哪个英雄人物？	
你觉得这个英雄人物身上具有哪些美好的品质？	

（3）项目学习的方法与评价。在关于神话故事的探究学习过程中，可以采用多种教学方法，如小组合作、情景模拟、角色扮演等。这些方法可以激发学生的学习兴趣，提高他们的参与度和主动性。同时，也可以利用多媒体技术，如 PPT、视频等辅助教学，使学习内容更加生动有趣。

2. **任务二：开展分享会，提升对神话故事、英雄人物的了解**

任务要求： 引导学生小组合作探究创造性复述故事的方法策略，开展神话故事分享会，选择最优故事。

（1）故事会分享之前的准备工作，教师可采用如下类似的问题，促进学生的思考：①如何清楚完整地介绍一个神话故事？ ②如何让故事更加引人入胜？

（2）学生通过思考学习和查阅资料，了解到创造性复述故事的方法和技巧，组织学生交流分享经验方法。开展分享会，提升认知与表达能力。

学生分享后，教师也可以适当补充方法。如：把自己想象成故事中的人物，以他的口吻讲。变换情节的顺序，故事开头先讲故事中最不可思议的地方，设置一些悬念吸引听众，在讲述的过程中可以大胆想象，为故事增加合理的情节。

（3）开展中国神话故事分享会。开展中国神话故事分享会是一项富有教育意义和趣味性的活动，能够增进学生对中国传统文化的了解，提高学生们的口头表达能力和团队合作能力。

① 故事会策划阶段。

A. 确定目标和主题。

明确分享会的目标，如了解中国传统文化、提高口头表达能力等。选择一个或多个神话故事作为主题，确保内容具有代表性和吸引力。

B. 确定时间和地点。

选择一个适合的时间和地点进行分享会。可以考虑在学校图书馆、多功能厅或其他宽敞的场所进行。

② 准备阶段。

A. 故事收集和筛选。

收集多个中国神话故事，筛选出适合分享会的故事。确保故事内容健康向上、生动有趣。

B. 分组和角色分配。

将参与者分成若干小组，每组负责一个故事的分享。为每个小组分配主讲人、辅助讲解员等角色。

C. 排练和准备。

组织各小组进行排练,确保故事讲述流畅、生动有趣。同时,准备必要的道具和背景音乐。

③ 实施阶段。

A. 开场白和介绍。

由主持人进行开场白,介绍分享会的主题和目的,激发观众的兴趣。

B. 故事讲述。

各小组依次上台讲述神话故事,注意讲述的生动性和互动性。可以通过 PPT、道具等方式辅助讲述。

C. 互动环节。

设置互动环节,如观众提问、小组讨论等,增加观众的参与感。

D. 总结和表彰。

在分享会结束时,由主持人进行总结,表彰表现优秀的小组和个人(见表 4)。

表 4　评价表

评 价 内 容	自评	互评	师评
搜集到创造性复述故事的策略方法(策略丰富☆,策略可行☆)。	☆☆	☆☆	☆☆
学会运用策略创造性复述故事(有丰富的故事情节☆,讲故事有相应的动作和表情☆,故事生动吸引人☆)。	☆☆☆	☆☆☆	☆☆☆

3. 任务三:拍摄讲述神话英雄的短视频、多媒体影音作品

任务要求:引导学生小组合作探究创造性的方法策略,开展讲述神话英雄人物的拍摄,选择最优视频。

(1) 拍摄策划阶段。

① 确定主题。首先确定小组希望探索和呈现的人物主题。选择一个引人入胜的主题,确保吸引观众的兴趣。

② 研究和采集资料。深入研究人物生平、贡献、影响以及与主题相关的事件和背景。收集相关材料、文件、照片、视频片段等素材,以备在制作过程中使用。

③ 制订故事结构。小组根据所收集的资料和研究,制订一个清晰的故事结构,决定从哪些角度和维度展示英雄人物的生平和贡献,确定关键时期、事件,以便在视频中展现人物的发展过程。

④ 编写剧本或大纲。小组根据所制订的故事结构,编写一份剧本或大纲,包括每个部分内容、人物的引言、关键时刻和转折点等,这些有助于规划整个专题的叙事脉络和信息的传递方式。

⑤ 确定讲述对象。小组确定需要讲述英雄人物的对象,制订一份讲述计划,并提前联系安排拍摄时间和地点。

⑥ 筹备拍摄设备和团队。根据小组需要,准备好适当的拍摄设备,如摄影机、音

频设备和照明设备。组建一个专业的拍摄团队,要有导演、摄影师、音频工程师、制片人。

⑦ 准备拍摄场景。确定需要拍摄的场景和地点,可以考虑在学校图书馆、多功能厅或其他宽敞的场所进行。根据剧本或大纲,设计拍摄角度和布局,以确保获得优质的摄像素材。

(2) 拍摄实施阶段。

① 分组和角色分配。将参与者分成若干小组,每组负责一个故事的分享。为每个小组分配导演、摄影师、音频工程师、制片人、主讲人、辅助讲解员等角色。

② 排练和准备。组织各小组进行排练,确保故事讲述流畅、生动有趣。同时,准备必要的道具和背景音乐。

③ 实施阶段。

A. 开场白和介绍。

由主持人进行开场白,介绍拍摄的主题和目的,激发观众的兴趣。

B. 故事讲述。

各小组讲述对象依次上台讲述,注意讲述的生动性和互动性。可以通过 PPT、道具等方式辅助讲述。

C. 总结和评价。

由主持人进行总结,简单性评价讲述人们的表现。

(3) 剪辑与评选阶段。

各小组将拍摄好的视频进行剪辑、调音,根据评价表格进行评价,选出最优讲述视频(见表5)。

表5 评价表

评 价 内 容	自评	互评	师评
讲述故事画面生动、流畅、肢体语言自然	☆☆	☆☆	☆☆
讲述人落落大方、着装、面容形态较好	☆☆☆	☆☆☆	☆☆☆
视频背景、调音、画面设计较好	☆☆	☆☆	☆☆

(4) 视频发布。

将选出的最优视频上传到学校微信群、学校公众号、抖音视频号。

(三) 出项活动

经过入项和实施后,项目活动进入出项公开展示阶段——举办中国神话故事、影视作品分享会。

在校园文化节活动中开展故事分享会,通过 PPT 展示要分享的故事和拍摄的影视作品,学生需要以小组形式现场分享故事和影视作品,学生先进行小组故事分享,后进行影视作品播放,在陈述中,项目小组共同介绍陈述报告,并介绍自己在项目中承担的任务。

八、反思与展望

通过本次项目化学习,组织学生运用互联网、问卷调查搜集我国神话故事的资料,对故事进行筛选,最后开展故事分享会、拍摄讲述英雄人物短视频。反思整个项目过程,对学生的学习过程、学习成果、活动的设计和组织进行梳理,仍有许多不足。

(1)在学生的学习过程中,教师起主导作用,教师在引导学生搜集资料的过程中,还没有做到放手让学生自己探究。

(2)在学习成果的制作中,教师要鼓励学生发挥想象力,结合故事的情节和内容,大胆作画。在缩写故事的时候,也要注意方法的指导。

(3)活动的设计和组织由于是第一次进行项目化学习的尝试,还有很多细节需要改进,如活动的先后顺序,要想清楚再执行。

"青蛙"书市

课程类型	年级	课时数	设计者	实施者
活动项目	三年级	5 课时	俞秀真	俞秀真

一、项目概述

海口市秀英区长滨小学的学生在午饭后都有固定的半小时午读时间,但是据我观察,各班学生对于阅读并不热衷,经常扎堆讲话或者写学科作业,并没有将午读时间做到专时专用。随后,我对学生走访调查得知,他们不爱在班级阅读的原因在于班级图书角的书籍未能得到及时更新,看腻了。其实根据小学生的心理,我们不难理解,他们对于未知事物充满好奇,渴望获得新的知识和体验。于是借助二年级下册的课文《青蛙卖泥塘》的学习,希望学生们能够像文中的青蛙一样听取建议,将自己的闲置书籍出售,故本项目名称为"'青蛙'书市",旨在借助学校举办的读书节活动,让本班学生在二手书市上售卖闲置书籍,并将收益用来购买新的书籍,更新班级图书角。学生通过收集信息、整理闲置、售卖等方式,开展协作式、探究式学习,在解决阅读不积极问题的同时,宣传环保理念,懂得旧物循环利用,树立节约意识,在实践活动中掌握知识和技能。

二、项目目标

(一) 核心知识与能力

(1)语文:文字描述和语言表达。小组讨论交流摊位设计方案、旧书售卖方案,在书市开办过程中锻炼学生的口语表达能力。

(2)数学:口算的能力。在售卖旧书的过程中,计算顾客所购买书籍的价格,并做好登记,并在活动结束后核算所有金额。由于活动现场比较拥挤、时间紧凑,故售卖活动比较考验学生的数学口算能力。

(3) 美术:审美感知和艺术表现。如:设计富有小组特色的标语、广告牌、海报等环境文创。

(4) 综合实践:知识技能、合作技能、实践技能。如:通过小组分工合作,在实践活动中提升自主学习售卖的技能、团队合作的能力,在实践的过程中宣传环保理念,懂得旧物循环利用,树立节约意识。

(二) 学习素养

(1) 学习搜集、整合资料的方法,进行信息的搜集与概括,让学生具备初步搜集和整理信息的能力。

(2) 学习书店销售员的推荐书籍方法,能在书市开展时使用恰当的口语表达,让学生的沟通交流能力得到一定的提升。

(三) 价值观念

(1) 形成环保理念,懂得旧物循环利用,培养节约意识。

(2) 形成合作学习的价值观念。

(3) 形成独立思考、解决问题的价值观念。

三、挑战性问题

(一) 本质问题

如何借助“青蛙”书市帮助班级更新图书角,重新培养学生的阅读兴趣? 如何将手中的旧书售卖出去? 怎样才能卖得更多? 什么样的语言才是能够与顾客进行有效沟通的?

(二) 驱动性问题

如何设计自己的摊位展板,吸引顾客? 如何向同学们推销书籍或文具? 怎样才能成为“最美销售员”? 什么样的书籍才是班级学生喜欢的?

四、预期成果

(一) 产品形式

(1) 关于市场销售方法的学习笔记。

(2) 评价表:顾客评价表和组员表现性评价表。

(3) 学生在活动结束后写的习作——《记有趣的“青蛙”书市》。

(4) 录制学生活动现场,做成视频发布在班级视频号上,并分享到班级群。

(二) 公开方式

学生以小组为单位,分别售卖闲置书籍,用收益采购新的书籍更新班级图书角,并为此活动制作美篇发布在公众号上。

五、项目评价

(一) 过程评价

(1) 能否设计出新颖的小组摊位展板以及广告语。

(2) 在推销过程中,能否做到声音响亮、流畅,有销售亮点。

(3) 能否详细记录售卖的书名和金额。

(4) 在活动中能否做到分工合理,各司其职,整个小组是否友好协商,团结合作。

(5) 是否明白旧物循环带来的意义。

(二) 结果评价

(1) 实操评价:根据组员表现性评价表和顾客评价表的分数,推选出"最美销售员"。

(2) 知识评价:将习作——《记有趣的"青蛙"书市》写清楚,并分享自己的感受。

(3) 技能评价:收集整合信息,完成销售学习笔记,成功将闲置书籍售出,重新采购喜欢的书籍,更新班级图书角。

六、项目资源及工具

(一) 项目资源

手机、计算机、网络、旧书籍、美术材料等。

(二) 制作工具

卡纸、彩笔、双面胶、展板、作文纸等。

(三) 计划时间表(见表1)

表1 计划时间表

时间	内　　容
第1课时	发布项目主题,调查数据分享,确定探究内容,开展入项活动
第2课时	观察商场,了解销售方法,学习销售语言,制作宣传展板
第3、4课时	整理旧书,积极售卖,统计金额,采购新书
第5课时	提出修订建议,形成最终成果,制作视频与美篇,公开成果展示

七、项目实施设计

(一) 入项活动

海口市秀英区长滨小学有每日午读的传统,但未做到专时专用,为改善这一情况,我们决定对接学校的教务处,借助读书节活动开展班级"青蛙"书市,将家中闲置的书籍整理出来在集市上集中售卖,用收入重新采购学生喜欢的书籍,更新班级图书角。

（1）班主任在班级中发动宣传,让学生明白活动的目的和意义,从而激发学生参与活动的热情。

（2）班级内部进行小组自由组建,以十人为一组,共五组,如最终仍未组建成功,则剩余人员自动合为一组。

（3）小组分工,确定组长和组员,并在班主任处做好登记。

(二) 项目实施

1. 头脑风暴,确定流程

（1）学习课文《青蛙卖泥塘》,了解文中的小青蛙为了把泥塘卖出去,做了哪些事? 它又是如何推销泥塘的?

（2）出示视频《一次失败的跳蚤书市》,并呈现对应问题:①为什么他们的收银员手忙脚乱? ②为什么隔壁店铺的商品售卖得很好,但他们的店铺却门可罗雀? ③组织学生讨论为什么视频中的团队会遭受失败,他们忽视了哪些方面的知识才会导致这种现象的发生?

（3）抛出核心问题,小组间集中讨论。出示问题:吸取这个视频的经验,你觉得如果我们要办一次"青蛙"书市需要从哪些方面进行准备,需要掌握什么技能呢?（小组间进行集中讨论。）

（4）汇报整理,确定方案。①以组为单位进行汇报展示。别的同学对汇报组的方案提出自己的疑问,并寻求解决办法。②各组通过聆听和思考对讨论结果进行修改。③以小组为单位,在 A4 纸上设计出完整的活动流程图,环节清晰,任务分配合理。

2. 自主学习,做好笔记

（1）课前:寻找生活中的促销手段。发放课前任务单,引导学生利用周末时间进入书店,收集书店中店员常用的推荐方法,并进行记录（见表2）。（也可采访书店的工作人员,询问他们平时如何接待顾客。）

表 2　书店店员观察记录表

观察角度	记　　录
声音	
动作	
表情	
其他	

（2）课中:分享汇报,形成"销售秘籍"思维导图。①学生分享课前所收集的信息,小组内讨论并整理好适用的销售方式。②制作本小组的"销售秘籍"思维导图（见表3）。

表3　思维导图制作要求

项目	评 价 标 准
美观性	颜色和形状新颖；视觉效果
简洁性	抓住中心、关键词
完整性	内容全面，科学概念要点无遗漏
正确性	主题明确；概念准确；关系合理
结构性	层次分明；思路清晰
形象性	符号具有独特性；图标指示性强
参与度	集思广益，小组成员共同讨论

（3）课后：自主学习"销售秘籍"。小组内人手一份"销售秘籍"，自行学习后进行售卖预演，直至组员们熟练掌握销售技能。

3. 精心准备，蓄势待发

（1）整理闲置书籍。小组成员回家后，在与家长协商一致后，每人选出 2 本闲置图书参与活动，实现资源共享。要求：①学生所带图书必须适合小学生阅读（可邀请家长帮忙筛选）；②必须是自己已经阅读完毕的闲置书籍；③书籍封面和内容完整无残缺，不影响二次阅读；④贴上标签：自己的名字以及价格。

（2）商品定价（定价要适中、合理）。组员将自己整理出来进行售卖的书籍集中在一起，根据物品的新旧程度、原来的价格等方面，共同讨论物品的标价，考虑到其他学生的购买能力，故统一定价在 20 元以内。

（3）摊位文化建设。小组讨论为吸引顾客，可做哪些文创，并着手分工准备。如：摊位标语设计并制作横幅、摊位海报设计、摊位装饰物、摆放书籍所需课桌椅或桌布等。

4. 开展书市，积极投入

（1）售卖闲置书籍。将学习"销售秘籍"的技能实践到现实中，灵活运用所学销售方式招待好顾客，需要注意口头交流的方式。

（2）填写顾客评价表。小组成员在售卖书籍时邀请顾客填写顾客评价表，为后期评选"最美销售团队"提供数据（见表4）。

表4　顾客评价表

姓名		总分				
评价内容		5分	4分	3分	2分	1分
1	耐心地介绍产品					
2	善于沟通，及时解惑					
3	服务态度好，语气温柔有礼貌					
建议						

（3）活动整理。①打扫卫生，带走活动中产生的垃圾。②结算每组的营业额，做好登记。

（4）评选小组内"最美销售员"。活动结束后，小组内对各个成员进行评价，统计后评选出各组的"最美销售员"（见表5）。

表5　组员表现性评价表

姓名		总分				
	评价内容	5分	4分	3分	2分	1分
1	细心地完成活动前的准备工作					
2	善于沟通，成交次数多					
3	服务态度好，对顾客有礼貌					

5. 合理分配收益

（1）出示《义务教育语文课程标准（2022年版）》推荐的课外阅读书目。

（2）各小组自由讨论心仪的书籍。

（3）借助数学计算，合理规划采购书籍。

学生上网调查心仪书籍的价格，再结合手中的钱最终确定购买书籍，并请家长帮忙上网采购。

6. 总结经验

（1）收集项目材料，包括项目计划、观察笔记、"销售秘籍"思维导图、评价表、活动图片及视频，形成最终可以参加成果展的成果。

（2）全班分享交流本次活动的感受及反思，吸取教训，总结经验。

（三）出项活动

（1）邀请家委帮忙制作本次活动的视频和美篇，分别发布在班级视频号和公众号。

（2）学生撰写习作《记有趣的"青蛙"书市》，教师批改，并将优秀的习作在班级进行分享。

（3）在班级后墙处设置展示栏，展示学生的优秀习作以及各小组制作的"销售秘籍"思维导图。

八、反思与展望

（1）本项目中学生通过收集信息、整理闲置、售卖等方式，开展协作式、探究式学习，在解决阅读不积极问题的同时，宣传环保理念，懂得旧物循环利用，树立节约意识，在实践活动中掌握知识和技能。打破了传统教学模式的束缚，学生不再是被动地习得知识，而是在一定的真实情境下，在真实的需求驱动下进行的主动地去获得解决问题的能力，极大地调动了学生的学习兴趣和主动性。

（2）回顾学习的全过程，我们发现本项目活动的时间跨度较大，对于三年级的学生来说是一种考验,他们的坚持、耐心都有可能随着时间的延长而逐渐消耗。

(3)在整个项目化学习过程中,我们应多设计一些趣味性的活动进行穿插,以延长学生的学习兴趣,如"我是小小推荐大使",将活动与读书节相联系,让学生们回家整理闲置书籍时选择自己最喜欢的一本书来拍摄推荐理由,可用于书市前期的宣传工作,选择讲解得最好的一位学生作为形象代言人。

学海南美食,品传统文化

课程类型	年级	课时数	设计者	实施者
跨学科类项目	三年级	6 课时	黄乐妍	黄乐妍

一、项目概述

海南作为我国目前唯一的自由贸易港和最大经济特区,依托独特的地理位置、政策优势和独具魅力的海岛美食,吸引来了越来越多的国内外游客,他们从五湖四海而来,共赴这场南国海岛之旅。

"民以食为天",了解一座城市当从"食"开始。为了能让更多国内外游客了解海南,喜欢海南,爱上海南,作为海口市市政府的"窗口学校",我们将开展"学海南美食,品传统文化"为主题的项目化活动。本次活动以统编版语教材二年级下册第三单元《中国美食》一文为主题,以中国美食为研究对象展开活动。通过整合语文、科学、美术等学科的重要概念,和多个学科形成关联。学生通过搜索、调查、合作、咨询等手段来获取信息,并通过信息处理及分析的方式形成基本概念。学生使用各类技能,开展协作式、探究式学习。让每个学生都能去认识海南的美食,欣赏美食,并能试着介绍、制作美食。让学生在品味、寻找、介绍、制作的过程中充分感受博大精深的中国饮食文化内涵,并能在这一过程中激发学生识字的兴趣,引导其自主积极地认识更多汉字,使识字生活化、活动化,让识字成为一件轻松愉快的事。

二、项目目标

(一)知识与能力目标

(1)语文:结合学生年龄特点、兴趣点和已有生活经验,引导学生了解掌握海南特色菜并融入当地文化;通过多个渠道了解海南美食,提升学生查找和整理信息的能力,锻炼学生口头表达能力。并从中认识关于烹饪的生字,能说出用"炒、烤、爆"等方法制作的美食,发现偏旁"火"和"灬"的联系,感知形旁表义的特点。

(2)信息技术:能在项目过程中,通过网络媒介查找资料,梳理资料信息,并能制作调查问卷。

(3)美术:通过设计图文并茂的形式制作海南传统美食文化小报,培养学生的审美感知能力,并锻炼他们用美术语言表达想法和情感的能力。指导学生运用各种美术技巧和媒材,如色彩、构图、线条等,表达故事情节和情感,提升其视觉表达技巧。

(4) 劳动:与家长合作,进行食品初期的简单处理,学习使用烹饪工具,掌握简单的烹饪技能,锻炼独立自主的能力,让每位学生都能在劳动中体验和感受。同时在活动中,也能够很好地增进亲子关系。

(5) 科学:人体所需要的营养是从食物中得到的。通过"学做家乡美食"的学习活动,让学生理解没有一种食物会含有所有的营养成分,学会合理营养搭配。

(二) 学习素养目标

(1) 学生通过研究学习,了解海南的美食,感受海南丰富而独特的美食文化,继承和发扬中国的传统文化,增强民族自豪感。

(2) 学生利用信息化手段收集、了解美食的制作方法,注意运用关键词法整合资料,进行信息的搜集与概括,这样能够很好地锻炼学生搜集整理信息、分析信息的能力。

(三) 核心价值目标

感受博大精深的中国饮食文化内涵,增强民族自豪和文化自信。

三、挑战性问题

(一) 本质问题

如何加深学生对与烹饪相关汉字的理解,了解中国的美食,感受海南丰富而独特的美食文化?

(二) 驱动性问题

饮食文化是中华民族传统文化的重要组成部分。从古至今,中华饮食文化历经数千年的演变,在区域气候的划分下,逐渐形成了独特的烹饪技艺、食材搭配等方面的特点。如今,中华饮食文化已经成为我国的一张亮丽名片,吸引了越来越多的外国友人前来品尝和学习。

作为新一代的中国青年,我们将如何以"长滨美食文化宣传小使者"的身份向身边人介绍海南的传统美食?

四、预期成果

(一) 产品形式

(1) 尝试完成一道海南传统美味佳肴。

(2) 制作美食的照片或视频。

(3) 制作美食的作文。

(4) 制作美食宣传文化小报,并以"海南美食文化宣传小使者"的身份在班级开展海南传统美食推荐会。

(二) 公开方式

(1) 本项目学习结束前,举行"学海南美食,品传统文化"展示会,以班级为单位,将制作美食的照片或视频发至家长群中分享。

(2) 以小组为单位,依据美食手抄报的内容进行班级宣讲,宣传海南传统美食。

(3) 通过班级展示栏展示学生创作的手抄报、作文,并发布到班级交流群,与家长们共享。

五、项目评价

(一) 过程评价

(1) 合作探究:评价学生在小组中是否能够团结合作,相互帮助搜集海南传统美食资料。

(2) 语言表达:评价学生在海南传统美食文化宣传表达方面的能力,包括语言流畅度、描述细腻度和节奏感等,是否能够吸引听众,让听众了解中国的美食,感受海南丰富而独特的美食文化,继承和发扬中国的传统文化,增强民族自豪感。

(3) 审美意识:评价学生在美食手抄报上的表现,是否具有艺术感知和审美意识。

(二) 结果评价

通过学生所上交的美食小报,结合海南美食文化宣传手抄报评价表,对学生所制作的美食小报进行学生之间的相互打分,收齐表格统计结束后再综合教师对学生制作美食照片的评分,选出前五名颁发"最佳海南美食文化宣传小使者"奖。

六、项目资源

(一) 项目资源

计算机、网络等。

(二) 制作工具

卡纸、彩笔、双面胶等。

(三) 计划时间表(见表 1)

表 1　计划时间表

时间	内　　容
第 1 课时	发布项目主题,调查数据分享,确定探究内容,开展入项活动
第 2 课时	学习烹饪方法,了解烹饪特点,收集整理资料,制作美食小报
第 3、4 课时	提供知识技能,掌握技术工具,购买所需食材,合作制作美食
第 5、6 课时	图片视频报告,群内分享展示,统计师生投票,最终结果展示

七、项目实施设计

（一）入项活动

饮食文化是中华民族传统文化的重要组成部分。从古至今,中华饮食文化历经数千年的演变,在区域气候的划分下,逐渐形成了独特的烹饪技艺、食材搭配等方面的特点。如今,中华饮食文化已经成为我国的一张亮丽名片,而海南四面环海,地处热带,具有独特的海岛风情,岛上花草树木郁郁葱葱,风景唯美,美食诱人,吸引了越来越多外国友人前来品尝和学习。

你瞧,许多外国游客都想要来我们海南做客。今天,就让咱们做一回海南美食文化小使者,带外国小朋友了解海南美食文化吧。

1. 准备

全班学生自由选择教师所出示的海南省八个市县,以地域划分为八组,以小组为单位,进行下一步学习。

2. 调查

（1）教师运用如下问题链驱动学生探索,设计出调查问卷信息（见表2）。

表2　海南传统美食调查信息统计表

你的家乡在哪里?	
你了解海南的传统美食吗?	
你所熟知的海南美食有哪些?	
您最喜欢前往哪里品尝海南传统美食?	
您会向国内外游客推荐哪种海南传统美食呢?	
您了解海南传统美食的制作过程吗?	
您认为海南传统美食应该得到保护和传承吗?	
您认为如何才能更好地保护和传承海南传统美食?	

（2）全班学生以小组为单位,利用午读时间,随机对全校师生进行口头问卷调查,寻找人们心目中的海南传统美食。

（3）学生到生活中的各个角落去寻找出现最多、流传范围广的海南传统美食,如饭店、小吃店等,通过采访、询问了解这些美食。

（4）以小组为单位,统计出被提及次数排名最多的美食。

（5）公布统计结果,激发学生的驱动力。提出学海南美食,品传统文化。

3. 确定组长和组员

（1）讨论确定研究的海南传统美食。

（2）讨论收集资料的方式,如:访谈;通过书籍了解海南传统美食的制作材料、制作方法及制作过程;利用互联网查阅相关资料。

（3）讨论记录的方式:照片、视频、美篇。

（4）讨论项目成果的呈现方式：照片、视频、手抄报绘画等。

（二）项目实施

1. 第一阶段：学美食

（1）组织学生一起观看《舌尖上的中国》等纪录片，该片中罗列了海南各地的美食和饮食习惯，能够很直观地让学生感受到海南美食文化的多姿多彩和中国劳动人民的智慧，能更好地激起学生探索美食文化的兴趣。

（2）阅读课文《中国美食》，通过课文学习，利用图文结合的方法让学生了解不同美食的制作过程，需要的食材和烹饪方式也会不同，掌握"煎、烧、烤、煮、爆、炖、蒸、炸、炒"等烹饪方法及其特点，例如，炖：小火慢煮，所需时间长；爆：大火炒，所需时间短等。

（3）初步了解课文中所出现的美食，对美食中出现的烹饪方法有一个初步印象，掌握烹饪方法的读音，并能独立说出其烹饪的特点。然后进行生生互评（见表3）。

表 3 "烹饪方法我知道"评价表

烹饪方法	能准确念出读音	能说出烹饪特点
煎		
烧		
烤		
煮		
爆		
炖		
蒸		
炸		
炒		
表情评价	😊 非常满意 😀 比较满意	😐 不满意

2. 第二阶段：知美食

（1）收集资料。①各小组根据确定好的海南美食进行研究，组员根据自己的兴趣、已有的知识储备、生活经验等不同的方式收集组内所确定好的美食的相关资料。②整理资料。组员将自己获取的美食资料进行整理并在组内分享，大家共同讨论，整理筛选，进一步修改学习单。

（2）制作美食手抄报。对美食文化有了初步的了解后，搜集家乡传统美食相关资料，了解食物烹饪所需要的主要食材和烹饪方法，深入了解每道菜背后的工序，并将其制成美食宣传小报。小报内容包含食物名称、烹饪方法、主要食材、口味特色、制作过程等。进一步加深学生对中国传统美食文化的认知与对传统文化和美食的探究。

（3）海南美食文化宣传展。①小组内选取一名海南美食文化讲解员，讲解员先在组织内进行美食文化小报内容试讲，模拟解说，小组成员根据概括的文化讲解要点

（注意准确性、简洁明了、生动有趣、突出主题、适应观众、注重艺术性等）进行倾听，并做好记录（见表4）。②模拟试讲结束后，小组根据记录表对内容进行调整修改。③小组在班级进行美食小报讲解分享。④各组认真倾听，根据评分细则打分，选出最受欢迎的讲解小组（见表5）。

表4　宣传词要点记录表

要点	亮点	不足之处	修改建议
准确性			
简洁明了			
生动有趣			
突出主题			
适应观众			
注重艺术性			
其他			

表5　"我是海南文化宣传小使者"评价表

	评价指标	星级
内容	根据小报，条理清楚地进行讲解	☆☆☆
表达	语气、语速适当，表达清晰自信	☆☆☆
	有表情与动作，与听众有眼神交流	☆☆☆
其他组评价	通过多种形式搜集资料	
	能够让你清楚了解制作美食所需食材	
	能够让你清楚了解制作美食的步骤	
	是否激起了你对吃该美食的兴趣，并增加了你对海南美食文化的喜爱	

（4）评价。收取每个小组所制作的海南传统美食小报，放置黑板上展示，每位学生依据评价表上的评价内容进行依次打分，再结合教师所打的比分，以6：4的比例进行最终统分，最终选出五名"最佳美食文化宣传小使者"奖（见表6）。

表6　海南美食文化宣传手抄报评价表

美食名称：		姓名：	
项目	评分标准		生评
主题	手抄报要图文并茂，有美食名称		☆☆☆
内容	内容鲜明，紧扣主题，能写清楚美食制作所需的食材、烹饪方法以及步骤		食材：☆ 烹饪方法：☆ 烹饪步骤：☆☆☆

项目	评分标准	生评
版面	版面布局美观大方,色彩协调,图文及装饰布局合理。书写整洁	色彩:☆ 书写:☆
综合评语		

（5）公开展示:将每个小组所制作的海南传统美食手抄报发至家长群中进行分享展示。

3. 第三阶段:做美食

以小组为单位,组内成员依据各自小组内所确定的美食小报中的海南传统美食,在家制作美食。

（1）购买食材。①设计"我的购物清单",列出制作食物所需要购买的食材。②去往商场、超市等地购买不同的食材。

（2）制作美食。尝试在爸爸妈妈的帮助下,用学到的方法("煎、烧、烤、煮、爆、炖、蒸、炸、炒"等烹饪方法以及相关制作过程)自己动手制作家乡传统美食。

（3）将制作美食的精彩照片或视频发至班级群里分享。

（4）完成习作:制作美食的小作文,并填写评价表(见表7)。

表7　海南美食文化制作习作评价量表

项目	评价标准
书写工整(10分)	书写认真,字迹清楚,标点符号正确
修改(10分)	写作会用修改符号修改习作内容;会加上合适的题目
制作过程完整(30分)	写作要写清楚制作美食的过程
价值观正确(30分)	立意明确;主题能在结尾得到升华
结构性(20分)	层次分明;思路清晰

4. 第四阶段:爱美食

通过学生对小报的打分,综合教师对学生制作美食照片的评分,选出五名"最佳美食文化宣传小使者"奖,并颁奖。

（三）出项活动

经过入项和实施后,项目活动进入出项公开展示阶段——美食品鉴会。

在班级里布置活动场地,设置展示台,展示自制的海南传统美食,学生需要现场进行班级宣讲,宣传海南传统美食。

八、反思与展望

（一）反思

（1）"学海南美食,品传统文化"项目化活动将知识性、文化性、趣味性、创造性、实践性相结合,让学生认识到美食的文化魅力,体验制作美食的过程,享受创造美食的快乐。寓教于乐,引发学生深度学习,全面提升学生综合素养。在项目化学习中,学生的"语言建构与运用"和"文化理解与传承"两大语文核心素养得以提升。

(2)教材生活巧融合。在项目化学习活动中,学生通过主动地积累、梳理和整合,理解美食制作方法与"火"之间的关系,了解形声构字法及其作用,逐步掌握汉语言文字的特点及其运用规律。使学生受到汉字文化和美食文化的浸润,培养学生的文化认同感与民族自豪感。

(3)生活教材互促进。以真实的情境赋予学生学习语文的意义,帮助学生建立汉字与生活的联系,积累更多烹饪方法的同时更好地理解了汉字的表意特征和构形特点,培养了学生对中国优秀传统文化的热爱,提升了文化自信。

(4)项目中对学生的学习过程、学习成果、活动的设计和组织仍有许多不足。学生主体性地位不够,最终的美食宣传会仍局限于班级中,没能走向更大的集体。

(二)展望

这样一次有意义的项目活动,能让学生心中埋下"爱"的种子。每个学生都是小小"海南美食文化宣传小使者",了解家乡美食及其历史,能让我们的学生渐渐明晰更多生活的道理,不止于眼前,更得益于未来!

海南文化遗产保护倡议

课程类型	年级	课时数	设计者	实施者
跨学科类项目	五年级	5课时	刘小妹　韩联定	刘小妹　韩联定

一、项目概述

历史文化遗产承载着中华民族的基因和血脉,保护好、传承好历史文化遗产是对历史负责,对人民负责。但随着时代发展,较多学生不重视对历史文化遗产的保护,甚至都不了解自己家乡文化遗产的历史渊源。《义务教育语文课程标准(2022年版)》中提到语文课程在铸牢中华民族共同体意识,建立文化自信、培育时代新人等方面具有不可替代的优势。为让学生认识海南本土文化的博大精深,汲取民族文化智慧,加强对海南文化的认同感,本项目围绕五年级下册第七单元口语交际"我是小小讲解员"与习作"中国的世界文化遗产"展开活动,整合科学、道法、信息技术等课程,多步推进,带领学生深入学习与探究,发现海南文化遗产保护中存在的问题,提出解决方案,树立保护文化遗产的意识,提出文化遗产保护倡议,弘扬海南文化精神,增强人民对海南文化的认同感。

二、项目目标

(一)知识与能力目标

(1)语文:根据现存海南文化遗产确定主题,以不同方式搜集资料,通过列提纲的形式进行文化遗产讲解;按一定顺序将文化遗产讲解得有条理,表达清晰自信。

(2)科学:能够通过实地考察发现海南文化遗产保护存在的问题,提出解决方法。

(3)道法:能够通过实地考察,认识海南文化的博大精深,汲取民族文化智慧,加强对海南文化的认同感。

(4)信息技术:能够发布视频宣传海南文化遗产,呼吁大家签署电子文化遗产保护倡议书,呼吁人们保护文化遗产。

(5)美术:结合实地考察和搜集的资料,以列提纲的方式绘制手抄报。

(二)学习素养目标

(1)能够以不同方式收集资料,整理资料。

(2)结合实地考察,能获取信息,提炼信息。

(3)能够根据文化遗产中存在的问题,找出对应的保护措施。

(4)能流利大方地表达对文化遗产的了解,表达自己的感受。

(三)核心价值目标

(1)能感受海南文化遗产的魅力,树立保护海南文化遗产的意识。

(2)能加强对海南文化的认同感,呼吁他人共同保护海南文化遗产。

三、挑战性问题

(一)本质问题

如何让学生深入意识到海南文化遗产的价值,把我们海南的文化遗产保护好?

(二)驱动性问题

如何以文化讲解员的身份向岛外友人介绍海南文化遗产,并发起保护倡议?

四、预期成果

(一)产品形式

(1)关于海南文化遗产的手抄报。

(2)文化遗产讲解词。

(3)以文化讲解员身份介绍文化遗产的短视频。

(4)保护文化遗产倡议书。

(二)公开方式

(1)学习结束后,在学校展示栏展示手抄报作品。

(2)在校园微信公众号发布海南文化遗产讲解视频,发起海南文化遗产保护倡议,呼吁大家签署电子保护文化遗产倡议书。

五、预期评价

(一) 过程评价

(1) 小组能否以不同的形式搜集海南文化遗产资料。

(2) 小组能否结合实地观察所得和收集的资料绘制文化遗产手抄报。

(3) 小组能否撰写海南文化遗产讲解词及保护措施。

(4) 小组能否进行海南文化遗产讲解,小组间能否根据评价表进行互评。

(5) 其他小组成员能否根据评分细则进行打分,选出小组间最受欢迎的讲解小组。

(6) 小组能否拍摄文化讲解视频并发出保护文化遗产倡议。

(二) 结果评价

(1) 手抄报作品评价量表。

(2) "我是文化讲解员"评价表。

(3) 文化讲解视频结尾弹出的评星表。

六、项目资源及工具

(一) 项目资源

与文化遗产保护相关的手抄报、文化讲解视频、文化遗产保护倡议书等。

(二) 项目工具

画纸、彩笔、摄像机、电脑等。

(三) 计划时间表(见表 1)

表 1　计划时间表

时间	内　　容
第 1 课时	组建小组,明确分工,确定探究内容,讨论方案
第 2 课时	实地参观,以列提纲形式绘制手抄报
第 3、4 课时	深研文化遗产保护建议,撰写文化遗产讲解词,开展分享会
第 5 课时	形成项目成果,公开成果展示

七、项目实施设计

(一) 入项活动

海南建设自由贸易港以来,很多岛外友人来到海南进行旅游或文化交流。此次文化和自然遗产日,许多岛外团队将到海南感受海南文化遗产的魅力,请你以海南文化讲解员的身份向岛外友人讲解海南文化遗产,并呼吁更多的人保护海南文化遗产。

(1) 全班同学观看海南文化遗产纪录片,了解什么是海南文化遗产及海南文化遗产的相关知识,也借此激发学生对海南现存文化遗产的兴趣。

学生观看完视频后讨论:在众多的海南文化遗产中,挑选哪一处文化遗产来进行讲解? 如:明昌塔、斗柄塔、蛇桥、琼剧等。

(2) 全班同学根据对海南文化遗产的兴趣组建学习小组,为小组取名字,以小组为单位探索海南文化遗产,讨论小组分工,明确各自职责。

小组分工讨论:

文化讲解员需具备哪些条件? 如:形象佳、表达流利、具备专业知识等。

(3) 分小组讨论如何向岛外友人讲解海南文化遗产,并呼吁更多的人保护海南文化遗产。

小组讨论:可以以哪些形式收集海南文化遗产的资料?

① 在海南省图书馆寻找并阅读文化遗产的相关历史资料。

② 上网搜索关于文化遗产的相关资料。

③ 以小组为单位,对文化遗产进行实地考察,向当地人们了解相关的文化遗产信息。

(二) 项目实施

1. 学习活动一:实地参观,编制手抄报

(1) 小组实地参观所选定的海南文化遗产,了解文化遗产的保存现状及其特色。

(2) 小组成员向当地人们了解文化遗产相关信息,并做好记录。

(3) 小组查阅文献资料,了解文化遗产的渊源和保护现状。

(4) 结合实地观察和搜集的资料,以列提纲的方式编制文化遗产手抄报。

(5) 在班级展示栏中展示小组绘制的手抄报,小组就手抄报作品进行讨论,并填写评价量表(见表2)。

表 2 手抄报作品评价量表

评价领域	评价标准	画上你的个性表情吧!		
		自评	组评	师评
审美感知	能否描述出文化遗产的特色			
艺术表现	能否用列提纲的形式绘制手抄报			
	能否有条理、美观地设计手抄报			
文化理解	能否描述文化遗产的历史渊源			
	能否描述文化遗产当前的保护现状			
表情评价	☺ 非常满意	☺ 比较满意		☹ 不满意
综合评语				

(6) 小组统计手抄报量化表评价,针对评价对手抄报内容进行修改。

2. **学习活动二:运用问题链,深研文化遗产保护建议**

(1) 教师运用如下问题链促进学生去思考和探索:①当前文化遗产保护存在哪些问题?②当前文化遗产保护运用了哪些方法?这些方法是否适合继续运用?③为更好地保护文化遗产,我们还可以采取哪些措施?④在合理保护的基础上,如何宣传文化遗产,让更多人了解文化遗产?

(2) 以小组为单位,进行讨论,找出文化遗产存在的主要问题,提出可建设性的保护措施。

(3) 小组根据讨论所得,再次对手抄报内容进行修改调整。

3. **学习活动三:撰写文化遗产讲解词,开展分享会**

(1) 组织学生观看学习"学习强国""央视网"等平台播放的文化遗产讲解视频。学习如何撰写文化遗产讲解词,对文化遗产讲解词有初步的认识。

(2) 学生初步认识到撰写文化遗产讲解词需注意的要点:①准确性:讲解词的内容必须准确无误,不能出现错误或误导性的信息。确保所传递的信息是真实可靠的。②简洁明了:讲解词应该简洁明了,避免使用过于复杂或晦涩难懂的词汇和句子。要用通俗易懂的语言,让观众能够轻松理解。③生动有趣:讲解词应该生动有趣,能够吸引观众的注意力并激发他们的兴趣。可以通过讲述故事、引用典故、描绘场景等方式,让讲解内容更加生动有趣。④突出主题:讲解词应该突出主题,让观众能够清晰地了解所要讲解的文化内容的核心思想和特点。在撰写讲解词时,需要明确主题和重点,避免偏离主题或过于冗长。⑤适应观众:讲解词需要适应不同观众的需求和兴趣,考虑到他们的年龄、文化背景、知识水平等因素。对于不同的观众群体,可能需要使用不同的讲解方式和语言风格。⑥注重艺术性:讲解词不仅要有信息性,还要注重艺术性。可以通过运用修辞手法、描绘画面、营造氛围等方式,让讲解词更加具有艺术感染力。

总之,撰写文化讲解词需要注重准确性、简洁明了、生动有趣、突出主题、适应观众和注重艺术性等方面,以便更好地向观众传递和推广文化知识。

(3) 如学生对文化讲解词要点认识不足,教师可进行补充。

(4) 小组结合手抄报内容展开讨论,根据手抄报内容和对文化讲解词的认识撰写文化遗产讲解词及其保护措施。(见表3)

表3 文化遗产讲解词及其保护措施

开场白	
文化遗产历史渊源	
文化遗产保护存在问题	
文化遗产保护措施	
其他	
绘画区	

（5）文化讲解员在组内进行试讲，模拟解说，小组成员根据概括的文化讲解要点（准确性、简洁明了、生动有趣、突出主题、适应观众、注重艺术性等）进行倾听，做好记录（见表4）。

表4 讲解词要点记录表

要点	亮点	不足之处	修改建议
准确性			
简洁明了			
生动有趣			
突出主题			
适应观众			
注重艺术性			
其他			

（6）模拟试讲结束后，小组根据记录表对文化讲解内容进行调整、修改。

（7）小组在班级进行文化遗产讲解分享，按一定顺序从不同方面介绍海南文化遗产。

（8）各组认真倾听，根据评分细则打分，选出最受欢迎的讲解小组。（见表5）

表5 "我是文化讲解员"评价表

	评 价 指 标	星级
内容	根据提纲，条理清楚地进行讲解	☆☆☆
表达	语气、语速适当，表达清晰自信	☆☆☆
	有表情与动作，与听众有眼神交流	☆☆☆
其他组评价	通过多种形式搜集资料。□	
	能够让你清楚了解文化遗产的历史发展。□	
	能够让你清楚了解文化遗产保护现状。□	
	能够针对文化遗产保护现状，提出有效的保护措施。□	
	能够激发你对该文化遗产的兴趣，并增强了你对海南文化的认同感。□	

4. 学习活动四：拍摄讲解视频，发起保护倡议

（1）小组拍摄讲解文化遗产的视频，形成影像资料。

（2）制作电子版文化遗产保护倡议书。教师进行指导，海南文化遗产保护倡议书书写要点如下：①明确倡议的主题和目的。②分析当前海南文化遗产的保护现状。③列出具体的保护建议。④强调倡议带来的好处。⑤发出真诚的呼吁和期望。

（三）出项活动

1. 上传文化讲解视频至网络平台

将各个小组文化遗产讲解视频上传至学校微信公众号、优酷、小红书等网络平台，对海南文化遗产进行宣传，发起文化遗产保护倡议，呼吁大家保护并宣传海南文

化遗产,签署电子文化遗产保护倡议书。

2. 评选最佳讲解小组

视频结束时弹出"我是最佳讲解员"评星表,让观众对各个小组文化遗产宣传视频进行公开评比,根据观众所打的评星表评选最佳讲解小组(见表6)。

表6　我是最佳讲解员评星表

条理清晰,重点突出	☆☆☆
使用了适当的动作、表情	☆☆☆
能够让你清楚了解文化遗产的历史渊源	☆☆☆
能够让你懂得如何进一步保护文化遗产	☆☆☆

3. 在学校读书堂布置展示栏,宣传海南文化遗产

在学校读书堂布置展示栏,展示文化遗产手抄报,文化讲解小组现场为参观学生介绍文化遗产相关知识,呼吁学生签署文化遗产保护倡议书,宣传海南文化遗产,增强学生对文化遗产的保护意识。

八、反思与展望

通过本次项目的学习,我们希望学生的探究意识、思维能力、表达能力能够得到一定的提升。此项目以文化和自然遗产日为契机,让学生以海南文化讲解员的身份向岛外友人讲解海南文化遗产,激发了学生学习的兴趣,让学生在兴趣中推动项目的进行,一步步去进行探索。

在本次项目化学习中,为入项做准备,我们观看了海南文化遗产纪录片并进行热烈地讨论。通过讨论发现学生对本土的文化遗产了解少之又少。针对此问题,学生通过多种形式搜集海南文化遗产的资料,实地参观海南文化遗产,加深了对本地文化遗产的认识与了解。

在研究文化遗产保护措施时,学生受知识储备的影响,难以找到有针对性的文化遗产保护措施,教师需要在此时为学生提供帮助,为学生介绍与讲解专业的文化遗产保护知识,为学生找到有针对性的文化遗产保护建议,提供知识储备。

此项目中面临的困难不仅于此,学生还需接触许多在课堂上无法接触的东西,如实地参观、文字编辑、摄影等,在一步步的搜集信息、整理资料、实践探究中,学生的探究意识、思维能力、表达能力得到不断地提升。

插上想象的翅膀——举办一场童话创编表演剧

课程类型	年级	课时数	设计者	实施者
活动项目	三年级	10 课时	钟永婷	钟永婷

一、项目概述

海口市秀英区长滨小学即将举办校园读书节——童话小镇主题系列活动,为了参加本次读书节活动,三(4)班将举办班级童话创编及童话小剧场活动,本次项目分为创编和展演两个阶段。在本项目中,学生将参与创意童话写作和表演的全过程。通过引导学生进行故事创作、角色设定、台词编写以及舞台表演,旨在激发学生的创造力和想象力以及逻辑思维能力,培养他们进行故事创作和表达的能力。同时还可以培养学生的审美意识,此外,学生还将在小组中合作完成任务,增强团队合作意识和沟通能力。

二、项目目标

(一) 核心知识与能力

(1) 语文:通过研读课内童话故事,了解童话故事的写作特点,从而总结童话故事的写法。并且能基于已有的语言运用能力,与他人交流自己的阅读感受,借助关键词句,讲述童话故事,表达自己独特的思考和见解。在创编童话过程中,学生需要构思故事情节、塑造角色形象及展开故事主题,这有助于培养他们的创作思维和想象力。为了使故事情节连贯合理,学生需要进行逻辑推理和故事结构规划,培养逻辑思维能力。

(2) 美术:通过为故事中的人物选择服饰、制作头饰、道具等元素,培养学生的审美感知能力,并锻炼他们用美术语言表达想法和情感的能力。指导学生运用各种美术技巧,如色彩、构图、线条等,表达故事情节和情感,提升其视觉表达技巧。

(3) 音乐:通过选定适合童话表演的背景音乐,培养学生对音乐的欣赏能力,让他们了解不同类型音乐的特点和作用。

(二) 学习素养

(1) 创造力:童话创编与展演项目鼓励学生发挥想象力,创作出独特的故事情节、人物形象和场景设置,从而培养学生的创造力和创新能力。

(2) 表达能力:通过参与童话创编与展演项目,学生将有机会借助语言、行为等方式来表达自己的创意和想法,提高口头表达和沟通能力。

(3) 合作与团队精神:在项目中,学生需要与同学合作共同完成创作和表演任务,培养团队协作意识和合作精神,学会互相尊重、倾听和理解他人的观点。

(4) 批判性思维:通过创编童话故事的过程,学生需要分析故事情节、人物角色等元素,并进行取舍和组合,培养他们的批判性思维和逻辑能力。

(5) 自信心:通过参与展演,学生有机会在舞台上展示自己的作品,增强自信心,克服紧张和害怕,培养良好的心理素质。

(6) 学科综合能力:童话创编与展演项目涉及语言文字、表演艺术、舞台布景等多个学科领域,能够促进学生学科知识的整合和应用。

(三) 价值观念

(1) 创造力与想象力:童话创编与展演项目鼓励学生发挥想象力和创造力,创作出独特的故事情节和角色,培养学生勇于探索、大胆创新的精神。

(2) 合作与团队精神:项目中学生需要与同学合作共同完成作品,培养了学生的团队合作意识和团结协作精神,也有助于培养学生尊重他人、倾听他人意见、团结互助的价值观。

(3) 自我表达与自信心:通过参与展演,学生有机会展示自己的创意和才华,增强自我表达能力和自信心,培养学生积极向上的心态和自信心。

(4) 尊重与包容:在创编与表演过程中,学生会接触到不同文化背景、观念和想法,培养了学生尊重多样性、包容不同价值观念的重要性。

(5) 价值传承与探索:通过创编童话故事,学生可以探讨和传承传统价值观念,同时也有机会探索当代社会和个人生活中的新价值观念,促使他们思考和审视自己的生活态度和行为准则。

(6) 乐观与坚韧:在面对挑战与困难时,通过童话创编与展演项目的经历,学生可以培养乐观向上的心态,学会坚韧不拔,勇敢面对困难和挑战。

三、挑战性问题

(一) 本质问题

童话创编的本质问题在于如何创造一个富有想象力和故事性的作品。通过文字、美术和音乐等形式,表达出对美好、善良、勇敢等价值观的追求。在创编童话的过程中,学生需要思考如何塑造人物、构建情节、表达情感,以及如何通过作品传递积极的社会和人生观。

(二) 驱动性问题

怎么才能让更多人喜欢上童话呢? 怎么在校园读书节当中脱颖而出成为书香班级呢? 怎么选择鲜明的童话主题? 怎样设计合适的角色,制造角色之间的冲突? 又怎么安排紧凑的童话故事情节? 怎么通过语言的运用和情感描写来打动读者,让他们在阅读过程中产生情感共鸣和情绪波动?

四、预期成果

(一) 产品形式

(1) 学生可以将自己创编的童话故事改编成戏剧剧本,进行舞台表演,通过角色扮演和舞台布景来展现童话故事的魅力。

(2) 学生还可以通过绘画、手工制作等方式表现童话世界,创作出具有视觉冲击力的美术作品,例如插画、立体作品等。

(3) 录制学生童话表演现场,做成视频进行保存,或者是上传至班级共有公众号。

(二) 公开形式

学生以小组为单位,分别创编童话故事以及排演童话剧,在班级进行表演,进一步到学校参加校园读书节并以录制的形式发送至班级群、公众号等。

五、项目评价

(一) 过程评价

(1) 创意思维:评价学生在童话创编过程中的创意思维能力和想象力,包括故事情节设置、角色塑造等方面的独特性和新颖性。

(2) 故事结构:评价学生对童话故事结构的把握能力,包括开头、发展、高潮和结尾的设计是否连贯合理,是否引人入胜。

(3) 语言表达:评价学生在文字表达方面的能力,包括语言流畅度、描述细腻度和节奏感等,是否能够吸引读者并传达情感。

(4) 角色塑造:评价学生对故事角色的塑造能力,包括角色形象的设定、性格特点的展现和角色之间的关系处理等。

(5) 审美意识:评价学生在思维导图、人物头饰设计上的表现,是否具有艺术感知和审美意识。

(二) 结果评价

1. 知识评价

(1) 对童话文学的理解:评价学生对童话文学的理解程度,包括对不同类型的童话故事、童话中的人物角色和情节发展的理解。

(2) 剧本知识:评价学生对剧本结构、情节设计、角色塑造等方面的掌握程度,包括他们是否能够理解和运用这些知识进行剧本创作。

(3) 表演艺术知识:评价学生对舞台表演、角色扮演、舞台布景等方面的基本知识掌握情况,包括他们是否能够理解并运用这些知识进行实际操作。

2. 技能评价

(1) 创编能力:评价学生在剧本创作过程中的创意能力和表达能力,包括他们是否能够设计出富有想象力和具有创造性的情节和角色。

(2) 表演技巧:评价学生在角色扮演和舞台表演方面的技能水平,包括他们的语言表达能力、情绪表达能力和舞台表现力等。

(3) 舞台布景能力:评价学生在舞台布景设计和制作方面的技能水平,包括他们是否能够根据剧情需求设计出合适的舞台布景并进行制作。

3. 实操技能

(1) 参与度和合作精神:评价学生在实际的剧组活动中的积极参与度和团队合

作精神,包括他们是否能够积极参与剧本创作、角色扮演和舞台布景制作等活动。

(2) 实践能力:评价学生在实际操作中的表现情况,包括他们是否能够灵活运用所学知识和技能进行剧本创作、角色扮演和舞台表演等活动,并能够解决在实践中遇到的问题。

六、项目资源及工具

(一)项目资源

计算机、网络、与童话有关的相关书籍、童话展演需要的服装道具、童话剧场布置用品、美术思维导图的呈现。

(二)制作工具

卡纸、彩笔、双面胶、服饰材料。

(三)计划时间表(见表1)

表1　计划时间表

时间	内　　容
第1课时	发布项目主题,确定共读书目,确定分组名单,开展入项活动
第2课时	项目启动与童话共读
第3课时	人物设计与故事分享
第4、5课时	剧本编写与修改
第6课时	角色分配与排练准备
第7、8课时	彩排与细节完善
第9课时	演出与总结反思
第10课时	为校级展演排练

七、项目实施设计

(一)入项活动

长滨校园读书文化节——童话小镇系列活动展演在即,三(4)班决定在班内举办"童话创编大赛及童话剧展演"活动。

(1) 全班学生分为四个小组。

(2) 选取《皇帝的新装》作为班级共读童话,并且观看视频。

(二)项目实施

1. 项目启动与童话共读

在这个阶段,教师向学生介绍童话创编项目的背景和目的,激发学生对创作的兴趣和热情。教师与学生或者学生与学生家长可以共读一本童话,并且完成阅读记录卡。

推荐书目《安徒生童话》《稻草人》《格林童话》,完成阅读卡,记录学习心得。

(1)选出阅读时自己最喜爱的一本书以及一个书中人物作为"书中友"。

(2)完成阅读分享卡(见表2)。

表2 我是童话阅读家

我选择的书目	
他(她)的名字	
他(她)的特点	
我印象最深的情节	

2. 人物设计与故事分享

(1)子项目一:稚趣妙笔画人物。

学生首先通过了解故事中最喜爱的人物,完成人物形象任务卡,绘画人物并对人物进行分析,再开始创编故事中的人物形象。完成评价表(见表3)。

表3 "稚趣妙笔画人物"评价表

评估内容	评估标准	奖励星星(1~3星)
完整性	是否有人物简介	
美观性	色彩、布局是否合理	
创造性	是否有不同于传统童话的地方	

(2)子项目二:思维导图建构童话结构脉络。

梳理童话故事当中的基本要素,怎么样能使童话故事的情节清晰地呈现出来?于是学生再次研究自己喜欢的童话故事,对故事的起因、经过、结局再次梳理,完成思维导图。同时创作本小组的童话,将故事情节串联结束之后,小组合作以思维导图的形式呈现出来,小组组长上台展示,讲解童话故事的主体结构,其他组评价。评价表见表4。

表4 "思维导图建构童话结构脉络"评价表

评估内容	评估标准	奖励星星(1~3星)
完整性	关于主题是否清晰,故事主线是否清楚	
结构性	是否有分支和主支	
美观性	色彩、布局是否合理	

（3）子项目三：奇思妙想讲童话。

孩子不仅仅是天生的诗人，更是天才童话家，在他们的世界里，鸟兽虫鱼、花草树木、家具玩具全都会说话；国王会知错就改；天上住着太阳公公和月亮姐姐，还有一闪一闪的星星弟弟；小蛇和老鼠都是有情有义的正面代表，学生在教师的帮助下，对童话完成整体润色，然后进行童话故事演讲。评价表见表5。

表5 "奇思妙想讲童话"评价表

评估内容	评估标准	奖励星星（1～3星）
创造性	是否有想象	
情节性	是否有明确的主题	
规范性	是否符合童话要求、讲故事是否带有感情	

组织教师以及家长参与讲童话的活动，并且针对每一个童话故事提出相对应的意见和建议。

3. 剧本编写与修改

（1）剧本撰写：小组内部分工合作，根据童话故事撰写剧本和对话，并对提出的意见进行修改，力求用简洁生动的语言表达出故事情节和角色的内心世界。

（2）审查修改：小组之间相互审查对方的剧本，提出建议和修改意见，不断完善和优化剧本内容。

（3）教师辅导：教师对学生的剧本进行指导和辅导，指出不足之处并提出改进建议，促使学生进一步提升剧本质量。

4. 角色分配与排练准备

（1）角色分配：小组内选出一名导演进行角色分配和试镜，确保每个角色都有合适的演员扮演。

（2）台词练习：学生们开始练习台词和动作，培养表演技巧和情感表达能力，确保舞台表现生动自然。

（3）舞台布景设计：班级家委会筹备舞台布景，学生根据自身出演的童话人物形象自主为自己量身定做服装道具等。

5. 彩排与细节完善

（1）彩排训练：学生们进行全员彩排，模拟正式演出情境，磨合角色表演和舞台配合，提升整体演出水平。

（2）细节调整：学生们注意观察和调整演出中的细节问题，包括动作、表情、音效等方面，确保舞台呈现符合预期。

6. 演出与总结反思

（1）演出展示：学生们在班级内举办演出活动，邀请老师和部分家长观看，同时开展线上直播，让家长们尽可能参与到本次活动当中来，共同分享孩子们劳动成果和创作精神。

（2）观众反馈：观众们提供演出反馈和意见，学生们倾听和接受反馈，分析演出优缺点，为今后改进提供参考。

（3）总结反思：学生们在班级当中进行项目总结和反思，分享收获和感悟，指出成功经验和不足之处，为未来的创作积累经验。

7. 排练

根据网络票选以及现场票选，选出最佳童话剧目表演，并在校园文化节之前，全班协助一起排练，制作完美童话展演服装、道具，确保在校园文化节的演出取得圆满成功。

8. 活动延伸

整理本次活动中学生创编的童话故事，借助家委会的力量，整理星澜班童话故事合集，并推送《小绿芽》参与校报的参选。有条件的情况下可以组织社区或者少年活动中心将童话剧进行展演。

表6　总结性评价表格

评价内容	评价指标	自评 （1～5 星）	评价人评分 （1～5 星）
创意思维	故事情节设定有独特性和新颖性 角色设计的创意和想象力		
故事结构	故事开头、发展、高潮、结尾是否连贯合理		
语言表达	语言文字表达的流畅性 故事的节奏感和情感传达		
角色塑造	角色形象设定的准确性和丰富性 角色关系是否合理		
审美意识	思维导图版面设计是否合理 人物装饰是否美观、符合人物性格设计		
积极参与度和团队 团结度	团队是否积极合作，每个人都各司其职		

（三）出项活动

经过入项和实施后，项目活动进入出项公开展示阶段——校园读书节"童话小镇系列"童话剧展演环节。

（1）记录现场评委评分，在改进的基础上学生可以参加各类童话创编比赛和活动，展示自己的作品并获得奖项，增加对作品的认可度和推广度。

（2）录制班级优秀童话作品发布在各类线上平台，与更多人分享和交流。

（3）学生可以在社区图书馆、文化中心等场所进行童话故事的讲述活动，与社区居民分享作品。

（4）参与校报《小绿芽》作品选送。

八、反思与展望

（1）童话剧创编以及展演可以作为一种创造性教学方法，教师在创编童话剧的过程中，可以鼓励学生参与剧本的创作。例如，教师可以组织学生进行头脑风暴，让他们提出不同的情节设定和角色设定，从而培养学生的创造力和想象力。通过与学生共同合作，同时可以反思如何引导学生发挥自己的创造性潜能，同时展望如何在未来的教学中更好地利用这种创造性教学方法。

（2）创编童话其实是一种价值观的引领和培养的重要渠道，童话故事通常包含一些深刻的道德和价值观念，如勇气、诚实、友谊、正义等，通过这些故事，学生可以学习到正确的行为准则和道德观念。在童话剧创编及展演阶段，教师可以带领学生挖掘故事背后的价值观念，通过故事情节和角色塑造，引导学生思考和接受正确的道德观念和价值观念。

（3）在童话剧展演的准备过程中，教师可以引导学生进行角色扮演和台词排练，帮助他们提高口语表达能力。例如，可以组织学生进行角色扮演练习，让他们模仿不同角色的语调和表情，从而提高他们的语言表达能力。通过这样的实践活动，可以反思如何针对不同学生的语言水平和表达能力进行个性化教学，同时思考如何在未来的教学中更好地利用角色扮演和表演活动来促进学生的语言发展。

（4）未来，教师可以进一步探索如何更好地利用童话创编和童话剧展演这一教育资源，结合课堂教学实践，打造更加丰富多彩的教育活动，促进学生的全面发展和成长。同时，教师也需要不断提升自身的教学能力和创作水平，为学生提供更高质量的教育服务。

第四章

项目化学习中可视化学习工具的设计与运用

学会学习是中国学生发展的核心素养之一。《义务教育课程方案和课程标准（2022年版）》提出充分借鉴国际先进教育理念，强化课程综合性和实践性，倡导开展项目化学习、问题化学习和跨学科主题学习等，推动育人方式变革，着力发展学生核心素养。培养学生学会学习，既要关注学生的认识发展基础，又要结合学习活动的螺旋上升实践，依托可视化学习工具建构适合学生思维发展的项目化学习，是引导学生学会学习的重要途径。

一、学习工具的内涵、特征及作用

（一）学习工具的内涵

学习工具是指在学习过程中，用以支持、促进或辅助项目化学习活动的各类工具或平台。项目化学习中的可视化学习工具主要是指通过图表、图像、软件等视觉呈现学科知识的工具，把要学的内容用图的形式展示出来进行学习。这些工具旨在帮助学生围绕某一具体项目或任务进行探究、实践、合作与反思，使所学内容更方便理解记忆和运用，有效提升学生的知识运用能力和问题解决能力。

（二）学习工具的特征

学习工具指能够提供思维支架的工具，这些工具的使用都带有把学生思维可视化的功能，目的是通过在不同学习内容、情境中的灵活运用，逐步达到内化的目的。在将工具作为支架抽离的时候，学生仍然能够运用类似的思维方式来解决新情境中的问题。

（三）学习工具对学生学习的作用

可视化学习工具能将抽象的知识转化为可视化形式，使学习过程更加生动和直观，它是学生学习过程思维可视化的载体，是学生实现学习素养的重要工具。

1. 使学习过程外显化，帮助学生更好地理解和记忆知识

学习工具是促进学生学习思维外显化，促进学习情境和学习规则落实的可见、物化的载体。可视化学习工具通过将抽象的知识可视化，学生更易理解复杂的知识和关系，促使学生更加深入地反思自己的学习过程，发现自己的不足和进步。如在"制作冰爽中药保健饮品"项目中，可以通过维恩图比较分析冰爽中药保健饮品和冰爽奶茶的营养成分与食用体验，形成探究制作冰爽中药保健饮品的决策（见图1）。

2. 使学习思维逻辑化，帮助学生更好地掌握知识的逻辑关联

可视化学习工具在培养学生逻辑思维方面具有重要作用。通过提供结构化的学

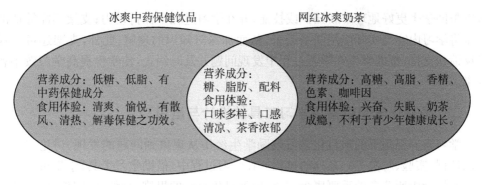

图 1　冰爽中药保健饮品和冰爽奶茶交集维恩图

习环境、支持数据收集与分析以及可视化表达等功能,帮助学生更加有条理地思考和解决问题。通过可视化形式,学生可以更清晰地看到知识之间的联系,有助于形成系统性学习思维。如在"自制香薰"项目中,通过思维导图直观明了地展现艾熏制作步骤内容,帮助学生增强思维的逻辑性(见图 2)。

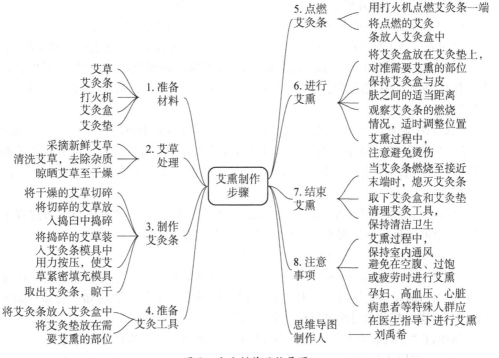

图 2　艾熏制作思维导图

3. 使学习活动支架化,帮助学生更好地提高学习效率和质量

学生活动支架化强调学生的主体性、教师的引导性、学习的系统性和发展的全面性。学习活动的支架是指在学习过程中,为学生提供一种逐步引导和支持的框架,它可以帮助学生更好地理解新知识或技能，并在学习过程中保持动力；支架还能够帮助学生将学习内容与实际应用联系起来，从而加深对知识的理解；此外，支架还可以提供反馈和支持，帮助学生在学习过程中发现问题并及时纠正，使学生提高学习效率和效果。

二、项目化学习中常用学习工具的设计与运用

学习素养视角下的项目化学习鼓励学生经历从现象到问题的发现、讨论、争议、运用证据、实验、解决等一系列的过程。在学习过程中，借助学习工具，学生可以更好地探索情境中所蕴含的重要概念，更好地外显化自己的思维，与教师、同伴互动，帮助学生更好地整理、运用资源，反思监控自己的学习进程，促进学生学习的有效发生。

（一）入项探索工具

可视化学习工具作为一种有效的辅助方式，可以帮助学生更好地理解和探索问题，建立起驱动性问题情境与自己的关联。

1. 问题观察引导的可视化学习工具

基于观察的问题清单是一种鼓励学生在观察真实现象的基础上提出问题的工具，这一工具支持学生进入现场观察，运用多种感官记录观察到的现象，并尽可能多地提出问题。基于观察的问题清单主要包括以下三个部分：一是观察对象和主题，学生需要知道本次观察的对象和主题是什么；二是观察到的现象，学生要调动多种感官进行观察，并记录有趣的现象；三是设计问题清单，学生要自己提出想要研究的一系列问题。

例如，在"制作冰爽中药保健饮品"这一项目中，教师运用问题链驱动学生实地调研，填写"学生冰爽奶茶消费观察问题清单"，统计出青少年常饮用各式冰爽奶茶的调查信息，发现饮用冰爽奶茶频次较高时学生的精神状态，驱动学生对健康饮品的思考。

设计项目观察问题清单是进行项目启动的前提和基础，它含有项目学习过程中的核心问题，支撑着项目观察的骨架，掌握着项目观察的方向。

2. 学习目标明确的可视化工具：KWH 表

KWH 表的全称是 Know-What-How，KWH 表是用来了解学生关于驱动性问题的背景知识，激发学生学习兴趣和进行知识整理的学习工具，从"已知—想知—如何知道"三个层面帮助学习明确目标、制订计划。

例如，在"自制草编工艺品"这一项目中，教师就可以用 KWH 表来了解学生对于海口东山草编技艺非物质文化遗产已经知道的、感兴趣的知识，以及准备如何传承草编非遗文化的想法，然后根据学生感兴趣的内容进行项目深化。教师要给出关于"东山草编非遗文化"的 KWH 表支架（见表1）。

表 1 关于"东山草编非遗文化"的 KWH 表

我已经知道了什么 （Know）	我还想知道什么（What）	我打算怎样进一步学习（How）
东山草编技艺的产品种类； 传统手工艺人制作草编产品的作用。	海口东山草编工艺品的生产方式； 草编工艺品的主要原材是什么，主要的生产工具有哪些； 草编工艺品对我们的生活有什么帮助； 海口东山草编技艺发展的现状。	灯芯草的生长环境和种植方法； 灯芯草的形态特征； 灯芯草是否属于中草药，它的功效作用有哪些； 灯芯草从种植到编制成工艺品需要哪些过程； 学习"经纬穿编法"草编技能； 传承海口东山草编非遗文化我们需要做些什么。

（二）项目实施过程中的可视化学习工具

项目化学习工具支持多种形式的可视化表达，如问题链、思维导图、阅读"井"字游戏等。这些工具可以帮助学生将复杂的思维过程以直观的方式呈现出来，便于自己和他人理解和评价。

1. 知识和技能建构的可视化工具

（1）问题链支持学生对知识进行更深层次的思考。

问题链是一种有效的教学方法，它通过精心设计的一系列问题，引导学生对知识进行深入思考。问题链不仅有助于学生理解知识的表面意义，更能培养他们的批判性思维、创新思维和合作能力。

如：在"我的本草经"美术学科项目化学习中，为使学生相互开阔思维、展开头脑风暴，提高学生综合探索和艺术学习迁移的能力。经学生阅读欣赏《神农本草经》和《本草纲目》中草药的绘本后，教师运用如下问题链驱动学生思考（见表 2）。

表 2 驱动性问题引导下的学习实践表

你觉得这些中草药绘本美吗？美在哪里呢？	造型、线条、构图
你会怎样表现中草药的造型美和色彩美呢？	线描、淡彩、标本
用什么样的艺术形式创作才能让我们作品更加新颖呢？	剪贴画、立体画、手工等
需要添加什么元素我们的中草药作品才具有文化内涵呢？	文字描述中草药的生长习性、功效作用

以上的问题链均对应美术学科学习目标中的审美感知、艺术表现、创意实践、文化理解等核心素养，呈进阶性层层深入。好的问题链工具能使学生在研究生成中产生深度理解，能有效激发学生对中草药文化的热爱，促进我国中草药文化的保护和传承。

（2）思维导图将知识可视化地呈现。

思维导图是一种以图形方式呈现思维过程的工具，通过节点、连线、图像等元素将信息进行结构化组织，从而帮助学生更有效地思考、学习和记忆。通过思维导图可以随时开展头脑风暴,帮助学生快速理清思路。除了普通思维导图结构外,教师还可以指导学生以鱼骨图、二维图、树形图、逻辑图、组织结构图等以结构化的方式来展示具体的内容。

如:在"长滨凉茶食谱集"项目中,教师就指导项目小组通过网络查询、自媒体视频学习和学习思维导图范例,了解金银花的采摘过程与功效作用,掌握制作金银花凉茶的原理,内容包括选材、采摘、晾晒、煎煮中草药凉茶等方法和步骤,小组合作设计"制作金银花中草药凉茶"的思维导图(见图3)。

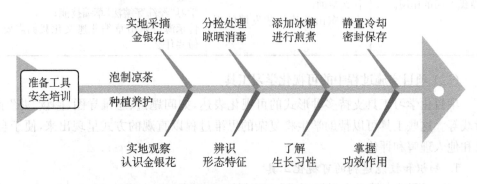

图3 "制作金银花中草药凉茶"的思维导图

(3) 阅读"井"字游戏支持学生深度阅读。

井字格学习工具关注每一行的特定学习技能或是学习标准,尊重学生参加项目活动时的差异性。依据同一阶段学习目标设计不同的学习活动路径,并将之进行整合,其目标是让学生有机会选择他们将完成的活动,以练习技能或展示理解。

如:在"神话故事分享会"项目中,教师提供的阅读"井"字游戏图中,横行的每层表示学习的三个阶段,每格的三个任务难度均有差别,但其都指向阶段目标的实现,学生可以根据自己的学习能力自主选择每个阶段的学习任务,构成自己的学习路径,而教师则根据学生选择不同任务路线对学生进行个性化指导。

2. 成果验证过程的可视化工具

在成果验证环节,教师可以组织学生扮演相关评委角色,开展评论与分享。因为角色扮演法有利于支持学生评论与修订成果。在"我做艾条防蚊虫"项目中,在评审环节,部分学生角色扮演参与了项目产品的试用与评价,他们反复点燃艾条进行试验,观察烟火和灰烬,记录室内驱蚊数据,并根据艾条的驱蚊效果要求调整艾条直径,提出修订建议。在此活动过程中他们的角色不仅仅是评价者,更是指导者和建议者,既需要指出项目产品在使用过程中的亮点与不足,进行细节分析,还要提出具体的改进建议。

(三) 出项活动可视化工具

1. 项目展板可视化工具

项目展板可以帮助学生进行出项规划。在"自制中草药香皂"这一项目化学习过程中,为了让参观者了解该项目的背景和目标,学生们收集项目资料,请指导教师帮忙设计了一张项目信息展板并设置展柜。通过文字和图片结合的方式,清晰地呈现项目的核心内容,吸引了众多观众主动了解(见图4)。

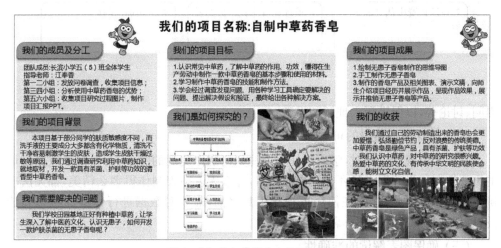

图4 "自制中草药香皂"项目展板

2. 自我评价与反思的可视化工具

九宫格反思与迁移是一种有效的教学方法,可以帮助学生进行深层次的反思和迁移学习。在"长滨小篮球裁判员手册"项目化学习过程中,教师提供该项目九宫格反思与迁移工具,让学生仔细观察九宫格中的内容,对每个格子进行深入思考。鼓励学生提出问题,挑战现有的观点或者寻找新的联系和解释。通过小组讨论或全班分享的方式,让学生相互交流想法和见解。通过九宫格反思与迁移,培养了学生的批判性思维、创新能力和自主学习能力(见图5)。

三、可视化学习工具在项目化学习运用中需要注意的关键问题

(一) 确保可视化工具的恰切性

有一些学生可能不理解这些工具的运用意义,只是将其视为简单的知识填写工具,从而未能充分发挥其潜力。还有些学生对可视化学习工具的运用过程思考比较肤浅,没有真正地把自己的思维和学习过程外显。为了帮助学生更好地理解和利用可视化学习工具,教师可以帮助根据学习内容和目标选择合适的可视化学习工具,确保可视化内容简洁明了,重点突出。鼓励学生与可视化内容进行互动,如进行标注、

1. 主持篮球比赛的感受。	2. 主持篮球比赛开心的事。	3. 主持篮球比赛郁闷的事。
4. 主持篮球比赛感动的事。	5. 篮筐的大小，各种篮球的尺寸，篮球架的尺寸。	6. 篮球比赛规则。
7. 篮球比赛中裁判的手势。	8. 篮球比赛中裁判员的表达能力和沟通能力。	9. 一句加油的话。

图 5　小篮球裁判员的九宫格

提问、讨论等，以促进深入理解和思考。

（二）确保数据质量的可靠性

在使用可视化工具时，学生往往只关注如何制作美观的图表，而忽视了数据质量的重要性。如果数据本身存在错误或偏差，那么无论图表制作得多么精美，都无法准确传达信息。因此，学生在使用可视化工具之前，需要对数据进行仔细的检查和清洗，确保数据的准确性和可靠性。

（三）确保图表解读的准确性

制作好图表之后，学生往往认为自己的学习任务已经完成了，但实际上他们还需要对图表进行解读和分析。如果没有对图表进行深入解读，那么读者可能无法理解图表所传达的信息，也无法从中获得有价值的见解。因此，学生需要认真解读图表，并提供清晰明了的解释和分析。

总之，项目化学习中可视化学习工具能够帮助学生更好地理解和掌握知识，提升学习效率和学习体验。我们将继续关注教育领域的发展趋势和技术创新，不断优化和完善工具的功能和性能，为项目化学习提供更多有力的支持。

案例分享

自制草编工艺品

课程类型	年级	课时数	设计者	实施者
跨学科类项目	四年级	5 课时	蔡英甫	蔡英甫

一、项目概述

《义务教育艺术课程标准（2022 版）》提到在欣赏民间工艺品时，了解其特定的制作方法,体会工艺师敬业、专注和精益求精的工匠精神。通过剪、刻、折、叠、卷曲、捏塑、插接等方法制作工艺品,如剪纸、编织、刺绣、印染、陶艺、风筝、民间玩具等。

编织工艺品是将植物的枝条、叶、茎、皮等加工后,经手工编织而成的工艺品。编织工艺品在材料、色彩、工艺等方面形成了天然、朴素、清新、简练的艺术特色。本项目中学生要学习采用传统编织最基本的提压技法实行简单的穿编制作,可将纸条、草绳、草叶等材料,通过剪、粘、穿编等方法,编织成有趣的作品。在义务教育教科书美术四年级上册(人民教育出版社 2014 年第 1 版)《穿编的乐趣》一课中,用纸穿编成的"仙鹤"展翅高飞,活灵活现;用玉米叶穿编成的龙,利用了玉米叶天然的肌理,看上去纹理清晰,精美绝伦;用草叶穿编成的蝗虫,造型逼真;用彩色纸条穿编成的变色龙,色彩艳丽,趣味盎然;用草叶穿编成的小兔子,技法独特,新颖有趣;用麻线穿编成的小毛驴,精巧细腻,憨态可掬。这些作品能在材料选择、制作技巧及思路拓展上给学生以协助。

本项目式学习重点在于了解海口本土民间手工艺人,传承草编技艺非遗文化,指尖编织幸福生活,用穿编技法,创造一个个精致的草编作品,通过家庭、学校、社会三条线致力草编技艺传承。驱动学生理解中国传统穿编工艺文化,运用经纬穿编技法制作草编工艺品和采用扎、添、穿、绕等装饰技法进行装饰美化。经过项目学习活动,既能够锻炼学生的双手,促动手脑并用水平的提升,又开拓了学生造型的新领域,激发学生更大的学习兴趣和创造激情,以此提升学生的审美情趣,传承草编非遗文化。

二、项目目标

(一) 知识与能力目标

(1) 语文:通过项目研究,学会组织语言与人交流沟通,复述新闻报道,发表意见和建议,表达项目开展的情况;学会用文字描述灯芯草的形态特征,记录功效与作用,撰写项目报告。

(2) 科学:在项目实施过程中,认识灯芯草,掌握灯芯草的中医药保健知识,知道灯芯草的功效与作用。

(3) 美术:通过实地观察写生,用白描的方式准确绘出灯芯草的基本特征,设计并装饰美化思维导图。

(4) 劳动:在项目过程中,提高学生的合作能力;掌握灯芯草穿编工艺品的劳动技能和一般步骤,运用"经纬穿编"技法以及扎、添、穿、绕等装饰方法,编制 1~2 件草编工艺品。

(二) 学习素养目标

(1) 通过项目研究,学会网络查询、实地访谈、查阅书籍等方法收集、筛查、整理项目信息,初步具有搜集和整理信息的能力。

（2）在项目实施过程中，能根据问卷调查、科学数据、理性思维来分析问题，发现并使用各种学习工具来解决问题。

（三）核心价值目标

（1）学会正确看待灯芯草的生活保健价值，感知中医药文化博大精深，自觉地担负起传承中医药文化的光荣使命。

（2）通过穿编草编工艺品，体会工艺师敬业、专注和精益求精的工匠精神，传承海口草编非遗文化。

三、挑战性问题

（一）本质问题

如何让学生通过制作草编工艺品，深入了解中国传统穿编工艺文化，了解灯芯草在生活中的价值，追求卓越的工匠精神，同时提升学生的综合素养。

（二）驱动性问题

穿编是青少年最喜爱的手工操作技能之一，穿编工艺也是中国优秀传统工艺之一，有助于培养学生专注力、审美能力、手眼协调能力等综合素质，更是对中国优秀传统文化的传承和弘扬，我们是不是可以了解一下海口本土民间手工艺人，探讨如何传承草编技艺非遗文化呢？

四、预期成果

（一）产品形式

（1）灯芯草绘画写生作品。

（2）制作草编工艺品的思维导图。

（3）自制草编工艺品。

（4）本项目相关的演示文稿。

（二）公开方式

学生以小组为单位，带着自己制作的草编工艺品及相关图表、演示文稿等布置草编工艺品产品推销会，向参会的师生介绍项目经历，呈现产品使用效果，展示并推销。

五、项目评价

（一）过程评价

（1）能否辨识灯芯草，是否可以用文字描述、语言表达、线描彩绘薄荷的基本特征以及薄荷中医药功效与作用。

（2）能否完成复述出穿编工艺的文化内涵和造型特点的学评单，描述经纬穿编制作技法的过程。

（3）能否合作完成草编工艺品的思维导图并进行美化装饰。

（4）能否运用经纬穿编法制作草编工艺品。

（5）能否口头表述传统工艺师精益求精、追求卓越的工匠精神，主动了解和学习优秀非遗文化。

（二）结果评价

1. 知识技能、合作技能、实践技能的评价

（1）知识评价：灯芯草的形态特征以及功效与作用的相关评价。

（2）技能评价：穿编材料的选择、器材的使用、操作技法、沟通评价。

（3）实操评价：手工制作草编工艺品，产品工艺评价。

2. 产品展示、项目介绍、营销效果评价

六、项目资源及工具

（一）项目资源

计算机、网络、与中草药相关的书籍或其他形式的资料信息、绘图工具、美术材料、中药种植基地等。

（二）制作工具

镰刀、劈瓣刀、编织模具等。

（三）计划时间表（见表1）

表1　计划时间表

时间	内容
第1课时	发布项目主题，调查数据分享，确定探究内容，开展入项活动
第2课时	观察植物特征，了解生长环境，学习功效作用，绘画写生作文
第3、4课时	提供知识技能，掌握技术工具，设计思维导图，自制草编制品
第5课时	深入研究探索，形成最终成果，演示文稿报告，公开成果展示

七、项目实施设计

（一）入项活动

草编在海口东山镇有300多年的历史，作为草编发源地，东山镇和草编的渊源由来已久，20世纪七八十年代的东山镇有两个比较大的产业支柱，其中一个就是草编，90％的家庭小作坊以草编来养家糊口，产业遍及家家户户。曾经作为东山镇支柱产业的手艺，如今在政府和传承人的努力下，复兴的星星火种正不断燃烧。我们是不是一起来听听关于海口草编的故事，了解一下海口本土民间手工艺人，探讨如何传承草编技艺非遗文化呢？

（1）全班学生利用周末时间，阅读关于海口东山草编技艺非遗文化的新闻报道。

（2）全班学生以小组为单位，利用网络工具、书籍、实地调研等方式搜索查询生活中都有哪些用品或工艺品使用了哪些材料，采用了什么穿编技法。

（3）以小组为单位，调查统计出被提及次数最多的草编生活用品或工艺品及相关数据。

（4）公布统计结果，激发学生探寻草编文化和探究制作草编工艺品的驱动力。

（二）项目实施

1. 分享民间穿编工艺

欣赏人教版美术四年级上册《穿编的乐趣》课文穿编作品，激活美术手工技能等知识。学生广泛收集民间穿编的资料，分享所见、所闻之信息；学生欣赏教材穿编作品，探索穿编工艺材料。教师运用如下问题链驱动学生探索。①你知道生活中有哪些穿编用品或工艺品吗？它们是用什么材料制作的？②看看课本中的这些可爱又精美的穿编小动物作品是用什么材料制作的？③它们是怎么编织出来的，你都知道有哪些编织的方法呢？

2. 分享草编工艺品，探寻海口草编非遗文化

（1）教师要给出关于"东山草编非遗文化"的 KWH 表（见表 2），学生完成填写并分享海口东山草编非遗文化已经知道的、感兴趣的知识，以及准备如何传承东山草编非遗文化的想法，然后根据学生感兴趣的内容进行项目深化。

表2　关于"东山草编非遗文化"的 KWH 表

我已经知道了什么 （Know）	我还想知道什么 （What）	我打算怎样进一步学习 （How）
东山草编技艺的产品种类；传统手工艺人制作草编产品的作用	海口东山草编工艺品的生产方式；草编工艺品的主要原材是什么，主要的生产工具有哪些；草编工艺品对我们的生活有什么帮助；海口东山草编技艺发展的现状	灯芯草的生长环境和种植方法；灯芯草的形态特征；灯芯草是否属于中草药，它的功效作用有哪些；灯芯草从种植到编制成工艺品需要哪些过程；学习"经纬穿编法"草编技能；传承海口东山草编非遗文化我们需要做些什么

（2）播放《海口市非物质文化遗产项目——东山草编技艺》，学生思考草编生产方式、文化内涵和造型特点。教师运用如下问题链驱动学生探索，填写"海口东山草编非遗文化信息表"，驱动学生对东山草编材料的思考：①海口东山草编非物质文化遗产有多少年的历史？②海口东山草编文化记录着海口市秀英区东山镇人们的生产生活方式、风俗人情、文化理念等重要特性，你所了解的有哪些呢？

学生 4 人一组，填写"海口东山草编非遗文化信息表"（见表 3），学习单中草编的文化特点及造型特点。展示完成学习单的内容，自我评价等级。

表3 海口东山草编非遗文化信息表

时间	明末清初	20世纪七八十年代	2021年后	评价等级
文化内涵	早期	种类多样	技艺精美	☆☆☆优秀 ☆☆良好 ☆合格 说明：请在自己所确认的选项内打"√"
造型特点	草筐（　） 草席（　）	草席（　） 草帽（　） 草袋（　） 篮筐（　） 草鞋（　） 草盘（　）	门帘（　） 草帽（　） 坐垫（　） 包包（　） 各类生活用品（　） 工艺品（　）	
生产作用	自产自用（　） 养家糊口（　） 支柱产业（　）	自产自用（　） 养家糊口（　） 支柱产业（　）	自产自用（　） 养家糊口（　） 支柱产业（　）	
评价				

　　为了帮助学生完成以上任务，我们为其提供了三种类型的知识技能：一是解决该问题所需的学科知识技能；二是项目化学习过程中所需的技术工具（收集信息、中医药书籍和小红书APP网络工具）；三是合作技能。

　　3. 实地考察，初识灯芯草

　　（1）学生参观中药园艾草种植区，观察灯芯草植物的外形特征。

　　（2）完成灯芯草绘画写生，写出关于灯芯草形态的说明文，描绘完成灯芯草图鉴。信息包括植物的高度、形状、色彩等，植物晒干后散发的气味可作为进一步讨论点。

表4 灯芯草绘画写生作品评价量表

评价领域	评价标准	画上你的个性表情吧！		
		自评	组评	师评
审美感知	能否说出灯芯草植物的组成部分			
	能否准确描述灯芯草的形状特征			
艺术表现	能否用线描的形式绘出灯芯草的基本造型			
	能否准确配对灯芯草的基本颜色			
创意实践	作品是否有突出灯芯草生长习性的特写部分			
	作品是否有描写关于灯芯草形态的说明文			
文化理解	能否用语言表达自己对美术作品的感受			
	能否简单说一说灯芯草穿编制品对人们生活保健的积极作用			
表情评价	☺ 非常满意　　　☺ 比较满意		☹ 不满意	
综合评语				

　　4. 运用问题链，促进深研灯芯草

　　（1）教师运用如下问题链促进学生去思考和探索：①一棵完整的灯芯草植物由几个部分组成？②灯芯草茎的形状特点？③晒干的灯芯草有什么样的气味？④为什么海口东山草编文化选择用灯芯草作为原材料，好处有哪些？

　　（2）项目小组围绕灯芯草草编材料展开讨论，并记录相关信息（见表5）。

表5　学生探究灯芯草信息记录表

枝叶特征	
生长环境	
穿编优势	
药用价值	
经济价值	

（3）开展分享会，提升海口东山草编文化认知与表达能力。学生根据东山草编文化真实情境，通过文字描述和语言表达对灯芯草以及如何制作成为草编材料的认识。

如海口市东山镇位于南渡江畔，水源丰富，滋养着两岸的农田林地。种植于海口市东山镇的灯芯草便是在南渡江水的滋养下茁壮成长，这里的灯芯草因日照时间长，长势好，无节，柔软，韧性强，是制作草编的上好原料。

如灯芯草本身是一种比较芳香的中药，晒干后有一种纯天然的特殊的香味，全株青气芳香，对人们的睡眠有很大的帮助。

如海口市东山镇种植的灯芯草不打农药，以羊粪、牛粪和草木灰为天然的养分。从新鲜的灯芯草到成为可编织的材料，需要经过采割、挑拣、分号、糅、劈瓣、晾晒去除水分等十几道工序后，在灵巧的手指间，编、扎、缝、插，化为一个个造型独特的草编织物。

如东山草编技艺，运用天然植物编织给人们的生活、生产带来的恩惠，在今天已不仅是基本的谋生手段，更显示出海南民间工匠的精湛技艺和巧思，是一道独特的人文风景线。

5. 探究穿编制作方法，尝试制作草编工艺品

（1）小组设计"草编工艺品"的思维导图。①各小组通过实地探究学习、小红书学习、网络查询或自媒体视频学习，了解各式"草编工艺品"的穿编方法和步骤，使用不同的设计思维，设计"草编工艺品"的思维导图。②学生需要决定哪个穿编方法是最常用的，最适合项目小组成员学习并能熟练掌握的，思考为什么。③教师要从以下几个方面驱动学生思考：便捷生产、健康生产、安全生产。④教师提供"思维导图小组活动成果展示的评价量表"给学生评价（见表6）。

表6　思维导图小组活动成果展示的评价量表

项目	评 价 标 准	得分
美观性（10分）	颜色和形状新颖；视觉效果好	
简洁性（10分）	抓住中心、关键词；画面布局合理	
完整性（10分）	内容全面；学科概念要点无遗漏	
正确性（30分）	主题明确；概念准确；关系合理	
结构性（20分）	层次分明；思路清晰	

(续表)

项目	评价标准	得分
形象性(10分)	符号具有独特性;图标指示性强	
参与度(10分)	小组成员有团队意识,能群策群力,交流积极主动	

(2) 各小组分工合作,在教师和家长的帮助下实地采割灯芯草,经过挑拣、分号、劈瓣、晾晒去除水分,使用"经纬穿编法",穿编一件草编工艺品。通过尝试,熟练掌握编、扎、缝、插等独特的草编劳动技能。

教师运用如下问题链驱动学生操作实践:①你能试一试拆分穿编工艺品吗?②你能发现穿编的手法吗? 它由几部分组成? 激发学生探索并尝试讲解组成的部件名称。如:竖着的草条叫经条,横着的草条叫纬条。③如何能让初次尝试穿编的学生快速地分辨经条和纬条呢? 如:在桌面上标名称。④你能使用"经纬穿编法"穿编一件草编工艺品吗? 通过尝试,你发现"经纬穿编法"有哪些操作技能呢? 如:编、扎、缝、插等独特的草编劳动技能。⑤你可以简单地说一说,你们小组选择制作什么样的草编工艺品? 实践操作的步骤有哪些吗?

教师提供"学生探究经纬穿编法实践记录表"(见表7),学生需要记录探究制作过程及数据,并交流分享经验及自我评价。

表7　学生探究经纬穿编法实践记录表

操作注意事项	作用(答对请打"√")	评价
经条为什么要上下两端相连?	用来固定(　　)	
有什么好的方法来剪经条?	对折剪(　　)	
经条和纬条的制作有什么不同?	经条不能剪断,纬条均匀剪断(　　)	
整理作品时不粘牢纬条行吗?	不行(　　)	
操作重点	穿编:一提一压,一压一提,隔行相同。 整理:将多余的剪掉,并将纬条两端固定好。	正确请加☆

教师运用绘图教学直观引导学生提炼"经纬穿编法"四个步骤并记录存档。第一步:对折剪经条[见图1(a)];第二步:剪纬条[见图1(b)];第三步:依次穿编[见图1(c)]、[图1(d)];第四步:整理完成[见图1(e)]。

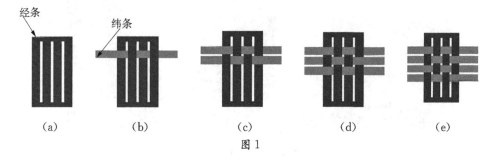

经条

纬条

(a)　　　(b)　　　(c)　　　(d)　　　(e)

图1

（3）自制草编工艺品。为了帮助学生完成以上任务，我们为其提供了经过采割、挑拣、分号、糅、劈瓣、晾晒去除水分等工序后的灯芯草。学生实践操作，自制草编工艺品。项目小组成员通过观察"经纬穿编"技法掌握情况、穿编制成率和精美度评估目标的达成度，开展总体评价（见表8）。

表8 "自制草编工艺品"探究小组 PBL 实践评价表

评价要素	主要指标	评价结果 ☆☆☆——优秀 ☆☆——良好 ☆——一般		
		自评	组评	师评
穿编工艺品调研	积极参与小组分工，调查品种数量达到 3 个以上，善于解决过程中遇到的问题			
海口草编文化理解	东山草编技艺，以灯芯草作为原材料，运用天然植物编织给人们的生活、生产带来的恩惠，以及基本谋生			
自制草编工艺品	与小组成员积极配合，动手能力强，熟练掌握"经纬穿编法"的劳动技能			
展示汇报	声音响亮，吐字清晰，表达流利，能较好地呈现出探究结果			
收获的评语				

6. 深入探索实践多种穿编技法，试验、探讨与完善草编生活用品和工艺品，体现草编作品的经济价值

（1）学生展示草编作品，将其作品与民间采购的草编生活用品进行对比分析，找出穿编工艺不足之处，提出建议，反复练习。

（2）邀请东山草编传承人袁洁老师入校指导，结合海南民间工匠的精湛技艺和巧思，继续设计、制作更加符合民族文化基因、精神特质、价值观念的草编工艺品。

（3）收集项目材料，包括项目产品、调查问卷、过程日志、评价量规，形成最终可以参加成果展的成果（见图2）。

图 2 学生草编作品

(三) 出项活动

(1) 在学校丰收节活动场地设置展柜,展示自制草编工艺品并营销推广,学生需要现场演示"经纬穿编法"制作草编工艺品,记录消费者使用后的反馈意见,便于优化项目产品,以满足消费者的需求,提升产品的品质。

(2) 进行评估陈述。在陈述中,项目小组共同介绍陈述报告,并介绍自己在项目中承担的责任。

(3) 在公开成果展中记录他人意见和观点(见表9)。

表9　自制草编工艺品品评估量表

视觉感知	嗅觉感知	保健功效	美术装饰	产品优点	产品缺点	文化内涵	经济价值
意见或建议:							

八、反思与展望

(1) 项目化学习基于真实情境,有利于学生核心素养落地。本项目依托东山草编非遗文化开展活动,在项目实施过程中我们发现,海口市东山镇虽地处市郊,但农村年青劳动力基本上都涌入城市打工,草编工艺已逐渐失传。随着社会的发展,人们越来越注重养生,对生活品质要求越来越高,因灯芯草散发出来的天然清香,对辅助睡眠很有帮助,现如今市场上的草席价格高,需求量大,产能过低,供不应求。当前情境下,为助力自由贸易港建设,学生需要重拾本土草编技艺,了解海南社会生产生活方式、风俗人情和文化理念。要从实践中找到穿编的乐趣,更好地学习和传承草编技艺,并结合多种编织方法,加入民族元素与时尚装饰,让草编工艺品种类更多、市场更广。要继续学习中药知识,弘扬中医药文化,学习传统工艺师全身心投入的状态,学习他们精益求精、追求卓越的工匠精神。

(2) 项目化学习需要转变观念,有利于教师研发能力提升。在项目化学习过程中,每一个学习任务都没有标准答案,教师给不了学生直接的结论,而需要在项目开展过程中根据学生的实际情况不断调整项目方案。项目设计与开发是一个挑战,参与的人从项目式学习目标确立、主题模块划分、资料搜索整理、课题架构和实施等方面得到磨砺,我们的课程研发能力也能得以提升。

我的本草经

课程类型	年级	课时数	设计者	实施者
跨学科类项目	三年级	7课时	崔雨蒙	崔雨蒙

一、项目概述

中医药是中华民族的国粹,植根于 5 000 多年的中国传统文化。李时珍是我国明代最著名的中医药专家之一,他编写的《本草纲目》是世界上对草药记录最全的著作,它与西汉时期的《神农本草经》同是我国中医药文化的瑰宝。为追溯、感知中国医学文化之博大精深及传承,增加民族自豪感,非常有必要让生活在当代的孩子们去了解、探索中草药的知识,在日常生活中可以帮助他们来防病去病。

长滨小学田园基地草药植物的种植正好为学生对部分草药知识的探索提供了便利的物质条件。本项目化学习的开展将中草药的基本知识与美术学科的绘画表现、艺术欣赏、文化内涵相结合,探究草药的名称美、形态美、药理美等,将其探索的结果以思维导图、绘本册页作为展现形式来探究本草之美的项目化学习。

二、项目目标

(一) 知识与能力目标

(1) 美术:感受草药植物的美,在了解草药的知识文化理解基础上能大胆创意实践,创作新颖有趣的草本植物艺术作品、思维导图、手抄报、海报等,装订成册,制成一本书籍。

(2) 语文:学生自主阅读《神农本草经》《本草纲目》等书籍,了解中草药植物的名称、形象特征等知识。

(3) 科学:了解草药的基本特征,探索中草药的性质、药理作用,认识知道草药的功效与作用。

(二) 学习素养目标

(1) 审美感知和艺术表现。学会中草药的艺术表现技法,感受中草药的造型美、色彩美、文化美,提升审美欣赏与创作表现能力。

(2) 文字描述和语言表达。学做手抄报、思维导图,将语文学科的知识与美术学科相融合,培养阅读和语言文字的表述能力。

(3) 科学探究和文化理解。观察、探索草药植物的药理作用,培养善于发现问题和解决问题的能力。

(三) 核心价值目标

联系生活实践,将生活中常见的草药与美术、语文、科学等学科联系,以小组合作的形式开展集体化的学习过程,进行绘本书籍的制作,制订展示方案,感受绘画与文字语言的魅力、中国传统医学文化的博大精深,增强对中华民族传统文化的热爱和传承精神。

三、挑战性问题

(一) 本质问题

如何让学生将中草药的知识绘制成一本书——怎样用美术语言表现中草药的知识?

(二) 驱动性问题

如何将学到的中草药知识以图文结合的形式绘制成一本《我的本草经》?

四、预期成果

(一) 产品形式

(1)"初识本草""感知本草"学习单。

(2)中草药知识的思维导图、海报、手抄报等图文结合的作品。

(3)制作《我的本草经》绘本。

(二) 公开方式

在我校艺术实践馆举办"本草"主题的艺术作品展,学生以小组为单位,向参观展台的师生们介绍项目经历并展示各小组绘制的本草书籍,呈现属于《我的本草经》绘本书籍作品。

五、项目评价

(一) 过程评价

(1)能否观察记录田园基地里草药的形态特征。

(2)能否自主阅读《神农本草经》《本草纲目》等书籍,记录中草药基础知识(名称、形态、颜色、药理)。

(3)是否能以美术学科视角感受本草的造型美、色彩美、文化内涵美,创作一幅幅中草药图文结合的思维导图、手抄报、海报作品。

(4)是否能将作品整理并装订成册页、书籍。

(二) 结果评价

1. 知识技能、合作技能、实践技能的评价

(1)知识评价:中草药的名称、形态特征、颜色以及功效与作用的图文检测。

(2)技能评价:以美术学科的绘画造型、色彩等艺术语言来表现中草药的美。

(3)实操评价:将图文结合的作品整理装订成册,绘制成《我的本草经》绘本。

2. 项目介绍、产品展示、效果评价

六、项目资源及工具

(一) 项目资源

阅读与中草药植物相关的书籍,如《神农本草经》《本草纲目》《我是小药童》《噢!

中草药》等、网络下载的中草药图片、视频。

(二) 制作工具

8 开图画纸、彩色卡纸、固体胶、剪刀、马克笔、勾线笔、册页本。

(三) 计划时间表(见表 1)

表 1　计划时间表

时间	内　容	
第 1 课时	参观中草药园,发布项目主题, 阅读草药书籍,开展入项活动	任务 1:完成"初识本草"学习单 任务 2:阅读感兴趣的中草药书籍
第 2、3、4、5 课时	确定分组与主题,了解药理作用, 思考表现的方法,绘画图文作品	任务 1:观察草药形态特征 任务 2:记录中草药的知识 任务 3:学习草药艺术表现方法 任务 4:绘制图文作品
第 6、7 课时	制作绘本书籍,展示学习成果, 进行作品点评,相互欣赏交流	任务 1:整理小组图文作品 任务 2:举办书籍制作展示会 任务 3:进行项目评价 任务 4:项目学习活动材料归纳

七、项目实施设计

(一) 入项活动

午后,学生们在校田园基地中草药园里参观,教师请学生看一看、闻一闻、摸一摸草药园里的植物。此时教师为每位学生下发了学习单,指引学生观察记录自己感兴趣的一种中草药植物,可以查看草药介绍牌,填写学习单上的内容:特征、颜色、味道,以线描的形式绘画它的形态。

让学生选择自己感兴趣的一种中草药完成"初识本草"学习单(见表 2)。

表 2　"初识本草"学习单

名称		颜色	
形态		气味	
画一画 拍一拍			
药用功效			

回到教室,教师准备了《本草纲目》《神农本草经》《噢!中草药》《我是小药童》等中医书籍和绘本,请学生自主选择感兴趣的书进行翻阅。学生阅读书籍,了解各种各样的中草药植物的名称和它们药理功效的神奇作用。他们感到惊奇,惊叹于我国中医文化竟然如此博大精深,为此自己也想制作一本属于自己的有关中草药知识的书籍。

(二) 项目实施

（1）学生自由分组，教师组织学生将具体任务分工记录在项目计划书及学习任务单上。

（2）学生观察视频、图片中草药形态特征，思考并记录以下问题（见表3）：①你们能举出几种日常生活中常见中草药的名称吗？②中草药的造型、色彩有什么特征？③中草药有什么药理作用？（跨学科学习）

表3　"感知本草"学习单

草药名称	
草药造型 （画一画）	
草药色彩	
草药药理	

（3）各小组成员深入阅读《神农本草经》《本草纲目》等有关中草药的书籍，用文字的形式将中草药基础知识（名称、形态、药理）记录下来并进行整理归类。

（4）学生欣赏中草药绘本书籍里的草药图片，思考以下问题：①你想用什么样的形式展示中草药的美？（审美感知）②如何展示中草药的造型美？色彩美？（艺术表现）（创意实践）③如何来表现中草药的文化内涵？（文化理解）

（5）各小组合作探究把自己感兴趣的几种草药图画成艺术作品，并将之前查阅记录的草药文字知识添加在作品上，绘制成海报、思维导图、手抄报等图文结合的作品（见图1、图2、图3）。

图1　　　　　　　　　图2　　　　　　　　　图3

运用跨学科的方法，多角度地对中草药知识进行探索，并提出一系列问题，将美术学科与语文及科学的知识、技能、思维相关联，进行主动学习和探究。在交流合作中相互拓展思维、激发头脑风暴，提高一定的综合探索和艺术学习迁移的能力。

(三) 出项活动

经过入项和实施后，项目活动进入出项公开展示阶段。

（1）各小组合作分工将之前绘制的多幅作品分类整理，装订成册，组合成自己的书籍。

（2）举办"《我的本草经》书籍展示会"活动。各小组将整理制作好的《本草经》绘本书籍进行展示，并做好展示前的准备工作。

小组探讨《我的本草经》书籍制作展示活动策划的活动简略方案：①小组成员共同商讨与确认展示会的组织人员（选定主持人、展示介绍人员等）。②各小组确定具体分工事项（制作邀请函、主持人的发言稿、活动互动文稿和展示人员的书籍介绍的文字稿、展示会评价表、布置展台等）。

（3）各小组按照制订的方案在校艺术实践馆举办《我的本草经》主题书籍作品展示会，邀请更多的老师、同学来参观。

（4）项目的评估。

表4　《我的本草经》书籍评价量表

评价领域	评价标准	自评	组评	师评
		评价等级：A（优秀）B（良好）C（一般）		
审美感知	认识中草药植物的名称，通过多感官融合，观察发现中草药植物的形态、造型特点、色彩、肌理特征。			
艺术表现	能准确、生动地抓住中草药植物的造型、色彩特征，大胆选用绘画材料表现中草药植物的美，以图文结合的方式将艺术作品制作成一本书。			
文化理解	感受中草药植物的药理作用，领悟其艺术背景下的文化内涵及中医文化的博大精深。			

①学生结合学习单任务填写《我的本草经》书籍评价量表（见表4），交流学习成果。②各小组将制作好的书籍放在教室图书角，课余时间相互借阅、学习，可留下对本书作品的评价与建议。③小组成员填写《我的本草经》书籍制作项目化学习调查表（见表5）。

表5　《我的本草经》书籍制作项目化学习调查表

调查内容	评价意见
自我评价：本次项目化课程中对自己的表现满意吗？你学到了什么？有什么需要改进的地方？	
评价成员：小组成员合作探索时，你认为谁做得最好？为什么？	
评价课程：你认为本次的项目化学习课程如何？有什么感想或者想对老师说的话？	

八、反思与展望

本项目利用学校田园基地草药种植为资源带领学生亲临现场观察，开展学校美术学科校本课程，以落实学校"以学生的学为本"的学本课堂教育理念，注重满足学生的求知需要与个性发展,让他们成为符合社会发展的创新型美术课程学习者。在整个学习过程中,学生经历了自主探究、信息处理、团队合作等环节,掌握了项目学习的核心技能。通过对已有知识的处理及新作品的设计创作,学生提高了创意思维能力,拓宽了思路,能大胆地表达各自的想法。本项目的创新点以不同小组的本草艺术作品展现多样的元素,同时表现技法也各不相同。不同的表现技法使本草呈现多样的美。各小组制作的本草书籍各有特色,还可以放在教室的图书角,相互交换阅读其他小组的书籍。

学生经过本次项目化美术课程的学习增强了对中草药文化底蕴的了解、喜爱与认同,通过对草药植物的观赏、欣赏等多感官角度探究,认识草药的基本造型特征、起源、功能作用、中医文化传播、内容分类和创意展现等内容的学习,深度地完成了"我的本草经"项目化学习活动。

长滨凉茶食谱集

课程类型	年级	课时数	设计者	实施者
活动项目	五年级	4 课时	吴绮萱 田丽丝	吴绮萱 田丽丝

一、项目概述

凉茶,是流行于中国广东省、香港特别行政区、澳门特别行政区的传统技艺,国家级非物质文化遗产之一。凉茶是粤、港、澳地区人民根据当地的气候、水土特征,在长期预防疾病与保健的过程中,以中医养生理论为指导,以中草药为原料,食用、总结出的一种具有清热解毒、生津止渴、祛火除湿等功效,伴随着人们日常生活的饮料。它有特定的术语指导人们日常饮用,既无剂量限制,也无须医生指导。

近期发现,由于海口气候常年炎热,学校大部分师生都常常出现咽喉肿痛、口腔溃疡的情况。因此,如何结合学校中药园的中草药种植,减少学校师生咽喉肿痛、口腔溃疡的现象?本项目借助学校的中药园这一资源,整合语文、美术、科学、劳动学科的重要概念,由学生自己尝试搜索、调查、咨询等手段来获取信息,并通过将信息进行整合,设计思维导图,形成基本概念。与此同时,学生使用各类技能,开展协作和探究学习。在解决困扰全校师生的咽喉肿痛、口腔溃疡问题的同时,还能学习中草药知识,建立学科联系、掌握技能,通过制作凉茶食谱的形式,来提升自己的表达能力和创造能力,传播中华凉茶文化。

二、项目目标

(一)知识与能力目标

(1)语文:文字描述和语言表达。设计调查问卷报告;认识不同的中草药和其特点与功效,并用文字和语言描述中草药;进行凉茶食谱编写,用说明文的方式进行介绍,如讲述凉茶制作过程,描述凉茶的口感、外观、色泽等。

(2) 科学:金银花的常见功效、保健效果。

(3) 美术:艺术表现。如绘制凉茶插图。

(4) 劳动:知识技能、合作技能、实践技能。如掌握金银花凉茶的制作步骤,学会设计凉茶食谱,知道如何保持其营养,如何制作一杯凉茶。

(二) 学习素养目标

(1) 学习搜集、整合资料的方法,注意运用关键词法整合资料,进行信息的搜集与概括,让学生具备初步搜集和整理信息的能力。

(2) 科学探究:应学会经过调查发现问题、用各种学习工具确定要解决的问题、提出解决假设和验证,最终给出各种解决方案。

(三) 核心价值目标

热爱并传承中草药文化。

三、挑战性问题

(一) 本质问题

如何通过做一款凉茶,既解决学生出现的口腔问题,又能提升学生的劳动素养和图文表达能力等综合素养。

(二) 驱动性问题

(1) 海口是热带滨海城市,气候高温潮湿,容易引发咽喉肿痛、口腔溃疡等上火症状。我们是不是可以探讨一下自己用什么方法去解决呢?

(2) 用什么方法既方便又实惠,且有助于学生身体健康成长呢?

四、预期成果

(一) 产品形式

中草药凉茶食谱。

(二) 公开方式

学生以小组为单位,带着自己制作的凉茶产品、演示文稿等布置凉茶产品展示会,介绍中草药凉茶食谱,品尝凉茶。

五、项目评价

(一) 过程评价

(1) 能否了解凉茶制作的应用原则和注意事项。

(2) 能否掌握凉茶中医药功效与作用的知识技能。

（3）能否详细记录并说出金银花凉茶的制作过程和功效。

（4）能否运用艺术表现形式和语文书面表达结合绘制凉茶食谱，并完成凉茶食谱的评价量表。

（5）能否进行成果展示讲解，组员间对应"金牌讲解员"评价表进行互评。

（6）能否进行小组合作活动，并完成合作活动评价。

（二）结果评价

（1）知识评价：金银花的形态特征以及功效与作用的相关测试。

（2）技能评价：煎煮方法使用、品鉴能力。

（3）实操评价：中草药凉茶食谱集的设计与讲解。

六、项目资源及工具

（一）项目资源

网络资源、与中草药相关的书籍、中草药基地等。

（二）项目工具

砂锅、电煎药壶。

（三）计划时间表（见表1）

表1　计划时间表

时间	内　　容
第1课时	发布项目主题，进行信息的收集，确定探究内容，开展入项活动
第2课时	了解不同中草药的特点和用途。以金银花茶为例，学习挑选金银花、制作金银花凉茶
第3课时	提供知识技能，掌握技术工具，设计思维导图，制作凉茶食谱集
第4课时	提出修改建议，形成最新成果，举办凉茶展示会

七、项目实施设计

（一）入项活动

近期由于气候影响，学校大部分师生常常出现咽喉肿痛、口腔溃疡等症状，影响了正常的学习和生活。那么怎么才能够缓解这一问题呢？

（1）全班学生以小组为单位，利用休息时间随机对学校师生进行问卷调查，了解他们应对身体出现咽痛、口腔溃疡等症状时的做法。

（2）以小组为单位展开讨论，学生通过问卷结果进行统计，讨论选择解决问题的方法。

（3）公开统计结果，激发学生的驱动力。提出探寻中草药种植区，寻找解决师生咽喉肿痛、口腔溃疡的办法。

(二) 项目实施(以制作金银花凉茶为例)

1. 比较清热解毒产品,探索金银花清热解毒的使用方式

(1)学生广泛收集平时常用清热解毒产品资料。

(2)教师运用如下问题链驱动学生探索,统计出各式清热解毒方法或产品的优缺点(见表2)。

表 2　清热解毒产品调查信息统计表

产品	适用场所	使用效果	不足之处	其他功效	是否选用
牛黄解毒片					
板蓝根颗粒					
黄连上清片					
牛黄解毒丸					
金银花					

①你平时常用什么产品清热解毒? ②各种清热解毒产品都有哪些优点和不足? ③中草药金银花除了有清热解毒功效外,还有哪些功效和作用? ④你更喜欢用哪一种产品? 说一说原因。

(3)发表意见,形成决策。全班学生对各小组提出的清热解毒方式的利弊进行分析(见表3),教师运用如下问题链驱动学生思考:①是否含有化学成分? ②是否适合在学校现在的学习环境下解决上火的问题? ③是否有益于学生健康成长? ④是否方便携带和使用? ⑤是否可以节约经费支出?

表 3　清热解毒产品使用利弊分析表

产品	有效成分	去火效果	适用年龄	口感	经费预算
牛黄解毒片					
板蓝颗粒					
黄连上清片					
牛黄解毒丸					
金银花					

2. 开展分享会,提升认知与表达能力

(1)根据主题引入中医药文化词汇,学生通过文字描述和语言表达对中草药的初步认识。

(2)以小组为单位,进行头脑风暴,组织学生展开讨论,提出校内解决咽喉肿痛、口腔溃疡等症状的方法,形成小组创见。

3. 实地考察,初识金银花

(1)组织学生参观中药园金银花种植区,观察金银花植物的外形特征。

(2)绘画金银花形态,完成观察表格,并写出关于金银花的说明文(说明文内容涵盖金银花的外形、颜色、味道、作用等)。

表4　金银花观察表

金银花的外形				
金银花的颜色				
金银花的味道				
金银花的作用				

4. 运用问题链,促进深研金银花

(1)教师运用如下问题链促进学生去思考和探索:

①一棵完整的金银花植物由几个部分组成?②金银花叶片的形状特点?③金银花有什么样的气味?

(2)小组讨论金银花的特征和作用。①辨识金银花最有效的方法主要是什么?②金银花的作用有哪些?

5. 探究制作方法,初步制作凉茶产品

成果一:项目小组设计"制作中草药凉茶"的思维导图(见图1)。

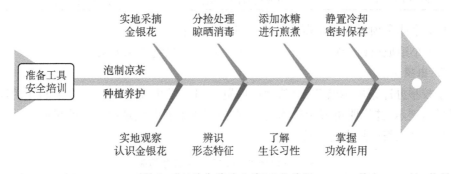

图1　"制作中草药凉茶"思维导图

项目小组通过网络查询、自媒体视频学习和学习思维导图范例,了解不同中草药的功效,把握制作凉茶的原则,内容包括选中草药、浸泡中草药、煎煮中草药凉茶等方法和步骤的可行性分析。

成果二:项目小组分工合作,煎煮凉茶。

(1)中草药材的准备。凉茶具有中药的药性。首先,我们要了解药物功能。同一植物的不同部位,如花和梗、叶的性味和功能会有很大的差异,浸泡后对人体产生的作用也有天壤之别。因此,在煎煮前要做详细咨询和确认。其次,要了解药物配伍的知识。几种药物混合在一起,由于气味的升降浮沉,寒热温凉各不相同,彼此的功能就会相互抵消或得到加强。搭配不当,有可能会使泡出的茶有暴热或酷寒的现象出现,这种寒热表现不是我们平常所说温度的寒热,用味觉和触觉根本不能感觉到,而是吸收入人体后才会产生的变化,因此对人体的影响最大。

(2)中草药的煎煮。①进行厨房安全培训,了解不同中草药有不同煎煮时间的基本原理。②确定煎煮步骤,进行所需中草药的采摘。③对中草药进一步处理,将中草药的花草叶和根茎果实进行分类。④因季节的温度差异，还要根据药材自身的质地和轻重来分别处理，不同时间冷水浸过不同中草药药面，浸透后用砂锅加水先用武火进行煎煮，沸腾后再改用文火。⑤煎煮好后静置冷却，放入保鲜袋密封保存，方便携带和再次加热。

6. 评论与修订

(1) 小组成员进行品鉴，根据产品评估表进行食谱的完善并提出修改建议(见表5)。

表5　凉茶食谱小组活动成果展示的评价量表

项目	评价标准
美观性(10分)	颜色和形状新颖；整体搭配和谐
简洁性(10分)	抓住中心、关键词
完整性(10分)	内容全面，制作步骤要点无遗漏
正确性(30分)	主题明确；概念准确；关系合理
结构性(20分)	层次分明；思路清晰
形象性(10分)	符号具有独特性；图标指示性强
参与度(10分)	小组成员有团队意识，能群策群力，交流积极主动

(2) 个体和项目小组根据意见修订自己的成果。

(3) 小组成员讨论宣传方案、设计展示台，形成最终展示方案。

7. 出项活动

学校举办凉茶展示会节、凉茶食谱展览栏目。学生需要对自己手工制作的凉茶成果进行展示，并说明讲解制作的过程，在公开成果展中记录他人意见和观点。

(1) 对凉茶成品进行评价(见表6)。

表6　自制金银花凉茶产品评估量表

口感	颜色	气味	优点	缺点
意见或建议：				

(2) 选出最佳讲解员(见表7)。

表7　金牌讲解员

	三级金牌讲解员	二级金牌讲解员	一级金牌讲解员
说清楚	★★★★★	★★★★	★★★
说明白	★★★★★	★★★★	★★★
说生动	★★★★★	★★★★	★★★

8. 活动总结

在活动结束后，学生结合本次小组合作活动的表现，进行自评和互评，总结经验，反思不足(见表8)。

表8　评价表

评　价　要　素		评价标准
主动性	主动发言、积极地参与并帮助组员补充说明	★★★★★
沟通协调	认真倾听组内成员的想法；能准确、流利地表达自己的观点	★★★★★
演绎思维	在规定时间内,对问题进行一定正确性的分析	★★★★★

八、反思与展望

(1)教师反思:通过制作凉茶食谱,增加了学生对中草药文化的认识,激发了学生对中草药文化的兴趣。通过以项目为主导的记录、操作和分享,提高了学生的自主探究能力。

(2)学生反思:我们对自己设计的凉茶食谱充满了自豪感,传承中草药文化的愿望像一粒种子深埋我们心中。通过此次活动锻炼了我们的探究能力、统筹能力、合作能力和动手能力。

(3)展望:我们以中草药凉茶食谱为链接,希望有更多的学生能够对中草药文化产生兴趣,并能把中草药文化运用到自己生活中。

自制中草药香皂

课程类型	年级	课时数	设计者	实施者
跨学科类项目	四年级	8课时	江奉香　蔡英甫	江奉香

一、项目概述

本项目基于学生在校内洗手间使用洗手液严重浪费,造成地面湿滑,使个别学生摔倒,存在巨大的安全隐患;同时,因儿童的肤质敏感度不同,而洗手液的主要成分大多都含有化学物质,清洗不干净容易刺激学生的皮肤,造成学生皮肤干燥过敏等原因,教师通过指导学生调查研究利用中草药知识,就地取材,开发一款具有杀菌、护肤等功效的清香型中草药香皂。本项目主要让学生面对真实的个人生活、生产和社会性服务的任务情境,亲历实践的劳动过程,让学生善于观察思考,注重运用所学知识解决实际问题,提高劳动意识和劳动技能,达到五育并举,全面育人。而学生通过自己的劳动制造出来的香皂也会更加爱惜,不会浪费,弘扬了我国勤俭节约、反对浪费的传统美德。

二、项目目标

(一)知识与能力目标

(1)美术:提升审美感知和艺术表现能力。设计香皂的造型及包装盒,无患子果实制作手链等装饰品。

（2）科学：了解香皂的制作原理和方法。认识常见的中草药无患子，知道无患子的药用价值和洗护价值。了解无患子在中医药中还可以用于清肺止咳、美白淡斑、去屑止痒等多种功效，也让学生在探究的时候知道中医文化的博大精深。

（3）语文：学会用语言表达和文字描述。如问卷调查、创见思路、决策方案和介绍项目经历。

（4）劳动：学会知识、合作、实践技能。如掌握手工制作无患子香皂的劳动技能和一般步骤，学会设计思维导图，自制香皂，知道如何保存防潮、保持皂基的干燥和发挥其药效。

（二）学习素养目标

（1）学习认识常见中草药，了解常见中草药的作用、功效，懂得在生产劳动中制作一款中草药香皂的基本步骤和使用的材料。

（2）学习制作中草药香皂的技能和制作方法。

（3）科学探究：应学会经过调查发现问题，用各种学习工具确定要解决的问题，提出解决假设和验证，最终给出解决方案。

（三）核心价值目标

感受中草药与生活的密切关系，激发学生认识中草药、了解中草药、研究中草药的兴趣。培养学生热爱中草药的文化、传承中华文明的民族使命感，树立文化自信。

三、挑战性问题

（一）本质问题

学校学生使用洗手液不规范造成洗手液浪费和学生因没有清洗干净造成双手过敏，我们是不是可以探讨一下用什么方法去解决呢？用什么方法清洗既方便实惠又能快速冲洗干净，有助于学生们健康护肤呢？

（二）驱动性问题

学校田园基地正好有种植中草药，可以让学生深入了解中医药文化、认识无患子，然后尝试开发一款护肤杀菌的无患子香皂。

四、预期成果

（一）产品形式

（1）学生售卖无患子香皂产品效果的问卷调查。

（2）问卷及结果报告提出方案：设计一款杀菌护肤、清香祛味的无患子香皂。

（3）手工制作无患子香皂（制作无患子香皂可添加薄荷、金银花、艾叶等）。

（4）香皂产品包装设计。

（5）绘画无患子香皂制作的思维导图。

（二）公开方式

学生带着自己制作的香皂产品及相关图表、演示文稿等举办一个推介会作品展,向参观的师生介绍项目经历并展示作品,呈现作品效果,展示并推销无患子香皂等产品。

五、项目评价

（一）过程评价

（1）能否用文字描述、语言表达、绘画描绘无患子的基本特征。

（2）能否辨别无患子,说出无患子的药用价值和洗护价值。

（3）能否说出并记录无患子的医用功效与洗涤功效。

（4）能否运用艺术表现绘制无患子香皂制作的思维导图。

（5）学生能否制作香皂,以及香皂制作的环节。

（二）结果评价

1. 知识技能、合作技能、实践技能的评价

（1）知识评价:学生对无患子的药用价值及功效的相关检测。

（2）技能评价:制作无患子香皂材料的选择、材料及器材的使用、动手操作技能、沟通评价。

（3）实操评价:制作中草药无患子香皂,成品性能检测。

2. 产品展示、项目介绍、营销效果评价

六、项目资源及工具

（一）项目资源

网络电脑、与中草药相关的书籍或其他形式的资料信息、美术绘画工具、无患子果实等。

（二）制作工具

酒精炉、香皂锅、打火枪、榨汁机、无患子果实、皂基、石棉网、搅拌铲子、模具、中草药、一次性的纸杯。

（三）计划时间表（见表1）

表1　计划时间表

时间	内　　　容
第1课时	发布项目主题,调查数据分享,确定探究内容,开展入项活动
第2课时	观察无患子特征,了解生长习性,学习功效作用,绘画写生与作文
第3、4课时	提供知识技能,掌握技术工具

时间	内　　容
第5、6课时	设计思维导图，手工制作中草药香皂，提出修订建议，形成最终成果
第7课时	演示文稿报告，公开成果展示，手工制作无患子香皂
第8课时	提出修订建议，形成最终成果，演示文稿报告，公开成果展示

七、项目实施设计

（一）入项活动

学生由于使用洗手液不当和清洗不干净，造成严重的浪费和皮肤干燥过敏，大家深入讨论，用什么清洗双手既方便实惠又能杀菌，有助于学生们健康护肤，于是我们在班级里开展了一项中草药制"皂"的项目化学习研究。

（1）开展项目，让学生深入了解中医药文化、考察学校田园基地的中草药，查找哪种中草药适合做香皂。

（2）了解田园基地的中草药。

（二）项目实施

1. 调查

网络上查找有关无患子、艾草等植物的药用价值和洗护价值。

2. 实地考察，认识无患子等中草药

（1）组织学生参观田园基地的中草药种植区，观察无患子等中草药的外形特征。

（2）学生口头描述无患子等中草药的特点，信息包括植物的高度，叶子的形状，花果的色彩等。

（3）中草药种植区无患子等中草药绘画写生，画出无患子等中草药的思维导图（思考：中草药的组成部分、药效）并做出评价。

展示无患子的绘画作品，做自我评价（见表2）。

表2　无患子绘画写生作品评价量表

评价领域	评价标准	三颗星为满分		
		自评	他评	师评
审美感知	能否说出无患子植物的组成部分			
	能否准确描述无患子的形状特征			
艺术表现	能否用线描的形式绘画出无患子的基本造型			
	能否准确描绘无患子的基本颜色			
创意实践	作品是否有突出无患子生长习性的特写部分			
	作品是否有描写关于无患子形状的说明文			

（续表）

评价领域	评价标准		三颗星为满分		
			自评	他评	师评
文化理解	能否用语言表达自己对美术作品的感受				
	能否简单说一说无患子对生活的影响				
表情评价	★ ★ 非常满意	★ ★ 比较满意		★ 不满意	
综合评语					

小组代表 1：我们是调查体验小组，负责调查研究无患子有哪些功能、是否适合用来做香皂，负责该项目的细节调查以及如何整改的任务。

小组代表 2：我们向学校提出了申请试行一周中草药香皂体验，再对比看看哪种中草药香皂清洁杀菌效果更好，使用后进行评价。

3. 是否适合做洗涤产品，探索制作无患子香皂

（1）学生大量收集平时常用洗涤产品资料。

（2）教师运用如下问题链驱动学生探索，统计出产品的洗涤效果或产品的优缺点：①平时常用什么产品洗手？②各式洗手产品都有哪些优点和不足？③中草药无患子香皂，还有哪些功效和作用？④你更喜欢用哪一种洗手产品？说一说原因。

选择适合学生的洗手产品调查（见表 3）。

表 3　洗涤产品调查信息统计表

产品	适用场所	使用效果	不足之处	其他功效	是否选用
洗手液					
免洗手液					
肥皂					
香皂					

（3）以小组为单位，组织学生展开讨论，提出校内洗手间洗手的方式，形成小组创见。

（4）发表意见，形成决策。全班学生对各小组提出的洗手方式的利弊进行分析，教师运用如下问题链驱动学生思考：①是否含有化学成分？②是否适合学校现在的学习环境下使用？③是否有益学生健康成长？④是否方便使用？⑤是否可以节约经费支出？

展示各种洗手产品使用的利与弊分析表（见表 4）。

表 4　各种洗手产品使用利弊分析表

产品	有效成分	耐用程度	适用年龄	便捷与否	经费预算
洗手液					
免洗手液					

（续表）

产品	有效成分	耐用程度	适用年龄	便捷与否	经费预算
肥皂					
香皂					

4. 运用问题链,深研无患子

（1）经过各种中草药香皂试用,最后选定无患子做香皂。

（2）小组代表 1:网上查询无患子的知识点,并记录下来。

展示无患子果实的组成、形状、作用以及功效（见表 5）。

表 5　无患子果实的组成、形状、作用及功效表

1	无患子果实由几个部分组成	
2	无患子果实的形状和作用	
3	无患子有什么药用功效	

（3）小组代表 2:网上查询无患子果肉与果核的用处。

展示无患子都有哪些用处分析表（见表 6）。

表 6　无患子用处分析表

1	无患子果实的用处	
2	无患子果核的用处	
3	为什么无患子具有祛污能力	

（4）教师抛出问题链促进学生去思考和探索:①让学生进行头脑风暴,讨论无患子的用处。②如何让无患子制作出香皂?

5. 开展分享会,提升学生自己的认知和表达能力

（1）学生在班级开展分享会,由小组代表把查询到的无患子知识点告诉大家。

（2）学生根据自己查阅的资料,通过用自己的语言文字表达对中草药无患子的初步认识。

如无患子树体高大,枝叶稠密,冠大荫浓,是绿化的优良观叶、观果树种,是工业城市生态绿化的首选树种,可作庭院景观树,亦可行道树。

如无患子果核可制成工艺品,也可提取油脂,用于制造润滑油或生物柴油。

如无患子的果片中含有丰富的皂素,可直接使用或加工成天然植物洗洁用品。

6. 探究制作方法,初次制作无患子香皂产品

（1）小组设计绘画"无患子香皂"的思维导图。各小组通过网络查询或自媒体视频学习,查找无患子的知识点与无患子树与果实的图片,每组成员尝试各种绘画方式设计无患子手工皂的思维导图,内容包含:无患子的生长过程,无患子果肉的用处（药用和洗涤）,无患子核的用处,摘无患子、洗无患子、剥无患子、煮无患子等方法和步骤可进行分析。学生做好思维导图,需要决定最终设计方案,看看谁的最好,好在哪里。

教师引导学生从几个方面驱动思考：安全生产、批量生产、防潮保存。

展示无患子香皂思维导图小组成果评价（见表7）。

表7 无患子香皂思维导图小组成果展示评价量表

评价分数	评 价 标 准
美观性（10分）	颜色和形状新颖；视觉效果；形状各异
正确性（10分）	主题明确；方法合理
参与度（10分）	学生都参与，小组成员具有团队意识，积极主动交流
完整性（10分）	作品完整，具有创新
适合性（10分）	适合在学校现有的条件下制作

（2）小组分工合作，一起制作无患子香皂，尝试从摘无患子一直到制作香皂的过程。

教师运用如下问题链驱动学生合作探讨：①如何采摘无患子？②采摘无患子的注意事项有哪些？③晒无患子的诀窍（勤翻动，水分干得快）。④煮无患子注意的事项有哪些？⑤无患子香皂防潮方法有哪些？⑥如何处理你与小组合作期间产生的问题？⑦学生需要记录探究制作心得，并交流分享经验。

展示学生探究制作无患子香皂的记录（见表8）。

表8 学生探究制作无患子香皂的记录表

我的任务：	
我的发现：	
我猜这可能是因为：	
我解决该问题的方法是：	
小组探讨解决该问题的方法是：	

（3）制作无患子香皂。

为了方便学生能更好地制作香皂，教师把学生研究制作香皂的过程制作成小视频，并给学生们提供制作香皂的工具：酒精炉、香皂锅、打火枪、榨汁机、无患子果实、皂基、石棉网、搅拌铲子、膜具、中草药、一次性的纸杯。

展示无患子香皂产品的小组评价（见表9）。

表9 无患子香皂产品探究小组评价表

评价点	主要问题	评价结果（优、良、合格）		
		自评	他评	师评
无患子香皂调研				
调查结果分析				
制作无患子香皂				
展示汇报				
收获的评语				

7. 试用、探讨

（1）试用自制的无患子香皂，洗手时看手的污渍是否清洗干净、泡沫是否丰富、有没有过敏性等。做好记录，并根据试用结果确定是否适合制作出产品。

（2）项目小组根据大家的意见修订产品研制成果。

展示无患子香皂试用记录（见表 10）。

表 10　自制无患子香皂的试用记录表

		采摘无患子	晒无患子	剥无患子	制作香皂	产品使用效果
第一次	天气					
	用时					
	大小					
第二次	天气					
	用时					
	大小					

（3）收集项目材料，包括项目计划、调查问卷、过程日志、修改记录、评价量规以及无患子香皂测试最终结果，形成最终可以参加成果展的成品。

（三）出项活动

在学校门口设置展柜，展示自制的无患子香皂产品营销与推广，学生可以在展示平台旁边现场制作香皂，让学生现场试用，试用完的同学可根据自己的试用效果做出评价。

展示无患子香皂试用效果的评价（见表 11）。

表 11　试用效果评价表

评价等级	形状	颜色	气味	包装	大小	产量	泡沫丰富
优							
良							
其他意见或建议							

八、反思与展望

（1）制作过程与产品创新。在制作中草药无患子香皂的过程中，学生需要不断地摸索和调整配方，采用信息技术查阅资料，以获得最佳效果。在这个过程中，学生学会拍照，保留自己一天的学习记录，反思自己在制作过程中的不足之处，如操作是否规范、配方是否合理等。此外，学生还应该总结经验教训，以便在今后的实践中避免犯同样的错误。在中草药香皂的制作过程中，学生可以尝试引入新的元素，如新型中草药、天然色素等，以提高产品的独特性和吸引力。

（2）成本控制与技术升级。中草药无患子香皂的制作成本是影响产品竞争力的重要因素。因此，学生需要在制作过程中注重成本控制，选择学校田园区中草药园的原材料。同时,学生还应该反思自己在成本控制方面的不足之处,如中草药的选择、生产效率的提高等。随着科技的不断发展,中草药香皂的制作技术也在不断进步。学生们可以通过学习和引进先进的制作技术,提高产品的品质和生产效率。例如,通过采用高压均质技术、超声波提取技术等,可以使中草药成分更充分地融入香皂中,提高产品的使用效果。

(3) 学生需求与品牌建设。中草药香皂作为一种新型的护理产品,然而在面对学生使用时,学生需要反思自己的产品是否能够满足在校学生的需求,如产品的功能、品质、包装等方面。只有充分了解学生需求,才能使产品做得更好。在学校的环境下,品牌建设对于产品至关重要。学生可以尝试打造独特的品牌形象,如通过设计精美的包装、开展线上线下宣传等方式,提高产品的知名度和美誉度。此外,学生们还可以通过参加各类展会、比赛等活动,展示自己的产品,扩大学校份额。

总之,在学生制作中草药无患子香皂项目的反思与展望中,我们需要认真总结经验教训,并积极寻求改进和创新的方法。只有这样,我们才能在这个充满机遇和挑战的市场中脱颖而出,取得更好的成绩。

长滨小篮球裁判员手册

课程类型	年级	课时数	设计者	实施者
跨学科类项目	五年级	10 课时	符传言　吴多才	符传言　吴多才

一、项目简述

随着国家对体育事业的不断重视和改革,校园体育项目逐渐成为国内学校体育重要的组成部分。其中,小篮球项目得到了广泛关注和推广,秀英区教育局和海口市教育局每学年都举行小篮球比赛。为了响应国家的号召,丰富我校学生课外体育活动,树立健康第一的指导思想,推动学校小篮球的开展,促进学校小篮球水平的提高。长滨小学将举行"小篮球"比赛,而"小篮球"裁判员是"小篮球"比赛中的重要角色,现将对小裁判员进行培训,为学校"小篮球"比赛做准备。"小篮球"裁判员手册的制作有利于篮球运动在学校的推广普及,也为课余时间学生自发组织"小篮球"比赛提供规则依据。

本项目,依托篮球社团和课后服务课程,整合体育、语文、美术学科概念,开展协作式、探究式学习活动。

二、项目目标

(一) 知识与能力目标

(1) 体育:学习"小篮球"比赛规则的过程中学会遵守规则、尊重他人、公平竞争的意识和行为。

（2）语文：学生在制作"小篮球"裁判手册的过程中，学会用文字描述和语言进行表达。

（3）美术：直观感知和审美感知，通过观、认、画、写来描述。如：绘制裁判员手势图鉴。

（二）学习素养目标

（1）体育：通过小组合作学会在团队中与他人协作，共同完成任务。

（2）语文：在制作问卷、撰写决策方案、项目开展经历介绍等过程中，提升学生的书写能力、表达能力和沟通能力。

（3）美术：提升学生的创意思维和造型能力。

（三）核心价值目标

（1）体育：在项目学习的过程中学生遇到问题解决问题，发扬顽强拼搏、勇往直前、不畏困难的精神。

（2）语文：学生能够准确理解和使用中文，掌握基本的语言规范和表达技巧。

（3）美术：学生对周围生活环境的感知能力。

三、挑战性问题

（一）本质问题

如何让学生深入学习体育的内涵、认识体育运动在生活中的意义。

（二）驱动性问题

长滨小学将举行本校的"小篮球"比赛，而"小篮球"裁判员是"小篮球"比赛中的重要角色，同学们知道为什么体育比赛中需要裁判吗？裁判又有哪些职责呢？我们学校将要举行"小篮球"比赛，同学们想不想当裁判呢？

四、预期成果

（一）产品形式

（1）长滨小学"小篮球"裁判员手册。

（2）手册宣讲推介会。

（二）公开方式

将手册装订成册，作为学校篮球赛的规则依据，便于学生参与"小篮球"比赛的裁判工作。

五、项目评价

（一）过程评价

（1）能否说出"小篮球"规则和标准篮球赛规则的区别。

（2）能否独立完成赛后的裁判员报告。

（3）能否做出裁判员在比赛中的标准手势。

（二）结果评价

（1）赛后裁判报告撰写。

（2）解读裁判手册并且能举例说明规则。

（3）执裁一场篮球比赛误判率。

（4）给学习合格的学生颁发长滨小学裁判员聘书。

六、项目资源及工具

（一）项目资源

计算机、网络、与篮球运动相关的书籍或其他形式的资料信息、绘图工具等。

（二）项目工具

评价表、在线协作平台、数据库等工具。

（三）项目计划时间表（见表1）

表1　计划时间表

时间	内　　容
第1～3课时	发布项目主题,集体学习篮球知识,确定探究内容,开展入项活动
第4～6课时	区分不同篮球器材和篮球规则的适用范围,集体决策制作最终的"长滨小篮球裁判手册"
第7～9课时	手册试运行
第10课时	手册正式使用

七、项目实施设计

（一）入项活动

长滨小学将举行本校的"小篮球"比赛,而篮球裁判员是篮球比赛中的重要角色,现将制作裁判员手册作为"小篮球"比赛中执裁依据,并且对学生裁判员进行培训,让学生深度参与到"小篮球"比赛中,为学校"小篮球"比赛做准备,落实"教会,勤练,常赛"的体育新课标教育理念。

（1）到班级进行宣传,鼓励4～6年级的学生自发报名参加小裁判员的学习。

（2）准备裁判员规则材料、初步培训的课件和经典篮球比赛的视频。

（二）项目实施

1. 集体学习

（1）组织学生集体观看比赛视频。

（2）集体学习篮球知识，学生记笔记。

（3）组织学生进行分组，以小组为单位通过网络查询，去附近的球场请教球员等方式收集学习篮球的知识和规则。信息包括球场的大小、篮筐的大小、各种篮球的尺寸、篮球架的尺寸、篮球比赛规则等。

表 2　篮球知识收集评价量表

评价领域	评价标准	画上你的个性表情吧！		
		自评	组评	师评
篮球场的规格	能说出小篮球场地和标准篮球场地的规格和区别			
篮球比赛中使用器材的规格	能分辨出小篮球比赛和标准篮球比赛中使用的器材的规格和区别			
篮球比赛规则	知道小篮球比赛和标准篮球赛中的比赛规则和区别			
篮球比赛中裁判的手势	知道并且能做出裁判在比赛中常用的手势和手势对应的规则			
表情评价	☺ 满意	☺ 非常满意		☺ 比较满意
综合评语				

2. 比较篮球比赛规则和比赛器材的适用范围

（1）学生广泛收集篮球规则的材料。

（2）教师运用如下问题链驱动学生探索，统计出各种规则和器材的适用范围：①不同年龄段的比赛中所用的器材有什么不同？②不同年龄段的比赛中所用的规则有什么不同？③自己假设一个场景解释规则如何使用。（见表 3）

表 3　"小篮球"比赛规则和比赛器材信息调查统计表

规则和器材	儿童	青少年	女子	男子
篮球大小				
篮筐高度				
身体接触犯规				
非身体接触犯规				

（3）以小组为单位，进行头脑风暴，组织学生展开讨论，提出适用于学校篮球赛的规则和器材，形成小组意见。

（4）发表意见，形成决策。全体同学对比赛规则进行分析。

3. 运用问题链，促进对篮球比赛知识的深入学习

（1）教师运用如下问题链促进学生去思考和探索：①一个标准的篮球场地有哪些体育器材？②小篮球比赛中和标准篮球比赛中器材和场地有什么不同？③篮球比赛中的规则有哪些。

（2）小组讨论比赛中裁判的作用。①裁判在比赛中常用的手势和手势对应的规

则。②讨论学习在篮球比赛中比赛规则具体的运用。

4. 开展分享会,提升认知与表达能力

以小组汇报的形式开展分享会,主持人根据主题引入篮球运动的词汇,学生通过文字描述和语言表达对篮球运动的初步认识:

(1) 篮球场地的规格。如标准的篮球比赛场地长 28 米,宽 15 米,天花板或最低障碍物的高度至少应为 7 米。篮球场还有长边的界线称边线,短边的界线称端线。球场上各线都必须十分清晰,线宽均为 0.05 米。从边线的中点画一平行端线的横线称中线。中线应向两侧边线外各延长 0.15 米。以中线的中点为圆心,以 1.80 米为半径(半径从圆周的外沿量起),画一个圆圈称中圈。三分投篮区是由场上两条拱形限制出的地面区域。在此区域外投篮得三分。

(2) 各个年龄段比赛的用球标准。如青少年比赛用球:重量在 470~500 克之间,球的周长为 69~71 厘米,直径为 22.0 厘米。这种规格的篮球适用于青少年篮球赛事,特别是针对年龄在 13~17 岁之间的球员。儿童比赛用球:重量在 300~340 克之间,球的周长为 56~57 厘米,直径为 18.1 厘米。这种轻量化设计的篮球适用于年龄较小的球员,通常用于小学生篮球赛事。

(3) 篮球比赛中犯规的类型。如篮球犯规大致可以分为两类:一类是身体接触犯规,如阻挡、推人、拉人等;另一类是非身体接触犯规,如走步、干扰球、技术犯规等。这些犯规动作在比赛中屡见不鲜,对比赛的公平性和流畅性构成了威胁。

5. 绘制裁判员手势图鉴,为裁判手册的内容作准备

(1) 小组绘制裁判员手势图鉴。

(2) 对图鉴进行文字说明和标注手势对应的适用情况。

学生根据以下标准进行绘制(见表 4)。

表 4　图鉴绘制评价量表

评价内容	评 价 结 果		
美观性	优	良	合格
表述准确	优	良	合格
生动形象	优	良	合格
简洁性	优	良	合格

6. "小篮球"裁判员手册的制作

(1) 小组设计篮球裁判员手册。各小组通过小红书学习、网络查询或自媒体视频学习,了解"篮球裁判手册"的要点,使用不同的设计思维,设计"长滨小篮球裁判员手册"的思维导图,内容包括篮球场地使用规则等具体内容。学生需要决定哪个小组的"长滨小篮球裁判手册"思维导图是最成功的并且思考为什么。教师从以下几个方面驱动学生思考:图文并茂、表述准确。

表 5　小组活动成果展示的评价量表

项目	评 价 标 准
美观性(10 分)	图片颜色和形状新颖;版面视觉效果
简洁性(10 分)	抓住中心、关键词
完整性(10 分)	内容全面,科学概念要点无遗漏
正确性(30 分)	主题明确;概念准确;关系合理
结构性(20 分)	层次分明;思路清晰
形象性(10 分)	符号具有独特性;图标指示性强
参与度(10 分)	小组成员有团队意识,能群策群力,交流积极主动

(2) 各小组分工合作制作"长滨小篮球裁判员手册"。

教师运用如下问题链驱动学生合作探讨:①对于我们学校的篮球赛你会选用哪种场地? ②篮球比赛规则明细。③合作过程中如有意见分歧你是怎么处理的?

学生需要记录探究制作心得,并交流分享经验(见表 6)。

表 6　学生探究制作"长滨小篮球裁判员手册"记录表

我的任务:
我的发现:
我猜这可能是因为:
我解决该问题的方法:
小组探讨解决该问题的方法:

(3) 制作"长滨小篮球裁判员手册"。

为了帮助学生完成以上任务,我们做以下表格进行汇总(见表 7)。

表 7　"长滨小篮球裁判员手册"探究小组 PBL 实践评价表

评价要素	主要指标	评价结果(ABC)		
		自评	组评	师评
比赛场地	能够解释适用于长滨篮球赛的场地规格			
比赛用球	能够正确地选用适用于长滨篮球赛的篮球			
比赛规则	能够解释适用于长滨篮球赛的比赛规则			
展示汇报	声音响亮,吐字清晰,表达流利,能较好地呈现出探究结果			
收获的评语				

7. 手册试运行

(1) 观看篮球比赛视频进行模拟执裁。

(2) 项目小组根据模拟执裁的情况进行讨论并且进行反思和改进(见表 8)。

表8　模拟执裁修正表

第一次模拟执裁			第二次模拟执裁		
裁判员手势规范	正确次数：	错误次数：	裁判员手势规范	正确次数：	错误次数：
裁判员判次数：	裁判员错判次数：		裁判员判次数：	裁判员错判次数：	
裁判员报告和反思：			裁判员报告和反思：		
小组改进意见：			小组改进意见：		

（3）收集项目材料，包括项目计划、裁判员报告、过程日志、修改记录、评价量规以及"长滨小篮球裁判员手册"成品，形成最终可以参加成果展的成果。

（三）出项活动——手册正式使用

（1）在学校的篮球比赛中以"长滨小篮球裁判员手册"为依据进行执裁。

（2）撰写执裁报告并进行反思。

八、反思与展望

与传统的培训方式相比，项目化学习设计更加注重实践性和参与性。它强调以实际问题为导向，通过团队合作、案例分析、模拟实践等多种方式，帮助学生在实际情境中解决问题，提升技能。在培养小篮球裁判员时，提供九宫格反思与迁移工具，让学生仔细观察九宫格中的内容，对每个格子进行深入思考，帮助学生进行深层次的反思和迁移学习。展望未来，我们将继续探索和实践这种学习方式，为培养更多优秀的"小篮球"裁判员和推动学校小篮球的发展贡献自己的力量。

第五章

项目化学习中表现性评价任务及量表的设计

在项目化学习过程中,表现性评价能够引发学生的学习动机,提高学生的学习能力,拓展学生的创造性思维,鼓励学生的多样化表现。同时,表现性评价也可以帮助教师了解学生的学习过程和思维方法,给予学生具有针对性的、具体的建议和指导,促进学生的自我评价和自我反思。

一、正确理解表现性评价的概念

表现性评价是指教师让学生在真实或模拟的情境中,运用先前获得的知识来解决某个新问题,或创造某种东西,以考查学生的知识与技能掌握的程度,以及实践、问题解决、交流合作和批判性思考等多种复杂能力的发展状况。

我们都知道,表现性评价关注的是学生的表现,如朗诵、写作或做运动等,但我们不能认为只要是让学生朗诵、写作或做运动,就将其下定义为表现性评价。因为学生的朗诵可以是在复述前人的文章,唱歌可以是在模仿别人的音乐,做运动也可以是在简单地重复规定的肢体动作。如果任务没有能够展现学生的创造性和批判性思维,那么它们并不构成真正的表现性评价。判断一个评价是不是表现性评价,不能只看评价任务的形式,关键还要看任务所要评价的是什么。

二、项目化学习过程中表现性任务设计策略

(一) 关注学生的认知发展

首先,在项目化学习的任务设计中,要关注学生的认知发展,如生活环境、情境等。因为,表现性评价需要为学生创造在真实情境中解决问题的机会,只有在真实情境中学会的能力才是真实的能力。

我们以"中国传统节日民间故事集"项目的入项活动为例,其针对学生的课外阅读知识储备,设计了真实情境。在"长滨小学第九届读书节活动"的好书推荐环节中,打破传统,把推荐名家的著作转变为推荐自编故事集。项目小组利用餐后的午读时间,随机对全校师生进行口头调查,"读书节""午读会"这样的任务完全是根据学校的真实情境进行设定的,学生在开展项目化学习时容易完成任务,因为这是他们再熟悉不过的情境。

在"制作中药香囊"项目的入项设计中,针对学生的劳动教育,围绕学校的地理位置开展了任务设计。学校周边水系繁多,各类蚊虫也多,这严重影响了我们的学习生活,如何让学生通过中药进行预防和保健呢?长滨小学的劳动基地就设有中草药园

区,五年级的学生在四年级时承担了养护中草药园中的草药任务,在那一学年中,学校也开展了不少关于使用中草药的相关实践活动,还请了不少专家到校指导,亲自为学生上课。因此,入项任务设计中的调查信息表是在学生现有的知识基础上进行的,信息表中的这些产品在他们四年级参加相关中草药活动时,就已经大致了解并已亲身接触。

(二) 关注学生的合作方式

我们希望培养学生的合作沟通能力,项目化学习就是要让学生经历合作中的冲突、讨论与观点的碰撞;我们希望学生学会探索,项目化学习就要让学生能够提出自己的问题,探索问题;我们希望学生富有创造力的思考,项目化学习就要让学生有创造性的、多元化的表达机会。例如在"艾草盆栽种植"项目化学习中,教师将学生分成若干个小组,小组内自行分配教师所下发的每一个任务,学生需要探究播种、扦插和移苗三种种植艾草的方法和注意事项。为了节省时间,小组内成员分别按播种、扦插和移苗三种种植方法分组实验种植,记录相关信息并完成记录表,然后再互相讨论、筛选最佳方案,在成果展示时也会进行组内互评(见表1)。

表1　任务记录表

姓名:_____　艾草种植方法:_____
我在本组的任务:
我的发现:
我猜这可能是因为:
我为小组提供的方法:
小组探讨解决该问题的方法:

在"玩转轴对称——为教室设计窗花"项目的窗花作品评价中,每个小组做好窗花后,小组内就窗花作品进行讨论,并填写小组合作评价表。值得注意的是,这一份评价表关注到学生团结协作能力的评价,分别对学生的参与度、专注度、合作度等进行了评价。由此我们可以知道,对于学生的评价不能只局限于成果质量,还应注重学生在项目活动中的参与、合作、态度与能力的评价,这是一个不可或缺的评价重点(见表2)。

表2　小组合作评价表

学习主题:		组别:		被评人姓名:	
评价指标	评价内容	评价要点(每一项满分10分)		组员	教师
团结协作能力	参与度	积极参与小组活动,按要求完成任务		☆☆☆☆☆	☆☆☆☆☆
	专注度	遇到困难能坚持,并尝试解决		☆☆☆☆☆	☆☆☆☆☆
	自信心	态度大方,充满自信		☆☆☆☆☆	☆☆☆☆☆
	合作度	能主动与他人探讨并提供帮助		☆☆☆☆☆	☆☆☆☆☆

在现实生活中,我们很难单凭一己之力就能够解决一个复杂的问题或者完成一

个项目,每个人都不可避免地要参与社会活动,要与他人进行交流,大家会接收到各种各样的建议或者是评论。项目化学习也同样如此,组员的建议、专家的指导,都能让学生拥有更真实的体验。

(三) 关注学习的责任和态度

项目化学习的成果不能束之高阁,而要对自己、他人或周围的世界发生意义。譬如"制作中药香囊"项目中,要求学生在解决困扰问题的同时,了解中草药知识,传播中医药文化;在"探寻传统节日　争当文化使者"项目里,要求学生通过实践去探寻中国传统文化的根,去深入地了解传统文化的节日和习俗,以文化小使者的身份向大家介绍中国的传统节日。这些项目化学习都会真实地触动学生自己或周围的世界。

三、表现性评价量表的设计策略

良好的表现性评价设计能够促进学生的素养形成,那么我们应该如何设计项目化学习的表现性评价量表呢?

(一) 将核心素养的目标具体化

表现性评价不能只是关注简单的知识或技能,而应该指向更为真实的核心素养。但学生需要一个漫长的过程才能够形成真正意义上的核心素养,且不能仅仅只依靠一门课程,而需要进行多门课程的综合学习,才能将素养目标具体化。我们可以分类型或者分学段、分学科,将这些素养目标进行细化划分,并对每一个细化目标做出可理解、可实施、可评价的解释。

以"中国传统节日民间故事集"项目学习为例,此项目化是结合统编版语文五年级下册教材中民间故事单元的学习进行设计的,学生通过信息技术手段、互联网、手机 APP 等软件,对我国传统节日的民间故事的相关信息进行搜集整合,然后通过复述、缩写、绘制插图等一系列活动,编制成《中国传统节日民间故事集》。

五年级上册第三单元的语文要素是"了解课文内容,创造性地复述故事",这是在中年级"详细复述"和"简要复述"的基础上提出进一步要求,旨在让学生把故事讲得更生动、更有吸引力。发展创造性思维,培养丰富的想象力,在设计对学生复述的评价标准时,要求学生先找寻复述策略,然后复述时要具有创造性。对于创造性的标准,则从故事情节、肢体语言这两方面进行设定(见表3)。

表 3　复述策略评价表

评价内容	自评	互评	师评
学会运用策略创造性复述故事(有丰富的故事情节☆,讲故事有相应的动作和表情☆,故事生动吸引人☆)	☆☆☆	☆☆☆	☆☆☆

我国新修订的《义务教育课程方案和课程标准(2022 年版)》就是从"培养德智体美劳全面发展的社会主义建设者和接班人"的教育方针出发,确定整体描绘的学生共

同核心素养,然后依据学生核心素养研究各学科的育人功能,确定学科课程目标,即核心素养在学科课程中的体现。在"一叶知秋——制作创意秋叶书签"项目中的作品评价量表便是依据这一评价标准进行设计的(见表4)。

表4　书签作品评价量表

评价领域	评价标准	画上你的个性表情吧!		
		自评	组评	师评
审美感知	能否裁剪不同叶片的特色			
艺术表现	能否用独特布局绘制内容			
	能否美观、创造性地设计带有艺术感的书签			
文化理解	能否描述传统文化中书签的历史渊源			
	能否感悟到书签在传统阅读中的文化自信			
表情评价	☺ 非常满意	☺ 比较满意		☹ 不满意
综合评语				

此外,具体化的目标还必须指向素养。例如,问题解决是学生发展核心素养的基本要点之一。在"'青蛙'书市"的项目化学习中,其主要任务是售卖书籍,怎样才能让自己的书籍畅销呢? 这时学生们需要联系生活实际,观察身边的销售,了解最佳销售,看看他们是如何售卖自己的产品,并模仿他们进行售卖。此时,评价可以跳出师评和同学之间互评,将评价的权利交到顾客的手中,感受最真实的售卖,切实体会真实的市场情境,更好地思考"我该如何对待顾客? 如何才能让书籍畅销"(见表5)。

表5　售货表现评价表

销售员		总分	
	评价内容	等级	
	产品介绍	☼☼☼☼☼	
	表达能力	☼☼☼☼☼	
	成果表现	☼☼☼☼☼	
改进建议			

所以,表现性评价也可以以此为评价标准,一步一步地对学生解决问题的能力进行挖掘,而不是宽泛的问题解决。

(二) 设计能够引发素养的表现性任务

表现性任务需要为学生提供真实或模拟真实的情境,要求学生在具体的问题情境下展示其对所学知识和技能的运用,旨在引发核心素养的相关表现。

"中国传统节日民间故事集"项目的最终目的是编制一本受同学们喜爱的图书并在学校中进行推广。要想一本书受到读者的喜爱,首先要考虑到产品的目标客户是哪类人群。而这本书所面对的人群是小学生,那么就必须满足一个特点——图文并茂。因此,创编故事集的过程中,不仅是要考虑学生的一个文学功底,还需结合学生的美术课程,需要学生具有一定的审美能力。给故事配插图,不仅要考核学生对文章的一个理解精透,还需要学生学会排版,而排版是出版社该做的事,项目化学习要求学生在创设的真实情境下进行,那么就必须如同出版社出书一般,对书本内容进行一个整体排版(见表 6)。

表 6 创编者评价表

评价内容	自评	互评	师评
文学功底	☆☆☆	☆☆☆	☆☆☆
绘画水平	☆☆☆	☆☆☆	☆☆☆
图文排版能力	☆☆☆	☆☆☆	☆☆☆

(三) 具体呈现表现性标准

在设计表现性时应遵循以下原则:①评价必须与学习活动一致;②评价包括对学习过程和结果的测查;③评价方法与学习结果、课程内容有机地整合;④评价方案的设计取决于评价目的;⑤有效评价的关键是活动任务和预期的结果间良好的匹配;⑥必须有明确、具体的评价学生表现的标准;⑦评价能为学生的学习情况提供大量的反馈信息,教师可根据这些信息做出决策。

在"制作中药香囊"项目中,设计"手工制作香囊"的思维导图,思维导图该如何去制作,也是提供了学生评价量表,这样学生才能遵循标准去通过网络查询选中药、晒中药、制香囊等方法和步骤,并在这一过程中思考哪种制作方法效果是最成功的,牵引着学生一步步去选择最适合做香囊的中草药(见表 7)。

表 7 思维导图小组活动成果展示的评价量表

项目	评价标准
美观性(10 分)	颜色和形状新颖;视觉效果
简洁性(10 分)	抓住中心、关键词
完整性(10 分)	内容全面,科学概念要点无遗漏
正确性(30 分)	主题明确;概念准确;关系合理
结构性(20 分)	层次分明;思路清晰
形象性(10 分)	符号具有独特性;图标指示性强
参与度(10 分)	小组成员有团队意识,能群策群力,交流积极主动

表现性评价是项目化学习过程中不可或缺的一部分,是连接学生与教师之间的桥梁。传统的评价模式已经不能满足现阶段的教学要求,表现性评价则能够很好地弥补这方面的缺陷。我们应将传统评价与表现性评价有机地整合,适时、适当、适切地运用,使一加一大于二,产生积极的评价效果,从而促进学生核心素养的提升。

案例分享 ∷∷∷

中国传统节日民间故事集

课程类型	年级	课时数	设计者	实施者
学科项目	五年级	8课时	黄璟　王晓甜　方立婷	黄璟　王晓甜　方立婷

一、项目概述

随着学生课外阅读面的增长,结合统编语文五年级教材中民间故事单元的学习,学生对民间故事产生了浓厚的兴趣。民间故事的价值何在? 新时代少年儿童如何传承好中国传统民间故事? 本项目以中国传统节日为出发点,结合中国传统民间故事,汇编出与中国传统节日有关的民间故事集。在学校读书节即将来临之际,学生通过信息技术互联网搜集资料,学习如何创造性复述故事的方法,并编写、缩写中国传统节日民间故事,利用美术的审美感知和艺术表现,绘制中国传统民间故事的相关插图,最终编制成一本受同学们喜爱的图书——《中国传统节日民间故事集》,并在学校读书节活动中进行推广阅读。从而培养学生丰富的想象力,发展学生的创造性思维,提高学生复述故事的能力。

二、项目目标

(一) 知识与能力目标

(1) 语文:语言文字表达。如编写、缩写中国传统节日民间故事。

(2) 美术:审美感知和艺术表现。如绘制民间故事连环画。

(3) 信息技术:利用互联网技术进行信息搜集整合工作。如搜集资料、查阅与传统节日有关的民间故事、查找复述故事并缩写故事的方法等。

(二) 学习素养目标

(1) 问题解决能力:如何将任务合理地分配至每一个成员? 如何让自己的复述更有吸引力? 如何正确地缩写故事? 在实践活动的过程中会出现大大小小的问题,学生可以学会如何面对问题、如何分析问题,以及如何解决问题。

(2) 创新思维:复述故事旨在培养学生的创新思维,学生在复述故事的过程中,可以结合自身表达特点、自己对人物情感的理解,创造出新的想法而进行复述。

(3) 合作能力:学习活动开展的过程中,会将所有学生分成若干小组,每组负责一个故事,从第一步收集材料至最后一步汇编成册出书这一漫长的过程中,学生需要与他人合作,共同完成多个项目。这个过程可以培养学生的合作能力和团队精神,让他们学会如何在团队中发挥自己的作用,尊重他人的意见,以及如何有效地与他人沟通和协作。

（4）自我管理能力：此次学习也需要学生能够进行自我管理，包括时间管理、任务管理和情绪管理等。这些自我管理的技能对于学生的个人发展和未来的职业生涯都是非常重要的。

（三）核心素养目标

（1）文化自信：在充分亲近神话人物与角色体验中真切感受民间故事的魅力情趣。

（2）语言运用：在讲故事的过程中丰富细节，模仿人物的语气、动作等把故事讲得更加生动。

（3）思维能力：能用语言和动作表现故事人物的形象和情感来吸引他人。

（4）审美创造：感受民间故事的神奇色彩，传承中国传统文化。

（5）情感态度与价值观：体会人物的各种高贵品质，并从中受到教育，培养热爱人民、助人为乐的情感。

三、挑战性问题

（一）本质问题

如何将中国传统节日相关的民间故事有效传承？

（二）驱动性问题

作为新时代的少年儿童，我们如何传承好中国传统民间故事？要将中国传统节日和民间故事相结合，不仅能让人们了解中国传统节日的起源，也能传承节日的习俗。

四、预期成果

（一）产品形式

《中国传统节日民间故事集》。

（二）公开方式

通过学校展示栏、学校微信群、公众号等多种方式展示学生汇编作品《中国传统节日民间故事集》并进行推广阅读。

五、项目评价

（一）过程评价

（1）能否运用网络资源搜集到自己喜欢的中国传统节日相关的民间故事，并阐明推荐理由。

（2）能否搜集到创造性复述故事的策略。

（3）是否学会运用策略，创造性复述故事。

（4）能否运用策略，编写、缩写与中国传统节日相关的民间故事。

（二）结果评价

通过学生的表现和作品展示，评估他们对中国传统节日的理解程度和对传统文化的热爱程度，以便更好地传承中国传统节日的民间故事。

成果作品《中国传统节日民间故事集》。

（1）名称是否简练。

（2）图画是否精美。

（3）情节是否连贯、语句是否通顺。

（4）故事是否完整、引人入胜。

六、项目资源及工具

（一）项目资源

（1）教材资源：部编版小学语文五年级上册的教材中第四单元，围绕民间故事这一主题进行教学，本单元的语文要素共两条，分别是了解课文内容，创造性地复述故事；提取主要信息，缩写故事。这些资源可以帮助学生更好地理解和掌握本次的项目化学习。

（2）信息资源：学生通过信息技术手段通过互联网、手机 APP 等软件，对想求知的信息进行搜集和查找。教师使用希沃白板、PowerPoint 等演示文稿，进行教学。这些资源可以帮助学生获取更多的信息和知识。

（3）人力资源：在项目化学习的过程中，学校的教师、学生的家长、杂志社编辑等相关专业的工作人员都可以咨询请教并提供指导、建议和支持，帮助学生更好地完成项目。

（二）制作工具

（1）设计相关任务问题清单（见表 1），帮助推动和解决项目问题。

表 1　任务：我们如何选择出读者喜爱的传统节日民间故事？

1. 如何去调查这个问题并做出选择？	
2. 大众喜爱的传统节日有哪些？	
3. 传统节日相关的民间故事如何更好地传承？	

（2）绘制连环画时需要绘画作图工具，例如：马克笔、水彩颜料、勾线笔等。

（三）计划时间表（见表 2）

活动计划时长：4 周，每周利用两个课时进行项目化课程的学习指导。

表 2　计划时间表

第 1、2 课时	创设情境、入项活动
	任务一：选择具有代表性的中国传统节日进行探究

（续表）

第 3、4 课时	任务二：如何讲述精彩的中国民间故事
第 5、6 课时	任务三：缩写中国传统民间故事
第 7、8 课时	任务四：增加插图配画，汇编成《中国传统节日民间故事集》

七、项目实施设计

（一）入项活动

长滨小学第九届读书节活动即将拉开序幕，读书节活动有一个环节——好书推荐。之前我们都是推荐别人的书，这一次我们自己当小作家，汇编一本《中国传统节日民间故事集》，计划在读书节上首发亮相，推荐给全校师生。

（1）全班学生以小组为单位，利用午餐后的午读时间，随机对全校师生进行口头调查，你最喜欢的传统节日或你最想了解的节日等问题。

（2）以小组为单位，统计出被提及次数较多的传统节日。

（3）公布统计结果，激发学生的驱动力，以被提及次数较多的传统节日为重点编写部分，编辑设计出学生们喜爱的《中国传统节日民间故事集》这本书。

（二）项目实施

1. 任务一：选择具有代表性的中国传统节日进行探究

任务要求：中国传统节日的探究学习是一项非常有意义的活动，它不仅可以帮助学生了解中国文化的深厚底蕴，还可以培养他们的文化自信和爱国情感。指导学生列出前期调查中被提及次数较多的传统节日，并以小组合作的形式，利用互联网查找这些传统节日的民间故事，同时还可以对传统节日的起源、习俗和诗词进行更进一步的探究。

（1）教师可以运用如下问题链促进学生去思考和探索：①我国传统节日有很多，如何去选择代表节日的民间故事？②不同的地区对同一个故事情节或结果的表述是否有差异？如何去优化民间故事？③这些传统节日的起源、习俗和活动都有哪些？

（2）引导学生形成探究学习小组，自行设计分配任务。

例如，学生的分组设计：

一组：春节组——传统节日的传承

一组 1 分队：节日起源（传说故事）。

一组 2 分队：节日活动、节日习俗。对比古今春节活动、习俗的差异（可用表格进行对比，从节日的传承，体现出时代进步对节日活动的影响）。

二组：端午节组——传统节日的发展

二组 1 分队：节日起源（节日故事）。

二组 2 分队：节日活动、节日习俗。对比古今端午活动、习俗的差异（可用表格进行对比，体现出节日的变化与发展）。

三组：中秋节组——传统节日的美

三组1分队：节日起源(节日故事)、节日习俗(赏月、吃月饼、团圆饭等)。

三组2分队：搜集并展示中秋赏月诗词,感受传统文化魅力(形式多样化,例如：可朗诵、演唱或弹奏《水调歌头》)。

(3) 项目学习的方法与评价。在关于传统节日的探究学习过程中,可以采用多种教学方法,如小组合作、情景模拟、角色扮演等。这些方法可以激发学生的学习兴趣,提高他们的参与度和主动性。同时,也可以利用多媒体技术,如 PPT、视频等,辅助教学,使学习内容更加生动有趣。

表3　中国传统节日探究学习评价表

评价内容	自评	互评	师评
学生们喜爱的中国传统节日列表	☆☆☆	☆☆☆	☆☆☆
搜集到具有代表性的节日故事	☆☆☆	☆☆☆	☆☆☆
节日起源、习俗、诗词、活动等更进一步的探究	☆☆☆	☆☆☆	☆☆☆
搜集的作品形式多样化	☆☆☆	☆☆☆	☆☆☆

2. 任务二：如何讲述精彩的中国民间故事

任务要求：引导学生小组合作探究创造性复述故事的方法策略,开展我国传统节日的民间故事分享会,选择最优故事。

(1) 故事分享会的前期准备。故事会分享之前,教师可采用如下类似的问题,促进学生的思考：①如何清楚完整地介绍一个传统节日的故事？ ②如何让故事更加引人入胜？

(2) 开展创造性复述故事的方法和技巧分享会。学生通过思考学习和查阅资料,了解到创造性复述故事的方法和技巧,组织学生交流分享经验方法,从而提升学生的认知与表达能力。

学生分享后,教师也可以适当补充方法。如把自己想象成故事中的人物,以他的口吻讲。变换情节的顺序,故事开头先讲故事中最不可思议的地方,设置一些悬念吸引听众,在讲述的过程中可以大胆想象,为故事增加合理的情节。

(3) 开展中国民间故事分享会。开展中国民间故事分享会是一项富有教育意义和趣味性的活动,能够增进学生对中国传统文化的了解,提高学生们的口头表达能力和团队合作能力。

① 故事会策划阶段。

A. 确定目标和主题。

明确分享会的目标,如弘扬传统文化、提高口头表达能力等。选择一个或多个民间故事作为主题,确保内容具有代表性和吸引力。

B. 确定时间和地点。

选择一个适合的时间和地点进行分享会。可以考虑在学校图书馆、多功能厅或其他宽敞的场所进行。

② 准备阶段。

A. 故事收集和筛选。

收集多个中国民间故事,筛选出适合分享会的故事。确保故事内容健康向上、生动有趣。

B. 分组和角色分配。

将参与者分成若干小组,每组负责一个故事的分享。为每个小组分配主讲人、辅助讲解员等角色。

C. 排练和准备。

组织各小组进行排练,确保故事讲述流畅、生动有趣。同时,准备必要的道具和背景音乐。

③ 实施阶段。

A. 开场白和介绍。

由主持人进行开场白,介绍分享会的主题和目的,激发观众的兴趣。

B. 故事讲述。

各小组依次上台讲述民间故事,注意讲述的生动性和互动性。可以通过 PPT、道具等方式辅助讲述。

C. 互动环节。

设置互动环节,如观众提问、小组讨论等,增加观众的参与感。

D. 总结和表彰。

在分享会结束时,由主持人进行总结,表彰表现优秀的小组和个人。

(4) 讲述精彩的中国民间故事环节,对学生的小组合作和故事分享进行评价。

表 4　故事分享评价表

评 价 内 容	自评	互评	师评
搜集到创造性复述故事的策略方法(策略丰富☆,策略可行☆)	☆☆	☆☆	☆☆
学会运用策略创造性复述故事(有丰富的故事情节☆,讲故事有相应的动作和表情☆,故事生动吸引人☆)	☆☆☆	☆☆☆	☆☆☆

3. 任务三:提取主要信息,缩写中国传统民间故事

缩写在现实生活中广泛运用,是一个人阅读能力、概括能力和分析能力的综合体现。《中国传统节日民间故事集》需要将众多故事分门别类地进行汇编,因此,需要将每一个故事进行缩写。缩写的前提是尊重原意,强调以理解故事内容提取主要信息为基础,保持原文的中心意思不变,保持故事情节的相对完整,保持人物的原有特点。

任务要求:准确把握缩写的尺度。缩写后的文章要做到前后连贯,过渡自然。

任务实施:

(1) 学生查阅资料,初步了解缩写的四种方法:摘录、删减、概括和改写。

摘录、删减:判断哪些内容必须保留,哪些内容可以删去,不要改变故事的原意。

概括、改写:把长句子缩为短句子,把几句话合并成一句话,或者用自己的话把故事中具体的描写改得更简洁。

(2) 小组讨论:应该如何使用这四种方法。

① 哪些是故事的重要内容?

② 哪些内容可以删除?

③ 如何进行概括?

④ 改写的技巧有哪些?

(3) 成果评价(见表5)。

表5　成果评价表

评价内容	自评	互评	师评
故事完整	☆☆☆	☆☆☆	☆☆☆
情节连贯	☆☆☆	☆☆☆	☆☆☆
语句通顺	☆☆☆	☆☆☆	☆☆☆
语句精练	☆☆☆	☆☆☆	☆☆☆

4. **任务四:增加插图配画汇编成书《中国传统节日民间故事集》**

任务要求:根据所缩写的民间故事,配上手绘插图,以每个节日为一个手绘组,进行分工合作。根据成果评价表,选出最优手绘插图作品再进行整合成册,完成《中国传统节日民间故事集》。

准备:自行分组与分配任务。

以每个节日为一个手绘组,自行分工合作,根据相应的故事,展开讨论,明确作画思路和注意事项,做好准备即开始作画。

实施:以小组为单位,结合故事内容手绘插图。

所画插图要贴合故事内容,可根据故事中的一个情节画一幅画,也可画成连环画的形式。

评价:选出最优作品。

根据成果评价表,选出最优手绘插图作品,每个故事情节选出一幅,再整合成册。

表6　成果评价表

评价内容	自评	互评	师评
插图贴合故事内容	☆☆☆	☆☆☆	☆☆☆
插图生动形象	☆☆☆	☆☆☆	☆☆☆
排版精美	☆☆☆	☆☆☆	☆☆☆

(三) 出项活动

读书节拉开了序幕,我们编制而成的《中国传统节日民间故事集》将迎来新书发布会。我们将选派新书推介官来向学校介绍我们的新书。

读书节活动中,《中国传统节日民间故事集》新书发布会具体流程如下:

(1)准备工作:在活动开始之前,准备好作品展示板、样书等。同时,还需要确定发布会的场地、时间、参与人员等。

(2)开幕式:发布会通常以一个开幕式开始,可以是校长、老师或主持人的致辞,介绍活动的目的、意义和流程。也可以有一些特别的民间故事话剧表演展示来营造氛围。

(3)作品展示:接下来是学生们展示自己的作品《中国传统节日民间故事集》。推荐一名新书推介官介绍新书的内容,可以包括作品的创作灵感、制作过程、所表达的意义等。

(4)互动环节:为了让其他学生更深入地了解我们项目的作品,可以设置一些互动环节,如观众提问、小学生解答,或者观众与小学生一起进行创作等,这样可以增加活动的趣味性和互动性。

(5)颁奖环节:在发布会结束时,可以设立一个颁奖环节,对参与本次项目制作和设计活动中,表现优秀的学生和作品进行表彰和奖励。这可以激励学生们继续努力创作,也可以激发其他同学的创作热情。

(6)闭幕式:最后可以是主持人对活动的总结,也可以是校长或教师的致辞。在这个环节,可以对小学生的创作成果表示赞赏和鼓励,同时希望他们在未来的学习和生活中继续保持创造力和想象力。

八、反思与展望

通过本次项目化学习,组织学生运用互联网搜集资料,列出我国传统节日列表,查找相应节日的故事,对故事进行筛选,最后手绘插图连环画,编制成书。反思整个项目路径对学生的学习过程、学习成果、活动的设计和组织进行梳理,仍有许多不足。

一是学生的学习过程,教师主要起主导作用,在引导学生搜集资料列表的过程,还没有做到放手让学生自己探究,特别是在搜集资料如何创造性复述故事的方法查阅中,学生查到了方法,但不会使用,教师要做好指导。二是学习成果的制作中,要鼓励学生发挥想象力,结合故事的情节和内容,大胆作画。在缩写故事的时候,也要注意方法的指导。三是活动的设计和组织,由于是第一次进行项目化学习的尝试,还有很多细节需要改进,如活动的先后顺序,要想清楚再执行。

制作中药香囊

课程类型	年级	课时数	设计者	实施者
跨学科类项目	五年级	5课时	蒙绪龙　蔡英甫	蒙绪龙　蔡英甫

一、项目概述

海口市秀英区长滨小学地处热带滨海城市五源河湿地公园,周边蚊虫繁多,频繁骚扰着在校师生。借助学校"中医药文化科普基地",整合语文、科学、美术、劳动等学科的重要概念,和多个学科形成关联。项目设计始终关注中草药——香囊对生活保健的影响。中药香囊具有清热祛邪、提神醒脑、祛寒暖体、抗菌消炎等,香囊一般情况下可以促进睡眠的质量提高,并且可以有利于防止蚊虫叮咬,增强自身的抵抗能力,主要是里面含有中药的成分,具有比较高的应用价值,并且不会对身体产生明显的副作用。学生通过搜索、调查、访谈、咨询等手段来获取信息,并通过信息处理及分析的方式形成基本概念。与此同时,学生使用各类技能,开展协作式、探究式学习。在解决困扰问题的同时,学习知识、建立学科联系、掌握技能、使用中医药知识生活保健,传播中医药文化。中药香囊的外观设计和制作过程体现了美术的价值和工艺,也可以通过美术的形式将中药香囊所承载的文化传承下去。

二、项目目标

(一) 知识与能力目标

(1) 语文:文字描述和语言表达。如描绘香囊的形态特征、调查问卷报告的誊写、小组创见思路、最终决策方案和项目经历介绍。

(2) 科学:中药香囊保健原理和方法,了解香囊在生活中使用的范围和使用方法,认识中药香囊,知道香囊的功效与作用,描绘并表述香囊的特征。让学生在感知中医药文化博大精深的同时,自觉地担负起传承中医药文化的光荣使命。

(3) 美术:审美感知和艺术表现。如:香囊包装图案设计,设计思维导图。

(二) 学习素养目标

(1) 了解常见中药的特性、功效和用途。

(2) 掌握中药香囊的配方原理和制作方法。

(3) 将自制香囊应用于日常生活中,提高生活质量,提升对香囊外观设计的审美水平。

(三) 核心价值目标

(1) 传承和弘扬中医药传统文化,让更多人了解和认识中药香囊这一独特的文化形式。

(2) 通过制作中药香囊,进行中医药知识的教育和科普,培养学生对中医药的兴趣。

三、挑战性问题

(一) 本质问题

如何让学生深入了解中草药——因人而异制作出中药香囊。

(二) 驱动性问题

香囊具有驱蚊、安神、防疫等功效。作为传统文化符号，不仅代表着爱情和友谊，也蕴含着人们对健康和美好生活的向往。你家里或身边的人使用中药香囊吗？市场在售香囊产品效果有什么优点或缺点呢？我们能自己制作更有利于自己身体健康的香囊产品吗？

四、预期成果

(一) 产品形式

(1) 市场在售香囊产品效果的问卷调查。

(2) 手工制作香囊思维导图和包装装饰。

(3) 相关的演示文稿。

(4) 自制中草药香囊产品。

(二) 公开方式

学生以小组为单位，带着自己制作的香囊及相关图表、演示文稿等布置科学展，向参观展台的师生介绍项目经历并展示作品，呈现作品效果，互赠香囊。

五、项目评价

(一) 过程评价

(1) 能否辨识不同中草药，了解中草药特性。

(2) 能否通过文字描述和语言表达香囊的基本特征。

(3) 能否掌握中药香囊的功效与作用的知识技能。

(4) 能否具有较强的审美感知能力和严谨的艺术表现能力。

(二) 结果评价

1. 知识技能、合作技能、实践技能的评价

(1) 知识技能：香囊的形态特征以及功效与作用的相关测试。

(2) 技能评价：药材的选择、操作技法、成品性能检测。

(3) 实操评价：香囊包装装饰，思维导图绘制，手工香囊制作。

2. 成果介绍展示

六、项目资源及工具

(一) 项目资源

计算机、网络、与中草药相关的书籍或其他形式的资料信息、绘图工具、美术材料、中草药等。

(二) 制作工具

筛子、盆子、石臼、包装袋、包装盒。

(三) 计划时间表(见表1)

表1　计划时间表

时间	内　　容
第1课时	发布项目主题,调查数据分享,确定探究内容,开展入项活动
第2课时	观察香囊特征,了解制作材料,学习功效作用,指导绘画写生
第3、4课时	提供知识技能,掌握技术工具,设计思维导图,手工制作香囊。设计香囊形状和图案,绘制包装样式
第5课时	提出修订建议,形成最终成果,演示文稿报告,公开成果展示

七、项目实施设计

(一) 入项活动

学校周边水系繁多,各类蚊虫也多,这严重影响了我们的学习生活。如何让学生通过中药进行预防和保健呢?

(1) 全班学生以小组为单位,对五年级100名师生进行问卷调查,了解大家是通过哪些中药进行预防蚊虫,探寻每个人的中药保健小秘诀。

(2) 以小组为单位,统计出各式中药保健方法或产品的优缺点。

(3) 学生展开讨论提出家庭可行性中药保健方案,形成小组创见。学生对各小组提出的保健方案的利弊进行分析和决策,探究手工制作中药香囊,既能有效治疗又能保健,解决不同人的保健问题。

表2　调查信息表

预防蚊虫中草药产品	
中草药保健产品	
你常用的中草药产品	
中草药产品的利弊	

(二) 项目实施

1. 初识香囊

(1) 这是一种什么神奇的植物呢? 以小组为单位,通过网络查询或查阅中草药相关书籍,探究不同中药材料的区别,探讨中药香囊的功效与作用。

(2) 组织学生参观校内的中草药园,比较不同中药的不同药性,找出他们的特点,从而激发学生想要了解香囊的好奇心。

(3) 组织学生前往学校中药园,观察不同中药的基本特征,了解中药的生长习性,通过观察找出中草药的特点,学会绘制草药外形并设计制作一个香囊。

表3　香囊调查信息表

香囊的寓意	
香囊的作用	
香囊的种类	
香囊的制作	

2. 初识中草药

(1) 组织学生参观中药园种植区,观察中草药植物的外形特征。

(2) 完成绘画写生,写出关于一种中草药形态的说明文。信息包括植物的高度、叶子的形状、花果的色彩等,植物散发的气味可作为进一步讨论点。

(3) 完成绘画写生作品评价量表(见表4)。

表4　绘画写生作品评价量表

评价领域	评价标准	画上你的个性表情吧!		
		自评	组评	师评
审美感知	能否说出中草药植物的组成部分			
	能否准确描述草药的形状特征			
艺术表现	能用线描的形式绘出基本造型			
创意实践	作品是否有突出中草药的形状特征			
	作品是否描写了关于中草药形态的说明			
文化理解	能否用语言表达自己对美术作品的感受			
	能简单说一说中草药的作用			
表情评价	☺ 非常满意	☺ 比较满意		☹ 不满意
综合评语				

3. 运用问题链,促进深研香囊

(1) 教师运用如下问题链促进学生去思考和探索:①一个完整的香囊由几个部分组成? ②香囊的材料特点是什么? ③香囊有什么样的气味?

(2) 小组讨论香囊的特征和作用。①辨识不同中草药香囊的特征? ②为什么香囊会有这样的作用?

4. 比较产品,探索香囊的功效

(1) 学生广泛收集常见香囊产品资料。

(2) 教师运用如下问题链驱动学生探索,统计出各类香囊产品的优点:①你平时使用什么香囊吗? ②各类香囊都有哪些优点? ③你更喜欢用哪一种产品? 说一说原因。

表5　香囊产品调查信息统计表

产品	使用效果	不足之处	其他功效

（3）以小组为单位，进行头脑风暴，组织学生展开讨论，提出常用的香囊，并形成小组创见。

（4）发表意见，形成决策。全班学生对各小组提出的香囊功效进行分析，教师运用如下问题链驱动学生思考：①是否含有化学成分？②是否适合学生使用？③是否有益学生健康成长？④是否方便携带和使用？⑤是否可以节约经费支出？

5. 探索制作方法与形成成果

（1）项目小组设计"手工制作中药香囊"的思维导图。

项目小组通过小红书学习、网络查询或自媒体视频学习，了解"手工制作中药香囊"的方法和步骤，设计"手工制作香囊"的思维导图，内容包括选中药、晒中药、制香囊等方法和步骤的可行性分析，并完成评价量表（见表6）。

学生需要决定哪种制作方法效果是最成功的，并且思考为什么。

教师从以下几个方面驱动学生思考：便捷生产、健康生产、美观生产。

表6　思维导图小组活动成果展示的评价量表

项目	评价标准
美观性（10分）	颜色和形状新颖；视觉效果
简洁性（10分）	抓住中心、关键词
完整性（10分）	内容全面，科学概念要点无遗漏
正确性（30分）	主题明确；概念准确；关系合理
结构性（20分）	层次分明；思路清晰。
形象性（10分）	符号具有独特性；图标指示性强
参与度（10分）	小组成员有团队意识，能群策群力，交流积极主动

（2）项目小组分工合作，手工制作中药香囊。

中药的晒法：

① 选择适合制作香囊的中草药。

② 将中药晒干。把中药洗净，晾去多余的水分。晒中药的最佳时间是在夏季的阳光充足时间，时间一般为2～3天，期间需要反复翻动，以便晒干均匀。晒干的中药可以更好地保持其营养成分和药效。

香囊的做法：

① 先将中药剪碎或者捣碎。

② 用药勺舀取中药填装至无纺布袋里，再外加细密、柔软、透气、好看的布袋或锦袋包装制成香囊。

③ 制作成品，绘画装饰香囊包装。

为了帮助学生完成以上任务，我们为其提供了三种类型的知识技能：一是解决该问题所需的学科知识技能；二是项目化学习过程中所需的技术工具（收集信息和绘图等工具）；三是合作技能。

我们还为学生提供了手工制作香囊的工具：包装袋、包装盒、中草药、布、丝线等。

6. 评论与修订

（1）观察自制的手工香囊，闻一闻有什么味道，并根据香囊的药性和保健的效果确定调整香囊，提出修订建议。

（2）个体和项目小组根据意见修订自己的成果。

（3）形成最终可以参加成果展的成果。

（三）出项活动

学校召开中医药文化传承研讨会并演示。参与人员包括校领导、家长及教师、学生等。学生需要对自己手工制作的产品通过电子和实物模拟的形式进行演示，并说明制作原因，介绍项目经历，在公开成果展中记录他人意见和观点（见表7）。

表7　自制香囊评估表

保健功效	美术装饰	制作材料	产品优点
意见或建议：			

八、反思与展望

（1）学生通过自制香囊，能够亲身体验中药的制作过程，感受中药的独特魅力，从而更深入地了解中药文化。学生了解到不同中药的功效和作用，体会到劳动的乐趣和成就感，它可以让我们的生活变得更加健康和美好，也让他们感受到中药的魅力和好处。

（2）参与制作过程可以激发学生对中药文化的兴趣，尤其是对于学生来说，有助于培养他们对传统文化的热爱。加深对中药文化的了解，能够增强大家对自身文化的认同感和自豪感。

（3）没有充分照顾到学生的个别差异，对于学习进度较慢或有特殊需求的学生没有给予足够的关注和支持。今后将加强与学生之间的互动和合作，注意关注到个体差异。

艾草盆栽种植

课程类型	年级	课时数	设计者	实施者
跨学科类项目	三年级	5 课时	伍秀燕	伍秀燕

一、项目概述

学生将艾草种子、采摘回来的艾草和艾苗种植在自制的花盆中，科学养护，了解它的药用价值、生长习性,养护管理方法,亲历它的成长历程,记录此实践活动过程。在养护艾草,记录此实践活动过程的同时,学习艾草的药用知识、建立学科联系、掌握技能、使用中医药知识生活保健,传播中医药文化。本项目整合语文、劳动、科学等学科的重要概念。项目设计始终关注学生的劳动教育和中草药在生活中的运用。学生通过以小组为单位,制订研究方案,做好人员分工,确立研究目标及措施。以"线上线下相结合"的方式,通过网上查阅、调查采访、查阅学科书籍等方式解决核心问题,建立"艾草盆栽种植手册",分类收纳自己收集的相关资料。

二、项目目标

(一) 知识与能力目标

(1) 语文:制作观察记录表、研究方案和项目经历介绍,撰写艾草种植观察日记,培养学生的语言表达能力和实际操作能力。

(2) 科学:通过让学生了解艾草的生长习性,掌握科学的盆栽种植方法,了解艾草的药用价值,感知中医药文化博大精深。

(3) 劳动:通过让学生掌握盆栽艾草的劳动技能和一般步骤,科学种植艾草,提高知识技能、合作技能、实践技能。

(二) 学习素养目标

培养学生观察、自主探究、合作交流、反思总结的学习能力和创新思维的能力。

(三) 核心价值目标

(1) 在项目实施过程中,提高学生的动手能力,具备劳动情怀,养成热爱劳动、崇尚劳动的好习惯。

(2) 通过项目研究,学生能知道艾草的主要药用价值,了解艾草与中国人的生活有着密切的关系,感受中医传统文化的悠久历史,提高民族自信心与自豪感。

三、挑战性问题

(一) 本质问题

如何让学生通过学习种植艾草,学会观察和思考,提高写作能力?

(二) 驱动性问题

你有没有被蚊虫咬过? 感觉如何?

如果家里种上艾草,可不可以驱蚊呢?

四、预期成果

(一) 产品形式

(1) 艾草种植日记。

（2）艾草盆栽。

（3）相关的演示文稿。

（二）公开方式

学生以小组为单位，带着自己种植的艾草及种植日记、演示文稿等向参观展台的师生介绍项目经历并展示作品，呈现作品效果。

五、项目评价

（一）过程评价

（1）能否辨识艾草，能否用文字描述、语言表达它们的基本特征以及中医药功效与作用。

（2）能否合作完成艾草种子和艾苗的筛选和种植，并能用文字描述、语言描述艾草的种子和艾苗的筛选要点和种植过程。

（3）能否详细地记录艾草种植观察日记。

（二）结果评价

1. 知识技能、合作技能、实践技能的评价

（1）知识检测：艾草的形态特征、种植方法以及功效与作用的相关评价。

（2）技能检测：艾草种子和苗子的选择、种植效果的评价。

（3）实操检测：艾草种植方法介绍，艾草种植观察日记展示评价。

2. 产品展示、项目介绍、营销效果评价

六、项目资源与工具

（一）项目资源

计算机、网络、与中草药相关的书籍或其他形式的资料信息、中药种植基地等。

（二）项目工具

花盆、铲子、浇水壶、观察记录本等。

（三）计划时间表（见表1）

表1　计划时间表

时间	内　容
第1课时	发布项目主题，调查数据分享，确定探究内容，开展入项活动
第2课时	观察植物特征，了解生长环境，学习功效作用，学习种植方法
第3、4课时	提供知识技能，掌握技术工具，设计思维导图，完成种植观察日记
第5课时	提出修订建议，形成最终成果，演示文稿报告，公开成果展示

七、项目实施设计

(一) 入项活动

随着时代的发展,人们都开始在室内养花种草,特别是盆栽植物的情况下,不但能够净化空气,美化环境,除此之外,也可以最大限度地利用这些植物来达到自己的目的,比如驱离蚊虫、吸收甲醛、采摘食用等。所以,为了保证家人的健康与安全,我们最好栽种上一些能保健养生价值的盆栽植物。你会选择种植什么呢?

(1) 以小组为单位,在校园内开展艾草的家庭保健使用问卷调查。

(2) 根据问卷调查结果,激发学生的探索欲,制订研究方案,做好人员分工,确立研究目标及措施。

(3) 以"线上线下相结合"的方式,通过网上查阅、调查采访、查阅学科书籍等方式解决核心问题,建立"艾草种植资料库",分类收纳自己收集的相关资料。学生对各小组提出的艾草种植方案的利弊进行分析和决策。确定艾草科学的种植方法。

(二) 项目实施

1. 实地考察,筛选优质艾草种子和优质艾苗

(1) 组织学生观察、比较优质与劣质的艾草种子和优质艾苗,学会选择优质的艾草种子和种苗。

(2) 说出优质艾草种子和优质艾苗的特点,写出关于挑选优质艾草种子和优质艾苗的说明文并配上插图。信息包括种子的形状、颜色、饱满程度,植株的高度、根茎的大小、叶子的形状和颜色等,植物散发的气味可作为进一步讨论点。

(3) 填写评价量表(见表2)。

表2　《如何筛选优质艾草种子和优质艾苗》习作评价量表

能写清楚优质艾草种子和优质艾苗的特点	★
能有条理地将优质艾草种子和优质艾苗的特点及筛选的过程写清楚	★
能用语言表达自己对筛选优质艾草种子和优质艾苗的感受	★

2. 运用问题链,促进深研艾草

(1) 教师运用如下问题链促进学生去思考和探索:①优质的艾草种子和艾苗在形状上具有哪些特点? ②应从哪几个方面判断艾草种子和艾苗是否优质?

(2) 小组讨论优质艾草种子和优质艾苗的特点。①辨识优质艾草种子和优质艾苗的方法主要是什么? ②为什么要选择优质艾草种子和优质艾苗种植?

3. 开展分享会,提升认知与表达能力

小组成员之间开展筛选劣质艾草种子和优质艾草种子比赛。

4. 交流艾草的生长习性,探索艾草的种植方法

(1) 学生通过网上查阅、查阅学科书籍等方式了解艾草的生长习性及种植方法。

（2）教师运用如下问题链驱动学生探索，统计出各式种植方法的优缺点（见表3）：

①你了解的艾草种植有哪些方法？②各式艾草种植的方法都有哪些优点和不足？③你更喜欢用哪一种种植的方法？说一说原因。

表3　艾草种植方法统计表

种植方法	优点	不足之处
播种		
扦插		
移苗		

（3）以小组为单位，进行头脑风暴，组织学生展开讨论，提出最优种植方法，形成小组创见。

（4）发表意见，形成决策。全班学生对各小组提出各式艾草种植方法的优点和不足。

5. 探究播种、扦插和移苗三种种植艾草的方法，按播种、扦插和移苗三种种植方法分组实验种植

（1）探究播种、扦插和移苗三种种植艾草方法应注意的事项。

（2）各小组分工合作，使用项目工具，按播种、扦插和移苗三种种植方法分组实验种植，并填写艾草种植记录表（见表4）。

表4　_____（填种植方法）艾草种植记录表

我的任务：
我的发现：
我猜这可能是因为：
我解决该问题的方法：
小组探讨解决该问题的方法：

6. 试验、探讨与矫正

（1）观察艾草的生长情况，并根据种植温度、湿度、艾草的叶子、茎的粗细和生长速度，提出修订建议。

（2）个体和项目小组根据意见修订自己的成果（见表5）。

表5　_____（填种植方法）种植艾草试验修正表

第一次试验			第二次试验		
播种	扦插	移苗	播种	扦插	移苗
温度：	温度：	温度：	温度：	温度：	温度：
湿度：	湿度：	湿度：	湿度：	湿度：	湿度：
生长状态：			生长状态：		

（3）收集项目材料，包括项目计划、调查问卷、过程日志、修改记录、评价量规以及艾条测试最终结果，形成最终可以参加成果展的成果。

（三）出项活动

经过入项和实施后，项目活动进入出项公开展示阶段——艾草盆栽义卖活动。

在学校丰收节活动场地设置展柜，展示自己栽种的艾草盆栽并营销推广，学生需要现场讲解自己艾草盆栽优势及种植的方法，并进行评估陈述。在陈述中，项目小组共同介绍陈述报告，并介绍自己在项目中承担的责任。最后填写表述评价表（见表6）。

表6　艾草种植表述评价表

能说清楚艾草的生长环境	★
能有条理地将艾草种植的方法和过程表述清楚	★

八、反思与展望

在实践过程中，学生通过线上线下相结合的方式，参与艾草种植项目的各个环节，如土地选择、种子筛选、播种、管理与收获等。在学习过程中，鼓励团队合作、交流分享，培养学生的沟通与协作能力。同时，利用新媒体平台展示实践成果，激发学生的成就感和自豪感。

然而，艾草种植项目化学习也面临一些挑战与问题。如在学习过程中，可能出现资源分配不均、实践场地有限、师资力量不足等问题。此外，学生在新媒体环境下的信息筛选和判断能力有待提高，以防受到虚假信息的影响。

针对这些问题，我们需要从以下几个方面进行反思与改进：一是加强师资队伍建设，提升教师的新媒体素养和专业水平；二是优化资源配置，充分利用线上平台，拓宽学习渠道；三是注重学生信息素养的培养，引导学生辨别信息真伪，提高自我保护意识。

展望未来，艾草种植项目化学习有望在新媒体环境下取得更大发展：一方面，随着科技的进步，新媒体技术将为艾草种植提供更多创新手段，如智能农业、大数据分析等；另一方面，艾草种植项目化学习将与其他领域相结合，如健康养生、乡村旅游等，拓宽产业发展的道路。

总之，在新媒体时代背景下，艾草种植项目化学习具有广泛的应用前景。通过不断反思与改进，我们有信心应对各项挑战，推动艾草种植项目化学习在实践中不断创新，为我国农业发展和乡村振兴贡献力量。

探寻传统节日　争当文化使者

课程类型	年级	课时数	设计者	实施者
学科类项目	三年级	5课时	祁妍	祁妍

一、项目概述

中国传统节日是中华民族传统文化的重要组成部分,承载着丰富的历史文化内涵,代代相传,流传至今。在这些节日中,既有祭祀先祖的传统节日,也有庆祝丰收和团圆的节日,每一个节日都有着深刻的意义和独特的习俗。现如今,小学生对于中国的传统文化了解很浅显,并不深入。选择这个项目是基于教材、结合学生的生活实际,让学生通过实践能够紧紧地围绕"中国传统文化"这一大主题去探寻中国传统文化的根,去深入地了解传统文化的节日和习俗。在这一项目中,需要学生根据所学知识,课后自定小组团结合作,通过查看日历、询问长辈、查找资料等记录方式去收集资料。在项目进行过程中,需要学生根据自己所掌握的资料进行学习成果的展示和交流。例如:学生用文字记录,写一写自己在家过节的过程或者节日里发生的故事、绘制图文并茂的传统节日手抄报;以小组为单位,选择一种大家都喜欢的方式以"文化小使者"的身份向大家介绍中国的传统节日。

在此基础上,学生可以通过实践活动在收集资料、处理信息、人际交往能力中得到锻炼,也培养学生互助合作的团队精神,同时在这一过程中也会增进学生对传统文化的了解,感受中华优秀传统文化的魅力。

二、项目目标

(一) 知识与能力目标

(1) 语文:通过学习有关中国传统节日的课文,学生能对传统节日的文化内涵和独特习俗有一定的了解,培养学生的阅读能力。结合自己所学的知识可以对自己感兴趣的传统节日写一篇习作。通过开展传统节日故事会的活动,学生将自己所了解到的中国优秀传统节日的文化内涵和习俗,与小组成员分享交流表达自己的思维和行为,有助于培养学生的言语交流能力。

(2) 信息技术:能在项目过程中,通过网络媒介查找资料,梳理资料信息,并能记录节日以及相关习俗。锻炼了学生提取信息和增强学生的自学能力。

(3) 美术:通过对中国传统节日的了解学会设计手抄报,培养学生创新能力并增强了审美意识和美术技能。

(二) 学习素养目标

(1) 小组合作探究:各小组成员通过运用关键词的方法进行信息搜集与概括,培养学生具备初步搜集和整理信息的能力,也有助于培养学生增强团结合作的意识。

(2) 口语、书面语表达能力:项目中,通过开展传统节日故事会这一活动,学生进行口语表达;结合生活实际以及教学写作方法,锻炼学生书面语的得体表达。

(3) 科学探究:中华传统节日是深厚的传统文化,学会自主实践探究发现历史,能完整地表达清楚并向别人介绍一个传统节日。

(三) 核心价值目标

(1) 感受到中华优秀传统文化的魅力。

(2) 加强对传统文化的了解并增强文化自信。

(3) 培养学生要继承和弘扬优秀的传统文化。

三、挑战性问题

(一) 本质问题

如何通过开展"探寻传统节日　争当文化使者"这个项目学习,引导学生自主采用不同的方式去搜索、收集介绍我国传统节日的资料呢?

(二) 驱动性问题

学生对于中国的传统节日到底了解多少? 在收集好资料后将以什么样的形式向身边人介绍传统节日? 在了解相关信息后如何将传统节日的习作写清楚?

四、预期成果

(一) 产品形式

(1) 以"中华传统文化"为主题制作手抄报和作文。

(2) 以小组为单位,派代表参加传统节日故事会。

(二) 公开方式

(1) 学习结束后,通过班级展示栏展示学生创作的手抄报和作文。

(2) 将传统文化故事录制成短视频发布到班级交流群与家长们共享。

五、项目评价

(一) 过程性评价

(1) 小组能否以不同的形式搜集有关传统节日的相关资料。

(2) 学生能否结合实地观察所得和收集的资料编制传统节日手抄报。

(3) 小组成员之间能否进行传统节日的讲解并根据评价要求做出评价。

(二) 结果性评价

(1) 知识技能评价:可以根据评价表进行评价。

(2) 知识评价:能讲清楚传统节日故事情节。

(3) 实操评价:可以搜集传统节日的资料;可以制作图文并茂的传统节日手抄报;能写清楚传统节日故事习作。

(4) 听众反馈:在活动中,考虑听众的参与度与积极回应,以及对于整体的满意程度等方面。

六、项目资源及工具

(一)项目资源

计算机、网络、与传统节日相关的书籍。

(二)工具

拍摄视频的手机、美术用纸、习作本。

(三)计划时间表(见表1)

表1　计划时间表

时间	内　　容
第1课时	发布入项主题,确定探究内容。小组合作查资料,探寻节日内涵美
第2课时	小组合作齐分享,争当节日小使者
第3课时	编制节日手抄报,感受节日文化美
第4课时	学习节日写作方法,弘扬传统节日文化
第5课时	项目活动结束,展示活动成果

七、项目实施设计

(一)入项活动

中国传统节日是中华民族传统文化的重要组成部分,承载着丰富的历史文化内涵,代代相传,流传至今。现如今,小学生对于中国的传统文化了解很浅显,并不深入。现在决定开展"探寻传统文化　争当文化使者"这一实践活动带领学生去探寻中国传统文化的根,去深入地了解传统文化的节日和习俗。

(二)项目实施

1. 寻历史,体会内涵之美

教师引导学生:这一次综合活动,我们结合小组收集资料信息表(见表2),根据了解我国重要的传统节日以及节日的习俗为重点进行一次历史活动探究。

表2　小组收集资料信息表

节日	过节时间	节日习俗

(1)学生根据自己喜欢的中华传统节日进行自主分组,形成合作小组。

(2)确定组长和组员,完成组内分工。①每个小组进行讨论,确定研究的传统节日。②预设学生分组安排如下:春节小组、元宵节小组、端午节小组、中秋节小组。③分组后的小组成员结合所收集的资料信息表展开详细的收集资料工作。④小组成员根据实践探究,制做好收集资料过程评价表(见表3)。

表3 收集资料过程评价表

学习主题		组别:		姓名:		
评价指标	评价内容	评价标准	自评	他评	师评
实践探究	查找资料	能围绕小组商定的传统节日查找相关资料	☆☆☆	☆☆☆	☆☆☆
		能通过网络、阅读、咨询等途径查找资料	☆☆☆	☆☆☆	☆☆☆
	整理资料	能用自己喜欢的记录方式找到相关资料	☆☆☆	☆☆☆	☆☆☆
		能根据记录的要点联系查找的内容	☆☆☆	☆☆☆	☆☆☆

(3) 教师及时了解小组资料收集的进度,并提供参考意见,对于学习能力较弱的小组应给予一定的指导。

2. 说古韵,宣传文化之美

中国传统节日是中华民族传统文化的重要组成部分,承载着丰富的历史文化内涵,代代相传,流传至今。现在我们需要几位传统文化小使者来弘扬我们中国的传统节日。教师引导小组合作将收集的资料整合以"传统节日故事会"的形式进行全班汇报。

(1) 教师做好活动要求和指导。①要求:活动过程中,所有学生都要积极参与,遵守纪律,认真倾听,做好评价。②指导:在讲述故事时,可适当丰富故事情节,借助方法,讲清楚故事内容。

(2) 根据预设节日小组轮流上前汇报讲述,以传统节日为背景,各学习小组找到与节日相关的诗词、歌曲、故事,选择研究故事,品味经典。其他同学依据讲述的故事内容进行评价(见表4)。

表4 故事讲述评价表

内容	评价标准	自评	他评	师评
口语表达	展示过程中声音响亮	☆☆☆	☆☆☆	☆☆☆
自信心	展示时态度大方、自信	☆☆☆	☆☆☆	☆☆☆
形式	形式多样,有创意	☆☆☆	☆☆☆	☆☆☆
内容	内容丰富,介绍清楚	☆☆☆	☆☆☆	☆☆☆

(3) 学生利用PPT把节目的习俗和自己参加活动时的照片、视频等成果展示出来。小组成员互相合作,一人负责播放,一人负责介绍,让其他学生体验过节的氛围,感受过节的愉悦心情。

(4) 在此过程中,以视频拍摄的方式进行记录。

(5) 全班在活动结束后,评选出得星最高者为传统文化小使者。

(6) "传统文化小使者"课后利用课余时间将故事讲给身边的人。

3. 画古韵,感受文化之美

制作手抄报是一个很好的图文并茂的宣传方式,以弘扬中国优秀传统文化为出发点,我们以"传统节日"为主题,一起来编制一个图文并茂的手抄报。

(1)各节日小组的组长和成员自行分工围绕内容和文字编制手抄报。

(2)将编制好的手抄报以预设节日小组的顺序依次上台展示,其他学生进行评价(见表5)。

表5 传统节日手抄报制作评价表

评价要素	评价标准	自评	他评	师评
内容	主题明确,内容积极,文字内容质量高,无错别字	☆☆☆	☆☆☆	☆☆☆
艺术性	整体美观,色彩和谐,图文并茂	☆☆☆	☆☆☆	☆☆☆
创造性	构思、创意巧妙,奇特,具有想象力和创造力	☆☆☆	☆☆☆	☆☆☆

(3)活动结束后将绘制优秀的手抄报张贴在班级文化宣传墙上进行宣传。

4.写古韵,弘扬文化之美

(1)指导学生个人习作展示任务的方法。①学生根据自读教材的习作要求,了解本次习作任务。②引导学生根据前期所收集的资料,集体讨论,选定本次习作合适的事例。③指导梳理写作提纲,学生自主修改、完善所选的事例。

(2)布置写作任务。任务要求:写一写自己在家过节的过程或者节日中发生的印象深刻的故事,在小组内进行个人习作成果展示。①出示评价表,明确评价要求。②组员轮流在小组内朗读习作,其余同学认真倾听。③学生在组内依据互评表,对展示的习作进行评价,提出修改意见(见表6)。

表6 个人习作展示互评表

内容	自我评价	
过节的过程	能写清楚一家人一起过节的过程	☆☆☆
节日的习俗	能写清楚过节的习俗	☆☆☆
印象深刻的事	所写的事与过节联系紧密	☆☆☆

(3)各小组挑选一篇文章,进行全班汇报。

(三)出项活动

(1)弘扬传统节日文化:被评选为"传统文化小使者"的学生到线下参加宣讲活动,弘扬传统节日。

(2)宣传传统节日:每个小组评出的手抄报和习作张贴在教室宣传墙,有机会可参加学校的校报评选。

八、反思与展望

本次"探寻传统文化 争当文化使者"这一项目化学习中,是基于三年级语文下册教材第三单元传统文化的内容为活动主题。万事开头难,在项目化开展前期,面对驱动性问题"如何以'传统节日小使者'的身份,向身边的人介绍中华传统节日",学生要以小组为单位收集材料。如何确定小组主题？如何拟定和修改方案？以何种方式收集材料？如何记录和呈现？毫无疑问，这些都是学生面临的问题。

作为教师，我采用以学生为主，教师为辅的原则进行活动的开展。例如：在发布任务后，让学生围绕自己所喜欢的节日自行分组去调查有关传统节日的资料。在这一环节中，学生学会了自主探究，培养了学生的合作学习能力。

本次项目化有意引导学生提高文化自信，对此我在活动中设计了"争当文化小使者"的活动，锻炼学生讲述故事的能力，培养学生的表达能力。为了使活动更好地开展，项目化学习整合了语文、美术、信息技术的课程内容，联结课内外，拓宽了学习领域。但在传统节日文化挖掘和新时代传统节日的变化梳理、引导方面，做得还不够，需要继续改进。

一叶知秋——制作创意秋叶书签

课程类型	年级	课时数	设计者	实施者
跨学科类项目	三年级	8课时	羊淑秋	羊淑秋

一、项目概述

国庆假期正值金秋，现时的语文书中的内容也正好与秋天有关。三年级学生是求知欲旺盛、创造力突出的年龄段，此时的他们积极肯干，勇于挑战，什么都想听一听、看一看、干一干，愿意主动参加非常有意义的集体活动。根据此年龄段学生的认知特点和身心发展规律，项目设计以主题化的形式，以"触摸秋天"为主题设计系列活动，设计跨学科类、分层类、实践类等作业范式与实施方式，以激发学生学习语文的兴趣，解决当下阅读缺乏丰富性和趣味性、监督缺乏及时性等问题提供了有效路径与操作策略、合作技能、实践技能。能掌握手工制作书签的劳动技能和一般步骤，知道利用自制的创意书签阅读，教学生用一片秋叶制作一枚书签，既能让学生知道如何使用书签，又能培养学生动手动脑的创意能力。

二、项目目标

（一）知识与能力目标

（1）美术：审美感知和艺术表现。感受造型、色彩的碰撞，利用精美的造型和布局，表现自我的设计风格。

（2）劳动：学习搜集、整合资料的方法，进行信息的搜集与概括，让学生具备初步搜集和整理信息的能力，能结合实地观察和搜集的资料，以落叶的方式制作书签。

（3）科学：学会经过调查发现问题、用各种学习工具确定要解决的问题、提出解决假设和验证,最终给出解决方案。

(二) 学习素养目标

(1) 在学习过程中,学会独立思考,有一定的解决问题和实际操作的能力,并在此基础上,综合运用自身的口头表达和书面表达,相互促进。

(2) 知道团队合作的重要性,在和组员交流时,能处理好基本的人际关系,做好自身的情绪管理,具备一定的沟通协作水平和积极向上的团队精神。

(三) 核心价值目标

(1) 学生在用巧手再现书签艺术美的前提下,更能贴切地感受其艺术背后的悠久历史和神奇魅力,激发学生的阅读兴趣和创作灵感。

(2) 制作过程中不仅提高了学生的动手能力,培养了鉴赏美的能力,更是体验并传承了书签文化的源远流长、博大精深,坚定了身为中国人的文化自信。

三、挑战性问题

(一) 本质问题

如何让学生通过搜集资料、自制创意书签深入地了解中国传统文化,创造性地解决当下阅读缺乏丰富性和趣味性?

(二) 驱动性问题

(1) 读一本厚厚的书,一时读不完时如何才能一下子找到? 有没有用书签的习惯? 有没有用秋叶来制作创意书签?

(2) 挑选落叶后,如何让书签版画更具鲜明性和语言性? 演示后,如何制作意义非凡的书签?

(3) 在品味和鉴赏书签语言时体会到了怎样的传统文化?

四、预期成果

(一) 产品形式

(1) 以小小手艺人身份拍摄讲解落叶书签的制作。

(2) 关于秋叶的精美书签作品展。

(二) 公开方式

(1) 通过班级、学校的展示栏、学校公众号等多种方式展示学生手工作品集《一叶知秋——制作创意秋叶书签》。

(2) 在校园微信公众号发布"小小手艺人"关于秋叶书签制作的讲解视频。

(3) 通过班级展示栏、学校微信群、学校公众号举办"秋叶书签"展演会和"吾之秋叶书签,谁与之媲美"的比赛。

五、项目评价

(一) 过程性评价

(1) 能否搜集到创造性书签的制作。(要求:策略丰富,策略可行。)

(2) 能否学会运用策略创造性制作秋叶书签。(要求:结合实地搜集所得和手头材料制作基本的书签起势及造型,有一定的适用性且契合制作主题,色彩和文字赋予非凡的意义。)

(3) 能否小组间进行书签制作的讲解,根据评价表进行互评。(要求:讲解完整,评价中肯,互相合作,优中选优。)

(4) 能否感受书签用于标记和定位书籍或其他书写材料的工具外,也是一种很有意义的个人收藏。(要求:理解基本功能,感受非凡意义,享受阅读成就感。)

(二) 结果评价

(1) 秋叶书签的作品评价量表。

(2) 秋叶书签讲解视频结尾弹出评星表,根据观众所打的评星表评选最佳"小小手艺人"。

(3) 通过学生的表现和作品展示,评估他们对秋叶书签的熟练制作程度和对传统文化的热爱之情。

六、项目资源及工具

(一) 项目资源

网络、与书签相关的制作视频或其他形式的资料信息、美术材料、绘图工具等。

(二) 制作工具

各种落叶、胶带、卡纸、剪刀、签字笔、绳子。

(三) 计划时间表(见表1)

表1 计划时间表

时间	内 容
第1、2课时	发布项目主题,调查数据分享,确定探究内容,开展入项活动
第2、3课时	观察书签脉络,了解基本步骤,学习常规做法,创意特色书签
第4、5课时	提供知识技能,掌握技术工具,设计思维导图,自制创意书签
第5、6课时	深入研究探索,形成最终成果,演示文稿报告,公开成果展示

七、项目实施设计

(一) 入项活动

在这个信息爆炸的数字化时代,纸质书籍似乎已经逐渐被电子书籍取代。然而,仍有许多人喜欢翻阅纸质书籍,享受书页间的沉浸感。而为了方便阅读,书签成为必不可少的工具,它从某一些角度而言,更能有意义且生动地记录生活、反映生活。中国文化源远流长,古往今来,文人墨客们都有自己特点鲜明的阅读工具,当然,随着当今人们生活水平的提高,人们也在不停地追求自我个性鲜明的阅读体验,书签自是其中最好的见证。

祖国江山好,秋景正明媚。秋天的色彩如画卷般展开,绿叶慢慢染上黄、红、棕等各种色彩,仿佛是大自然的调色板。清风拂过,落叶纷飞,仿佛一只只彩蝶在翩翩起舞,舞动着秋天的华章。独特的阅读体验中,似乎在悲凉或美好的秋意中最能捉住人易感且多思的心。请你在国庆假期里走进自然,感受秋天的美好,去挑选一片你认为最独特的叶子,写上你喜欢的有关秋天的句子或是秋的诗句,制作成叶片书签,送给你的好朋友或家人吧!

(二) 项目实施

1. 了解书签

书签有着悠久的历史,包含着深厚的传统文化,人们用巧手和智慧制造出了许许多多有创意的书签。方寸书签,如一面镜子,窥千年文化映百态人生,展卷读书之余欣赏这精美的艺术书签,不但平添了许多情致,更是读书的一大乐趣。

(1) 学生广泛收集传统书签的资料,分享收集的体验。

(2) 教师运用如下问题驱动学生探索,统计出书签的调查信息:①你平时阅读时有使用书签的习惯吗? ②你了解书签的由来、种类、材质、形状、制作方法都有哪些吗? ③各种材质、各种形状的精致美丽书签有给你带来怎样的阅读体验呢? ④你是否想过尝试制作一枚个性鲜明、文化感强的艺术氛围书签?

2. 一叶知秋,创作秋叶书签

秋天向来是诗人最爱的季节,"峨眉山月半轮秋,影入平羌江水流。夜发清溪向三峡,思君不见下渝州",在秋天里我们常怀念朋友间的互相鼓励和安慰;"枯藤老树昏鸦,小桥流水人家,古道西风瘦马。夕阳西下,断肠人在天涯",也常思念千里之外不得归的故乡;"江城如画里,山晓望晴空。两水夹明镜,双桥落彩虹",也常赞美祖国山河的壮美辽阔……才华横溢的你,在这秋的怀抱里应该也是诗意大发。"听听,秋的声音,大树抖抖手臂,'刷刷'是黄叶道别的话音。听听,秋的声音,蟋蟀震动翅膀,'曜曜',是和阳台告别的歌韵。一排排大雁追上白云,撒下一阵阵暖暖的叮咛,一阵阵秋风掠过田野,送来一片丰收的歌吟。"你可以继续仿写《听听,秋的声音》,学以致用,巧妙利用课本上新获取的知识。"秋天来了,天气变得凉爽。秋雨姑娘帮小树洗澡,树叶变得黄澄澄的,美丽极了。秋天来了,金黄的落叶慢慢地落下,就像小黄莺在空中飞翔。"也可以自创儿童诗,如果你想和古代的大诗人比一比,还可以写一写有关秋的古诗,把你的所见所得写下来,你也可以邀请你的爸爸妈妈和你一起创作。

(1) 引导学生形成探究学习小组,分享收集的信息,提前布置搜集资料的任务。①分小组:学生自愿组合,推选小组长。②定内容:以"秋叶书签"为内容,由学生自主选题、收集资料自行整合。③提要求:各小组长分配任务,学生根据情况需要,准备工具。

（2）根据主题引入秋叶书签,学生通过文字描述和语言表达对此类书签有一个初步认识,知道书签的由来、种类、材质、形状、制作方法等信息。

书签的由来:书签起源于春秋战国时期,当时称牙黎,即象牙制成的书签。后来卷轴书改成折装,有的还在薄片贴上一层有花纹的绫绢,于是原本插在卷轴内的牙签变成了夹在书内的书签。过去由于物质生活的匮乏,市场上书签的数量及种类都较少,近年来,随着生活水平的提高,人民的精神世界也得到了很大的提升和富足,书签已成了种类繁多、材质繁杂,制作巧便的常见品,一枚叶脉、一张旧车票、一根简单的线条,常常在不经意间被我们夹在心爱的书本里,或作为一种装饰,或作为我们分辨页码的标志。

（3）对当今信息时代,电子形式快餐式的阅读对传统纸质阅读的影响,对比分析出传统纸质版书本阅读的独特体验和重要意义。

（4）探寻书签的辅助且独特性意义。

教师引出文学作品中关于秋天的表达,感受传统文化带给我们的自豪感和民族感,尝试把此类中国传统文学的表达具象化地和落叶书签的制作联系在一起。

①分享意义:传统阅读是一种美妙的享受,源远流长的文化体验可以带给我们无限的乐趣和启迪。而手工制作的秋意书签,则像是阅读时光的陪伴者,给予我们一份特殊的温暖与情感。②小组内分工制作秋叶书签,借助辅助资料初步创作。

（5）在班级展示栏中展示小组绘制的秋叶书签,小组就书签作品进行讨论,并填写评价量表（见表2）。

表2 书签作品评价量表

评价领域	评价标准	画上你的个性表情吧!		
		自评	组评	师评
审美感知	能否裁剪不同叶片的特色			
艺术表现	能否用独特布局绘制内容			
	能否美观、创造性地设计艺术感书签			
文化理解	能否描述传统文化中书签的历史渊源			
	能否感悟到书签在传统阅读中的文化自信			
表情评价	☺ 非常满意　　　　　☺ 比较满意　　　　　☹ 不满意			
综合评语				

3. 项目学习成果与评价

（1）成果的呈现方式:手工作品、多媒体影音作品、书签册等。

① 悦书品秋,开展班级品秋栏。在班级设置展示栏,展示手工作品"秋叶书签",尝试把秋叶书签编制成册,品不一样的秋,留住不一样的"书"。文化讲解小组现场为同学介绍秋叶书签等相关知识。

② 组织学生进行观看学习"抖音""哔哩哔哩动画"等平台播放的手工讲解视频，学习如何简洁、清晰地说明自己的作品。通过总结概括，学生初步认识到讲解时需注意的要点有：

一是准确性，讲解词的内容必须准确无误，不能出现错误或误导性的信息。确保所传递的信息是真实可靠的。

二是简洁明了，讲解词应该简洁明了，避免使用过于复杂或晦涩难懂的词汇和句子。要用通俗易懂的语言，让观众能够轻松理解。

三是生动有趣，讲解词应该生动有趣，能够吸引观众的注意力并激发他们的兴趣。可以通过讲述故事、引用典故、描绘场景等方式，让讲解内容更加生动有趣。

四是突出主题，讲解词应该突出主题，让观众能够清晰地了解所要讲解的文化内容的核心思想和特点。在撰写讲解词时，需要明确主题和重点，避免偏离主题或过于冗长。

五是适应观众，讲解词需要适应不同观众的需求和兴趣，考虑到他们的年龄、文化背景、知识水平等因素。对于不同的观众群体，可能需要使用不同的讲解方式和语言风格。

六是注重艺术性，讲解词不仅要有信息性，还要注重艺术性。可以通过运用修辞手法、描绘画面、营造氛围等方式，让讲解词更加具有艺术感染力。

总之，撰写文化讲解词需要注重准确性、简洁明了、生动有趣、突出主题、适应观众和注重艺术性等方面，以便更好地向观众传递和推广文化知识。

③班级内组织"我心目中的秋叶书签"视频讲解，根据特点、内容，手工讲解员在组内进行试讲，模拟解说，各小组成员根据概括的介绍词要点（准确性、简洁明了、生动有趣、突出主题、适应观众、注重艺术性等）进行倾听，做好记录（见表 3）。

表 3　介绍词要点记录表

要点	亮点	不足之处	修改建议
准确性			
简洁明了			
生动有趣			
突出主题			
适应观众			
其他			

(2) 项目学习的评价。①首次评价与修订。根据制订的评价量规，分别进行小组内、小组间评价，形成初步的修订建议；教师参与讨论，先观察学生的自主评价，再根据学生的评价做出总结性评价，对学生的项目成果提出修改意见。②公开其他成果与再评价。通过班级、学校的展示栏、学校公众号等多种方式展示学生手工作品集《一叶知秋——制作创意秋叶书签》；在校园微信公众号发布"小小手艺人"关于秋叶

书签制作的讲解视频;通过班级展示栏、学校微信群、学校公众号、举办"秋叶书签"展演会、"吾之秋叶书签,谁与之媲美"比赛。③互动环节。阅读是假期最好的一种姿态,秋天也是一个适合阅读的季节。把亲手做的秋叶书签巧妙地活用起来,当我们读完一段精彩的文字后,将书签放在那一页,下次再次翻到时,会重新感受到当初的心情和思绪。班级"好书推荐"系列阅读活动,含附赠的书签"流动书单"、阅读推荐、阅读交流等活动,学生阅读中用上自己制作的秋叶书签,在不同方式的阅读中激发学生的阅读热情,用口语表达巩固学生的阅读记忆,在持续深入的阅读交流中培养学生的思维能力,提高阅读水平。

(三) 出项活动

经过入项和实施后,项目活动进入出项公开展示阶段——学生手工作品集《一叶知秋——制作创意秋叶书签》。

通过班级、学校的展示栏、学校公众号等多种方式展示学生手工作品,相应补充发布和展演"小小手艺人"关于秋叶书签制作的讲解视频。学生根据展示进行评估陈述,在陈述中,项目小组共同介绍陈述报告,并介绍自己在项目中承担的任务。

八、反思与展望

本次项目化学习,在组织学生运用互联网、书本等方式搜集资料,汇总我国传统书签的由来、种类、制作方式等做法上有不错的引导。当今是个网络发达的社会,学生想搜集到对研究自身有针对性的辅助资料方面,难易度不大,学生都能相对自主地搜索到。但考虑到此年龄段的学生较小,其社会经验不仅欠缺,而且知识储备也有限,还没有具有完备的信息筛选能力,故在资料的选择上良莠不齐,有效信息的择优上耗时也较久。再者是学生进行书签内容的选择和创造性上把握不够,没有巧妙地和阅读做紧密联系,对应性不够精准。反思整个项目路径对学生的学习过程、学习成果、活动的设计和组织进行梳理,仍有许多不足。如学生主体性地位不够,教师的部分引导有些"满堂灌"地填充性教学。在引导学生搜集资料列表的过程中,教师思虑过多,虽是本着学情出发,但做法上些许固化自身思维,还没有做到有效地放手让学生自行探究探索,一些演示和拓展也缺乏多样性,限制了学生的发散性思维。教师应尊重学生在学习中的主体性地位,多放手让学生自行体验,为学生创造良好融洽的自主学习环境,学生乐于学,教师乐于教,教学相长。

第六章

项目化学习中结项展示评价与反思展望的设计

项目化学习是一种以学生为中心,以项目为驱动的学习方式,它强调学生在真实情境中解决问题,通过团队合作和自主探究,达到知识构建和能力提升的目标。结项展示评价与反思展望环节是项目化学习的重要组成部分,它不仅能让学生展示自己的学习成果,还能帮助学生进行自我评价和反思,从而进一步提升学习能力和创新思维。

一、项目化学习结项活动的主要环节

项目化学习结项活动是指在项目化学习过程中,当项目达到预期目标或到达某个时间节点时,对项目进展和成果进行正式评估、总结和展示的活动。这个活动的目的是确保项目按照预定的目标和计划成功完成,同时让学生通过结项活动进一步巩固和提升在项目化学习过程中所获得的知识和技能。一般而言,项目化学习结项活动主要有以下三个环节:

(一) 产品的展示与推介

产品的展示与推介是一个核心环节。这一环节不仅是对学习项目成果的集中展现,更是对项目团队工作能力和创新思维的一次全面检验。

在产品的展示环节,项目团队会精心准备,确保产品以最佳状态呈现给公众。展示内容可能包括产品的外观、功能、特点以及使用场景等,通过文字、图片、视频等多种形式进行全方位展示。同时,项目团队还会邀请相关领域的专家或评委对产品进行评价和指导,以便进一步改进和优化产品。

推介环节则是将产品的价值和优势传达给目标受众的关键步骤。项目团队会准备详细的推介材料,包括产品介绍、市场定位、竞争优势等,通过演讲、演示或互动体验等方式,向公众传递产品的独特魅力和潜在价值。此外,项目团队还会积极与潜在用户、合作伙伴或投资者进行沟通,收集反馈和建议,为产品的推广和应用打下坚实基础。

以"营养午餐"项目为例,学生以小组为单位,带着自己制作的食谱及美食、演示文稿等布置营养午餐介绍会,并对食谱中的菜肴进行烹饪制作的讲解,向参会的师生介绍项目经历,呈现产品使用效果,展示并推广营养午餐食谱。

(二) 反思经验分享

在项目结项活动中,学生可以分享他们在项目化学习过程中的经验和反思,以及他们在解决问题过程中所采用的创新方法和思路。这种分享和交流有助于学生之间相互学习、共同进步。

在项目开始之初,明确项目目标,确保所有团队成员对目标有清晰的认识。这将有助于团队在后续工作中保持方向一致,提高项目执行效率。在项目执行过程中,加强团队成员间的沟通,确保信息畅通。定期召开团队会议,讨论项目进展、分享经验、解决问题。通过沟通,提高团队协作效率,避免误解和冲突。在项目开始之前,制订详细的时间规划,明确各阶段的任务和时间节点。在项目执行过程中,严格按照时间规划进行,确保项目按时完成。对于可能出现的时间延误风险,提前制订应对措施。

在"制作冰爽中药保健饮品"项目学习时,学生根据以下问题开展项目学习,一是你们小组选择什么中药材料制作冰爽饮品?二是你负责什么工作,需要注意什么问题?三是你有什么重大发现?小组是否采纳了你的提议?四是合作过程中是否有意见分歧,你是怎么处理的?因此在学习过程中学生需要记录探究制作心得,并交流分享经验(见表1)。

表1　学生探究制作冰爽中药保健饮品记录表

我的任务:
我的发现:
我猜这可能是因为:
我解决该问题的方法:
小组探讨解决该问题的方法:

(三) 评估反馈与展望

在项目结项活动中,教师和其他评估人员会对学生的项目成果进行总结性评估,并给予反馈。评估的标准通常包括项目的完成度、创新性、实用性等方面。同时,学生之间也可以进行互评,从同伴的角度提出改进意见。

在"制作创意年历卡"项目学习中,制作年历卡并不是一项简单的任务,不仅需要仔细规划每个月份的内容和各种节日、纪念日,还要合理的规划和排版,这对三年级的学生来说有一定的难度。因此在制作创意年历卡时,可以利用过程性评价和结果性评价来对项目结果进行总结性评估。

如过程性评价可以围绕以下几个问题链展开:一是学生能否分辨2024年是平年还是闰年,每个月分别有多少天;二是学生能否用语言和文字表达出年历卡上数的排列规律;三是学生能否说出年历上的重要日子,如传统节假日和24节气等;四是学生能否体现创意,在制作的过程中是否互相帮助、学会合作。

结果性评价可以通过学生介绍和推荐自己制作的创意年历卡和学生依据创意年历卡作品的科学性、创新性、美观性、实用性等,评出最有创意、最有价值的年历卡。

二、结项活动设计的基本流程

（一）引导学生讨论展示形式

（1）提出讨论主题。教师需要明确提出讨论的主题，即"如何展示我们的项目成果"。这一主题应紧扣项目目标，确保学生的讨论能够聚焦在如何有效地展示他们的学习成果上。

（2）激发学生的思考。为了激发学生的思考，教师可以列举一些常见的展示形式，如口头报告、PPT 演示、实物模型展示、视频展示等，并引导学生思考这些形式的优缺点以及适用场景。

（3）分组讨论并列出可能的展示形式。将学生分成小组，让他们围绕项目主题和成果，讨论并列出可能的展示形式。

（4）各小组展示并交流讨论结果。在小组讨论结束后，每个小组可以选派一名代表，向全班展示他们讨论的结果。其他小组可以针对这些展示提出问题和建议，进行进一步的讨论和交流。

（5）总结与指导。教师需要对整个讨论过程进行总结，并给出具体的指导建议。教师可以根据项目的特点和目标，为学生推荐最适合的展示形式，并指出在展示过程中需要注意的事项和技巧。

（二）学生准备展示宣讲 PPT

（1）确定展示内容。学生需要明确展示宣讲 PPT 的主题和内容，这应与项目化学习的目标和主题紧密相关。PPT 内容应涵盖项目的背景、目标、实施过程、遇到的问题及解决方案、取得的成果等方面。

（2）设计 PPT 结构和布局。根据展示内容，设计合理的 PPT 结构和布局，确保内容条理清晰，易于理解。可以使用标题、副标题、列表、图表、图片等元素来丰富 PPT 的视觉效果。

（3）制作 PPT。使用专业的 PPT 制作软件，根据设计好的结构和布局，开始制作 PPT。注意选择合适的字体、颜色、背景等，以确保视觉效果美观且专业。

（4）撰写宣讲稿。在制作 PPT 的同时，学生需要撰写宣讲稿。宣讲稿应与 PPT 内容相匹配，语言简洁明了，逻辑清晰。可以包括开场白、项目介绍、实施过程、成果展示、总结等部分。

（三）教师准备展示活动评价量表

活动评价量表是用于评估学生在项目化学习结项活动中表现的一种工具。它通常包含多个维度，用于衡量学生在项目中的不同方面的发展和能力。

如在"玩转轴对称——为教室设计窗花"的项目学习过程中，学生和教师依据制订好的评价表进行评价，通过下表可以评价学生行为和学习习惯，助力自我认识和成长（见表 2）。

表2 轴对称窗花设计评价表

学习主题：		组别：		姓名：		
评价指标	评价内容	评价要点	自评	组评	师评	
实践探究	查找资料	能围绕小组商定的窗花查找相关资料	☆☆☆☆☆	☆☆☆☆☆	☆☆☆☆☆	
		能通过上网、查课外书、询问家长等各种途径来查找需要的资料	☆☆☆☆☆	☆☆☆☆☆	☆☆☆☆☆	
	整理资料	能用自己喜欢的记录方式记录找到的相关资料	☆☆☆☆☆	☆☆☆☆☆	☆☆☆☆☆	
		能根据记录的要点准确地介绍查找的内容	☆☆☆☆☆	☆☆☆☆☆	☆☆☆☆☆	
	制作过程	关注传统文化与现代审美的结合，添加新颖的设计元素	☆☆☆☆☆	☆☆☆☆☆	☆☆☆☆☆	
	小组合作	成员分工合理，人人都能发挥特长	☆☆☆☆☆	☆☆☆☆☆	☆☆☆☆☆	
	口语表达	分享过程中声音响亮、条理清楚、仪态大方	☆☆☆☆☆	☆☆☆☆☆	☆☆☆☆☆	

（四）学生接受问询和反馈评价

在问询环节，学生可以展示自己的项目成果，并接受来自教师、同学或其他评价人员的提问。这一环节可以检验学生对项目内容的理解和掌握程度，同时也能帮助他们锻炼自己的表达能力和应变能力。通过问询，学生可以更加深入地了解项目的各个方面，发现自己的不足之处，并为后续的反馈评价做好准备。

反馈评价则是针对学生在项目化学习中的表现进行的评价。评价人员可以根据学生的项目成果、问询表现以及在整个项目过程中的表现来进行综合评估。评价的内容可以包括学生的知识掌握情况、问题解决能力、团队合作能力、创新能力等多个方面。通过反馈评价，学生可以了解到自己在项目化学习中的优点和不足，从而有针对性地进行改进和提升。

在"绘制校园平面图"项目成果汇报时，项目小组共同介绍陈述报告，对自己小组绘制的校园平面图进行讲解展示，并介绍自己在项目中承担的责任。评价人员可以根据下表的评价要点进行评价（见表3）。

表3 "绘制校园平面图"成果展示效果评价表

评价种类	序号	评价指标	获得星数
基础知识 （16 颗☆）	1	一致性：设计与校园布局相一致	
	2	美观性：平面图设计美观、清晰	

评价种类	序号	评价指标	获得星数
	3	实用性：作品能张贴在校园中	
	4	原创性：作品原创，成本节约	
汇报设计 （20 颗☆）	1	结构紧密，逻辑性强，过渡自然	
	2	汇报呈现的内容能够让听众理解	
	3	汇报知识点正确，无知识性错误	
	4	汇报的形式灵活多样	
汇报效果 （9 颗☆）	1	听众参与度高，活动积极	
	2	情绪饱满，富有表情	
	3	表演形式适当	
特色与创新 （5 颗☆）	1	某一方面有独特之处	
总得星数（50 颗☆）			

三、结项活动在项目化学习中的重要意义

（一）结项活动有利于助推学生思维的进阶

结项活动不仅为学生提供了一个展示和应用所学知识的平台，还通过一系列的实践环节，促进他们的思维能力从低级向高级发展。

首先，项目化学习结项活动要求学生综合运用所学知识，解决具有挑战性的问题。在这个过程中，学生需要分析问题、构思解决方案，并通过不断探究和验证来完善方案。这些环节都有助于锻炼学生的问题解决、决策、批判等能力，从而推动他们的思维向更高阶发展。

其次，项目化学习结项活动通常以小组合作的形式进行，这为学生提供了与他人交流和合作的机会。在合作过程中，学生需要倾听他人的观点、协调不同意见，共同完成任务。这种经历有助于培养学生的团队合作精神和沟通能力，同时也能够激发他们的创新思维。

最后，项目化学习结项活动还强调反思和评价。学生在完成项目后，需要对自己的表现进行反思，总结经验教训。这种反思过程有助于学生深入理解自己的思维过程，发现不足之处，从而进一步改进和提升。

（二）结项活动有利于显现学生的兴趣特长

结项活动为学生提供了一个展现自身兴趣特长的绝佳平台。通过参与结项活动，学生不仅能展示他们在特定领域的知识和技能，还能锻炼他们的实践能力、创新思维和团队协作能力，有利于凸显学生的兴趣特长。

首先，在创意展示环节中，学生往往能根据自己的兴趣和特长，结合项目主题，创

作出独特的作品。这些作品可能是实物模型、设计方案、研究报告、艺术作品等,能够充分展现学生在该领域的创造力和实践能力。在项目化学习结项活动中,学生通常需要向他人展示自己的项目成果。这就要求他们具备良好的口头表达能力,能够清晰、有条理地阐述项目的背景、目标、过程和成果。

其次,在结项活动中,学生可以展现自己在团队中的角色和贡献。这就需要擅长组织、协调、沟通的学生担任团队领导,带领团队成员共同完成项目。在现代项目化学习中,学生可以利用计算机、互联网等工具进行资料查找、数据分析、模型制作等,擅长技术应用的学生可以在结项活动中展示他们在这方面的特长。

最后,项目化学习通常涉及多个学科的知识和技能。在结项活动中,学生可以展现自己如何将不同学科的知识融合在一起,形成具有创新性的项目成果。

总之,项目化学习中结项展示评价与反思可以帮助学生巩固和深化在项目化学习过程中所获得的知识和技能。通过结项活动,学生可以对整个项目进行总结和回顾,进一步理解和掌握所学的知识和技能。在结项活动中,学生需要进行汇报、演示、讨论等环节,这不仅可以锻炼学生的口头表达能力和团队合作能力,还可以提高学生的自信心和责任感。

案例分享

营养午餐

课程类型	年级	课时数	设计者	实施者
跨学科类项目	六年级	8课时	黄小娟 李兑如	黄小娟 李兑如

一、项目概述

随着生活水平的提高,人们对饮食的要求也越来越高,营养午餐成为越来越多人的选择。然而,目前市场上的营养午餐存在诸多问题,如口味单一、营养不均衡等。因此,我们提出了"营养午餐项目化学习设计"项目,旨在培养学生对营养学和烹饪学的兴趣,提高他们的实践能力和创新思维,同时为市场提供更健康、更美味的营养午餐。

二、项目目标

(一) 核心知识与能力

(1) 语文:文字描述和语言表达,调查问卷报告、小组讨论交流解决方案、撰写决策方案和项目开展经历介绍。

(2) 数学:在对人体营养需求和实物营养物质的调查研究中,进一步理解百分数的意义；会用扇形统计图整理调查结果，分析如何实现营养均衡；经历一周营养午餐食谱的设计过程，感悟在实际情景中方案的形成过程；形成重视调查研究、合理设计规划的科学态度。

（3）科学：掌握营养学基础知识，了解人体所需的各种营养素及其作用；培养健康的生活方式，养成定时、定量、科学的饮食习惯。

（4）劳动：学会根据个人需求和口味，合理搭配食材，制订营养均衡的午餐食谱。提高烹饪技能，掌握基本的烹饪技巧和工具的使用方法。

（二）学习素养目标

学会用图表进行记录、统计、分析，能做出合理判断，提出问题；提高收集、整理、分析数据的能力，初步形成数据分析观念，感受统计图表的直观性。

（三）核心价值观目标

通过活动，更加明白爱护生命、科学生活的重要性。

三、挑战性问题

（一）本质问题

如何通过科学的方法和合理的搭配，为学生提供营养均衡的午餐。

（二）驱动性问题

（1）目前学生的身高体重不均衡，学生在学校吃饭挑食、偏食导致营养不均衡。如何能为学生提供更加健康、美味的午餐选择，从而提高学生的健康水平。

（2）引导学生认识到健康饮食的重要性，培养他们养成健康的饮食习惯。

四、预期成果

（一）产品形式

（1）每天所需营养物质扇形统计图。

（2）学生喜欢吃的食物的调查问卷。

（3）问卷及结果报告提出方案：设计营养且符合学生口味的食谱。

（4）绘制美食制作思维导图。

（5）自制美食。

（二）公开方式

学生以小组为单位，带着自己制作的食谱及美食、演示文稿等布置营养午餐介绍会，并对食谱中的菜肴进行烹饪制作的讲解，向参会的师生介绍项目经历，呈现产品使用效果，展示并推广营养午餐食谱。

五、项目评价

（一）过程评价

（1）能否用百分数表示每种营养成分，并制作统计图。

（2）能否根据营养成分及口味和价格优惠搭配出一周美食食谱。

（3）能否详细记录并说出每种营养物质的功效。

（4）能否运用艺术表现能力绘制美食制作思维导图。

（二）结果评价

1. 知识技能、合作技能、实践技能的评价

（1）知识检测：每天所需营养成分，搭配食材，制作出食谱。

（2）技能检测：根据食谱，制作出美食。

2. 产品展示、项目介绍、营销效果评价

六、项目资源及工具

（一）项目资源

计算机、网络、与营养学相关的书籍或其他形式的资料信息等。

（二）制作工具

营养分析工具。

（三）计划时间表（见表 1）

表 1　计划时间表

时　间	内　容
第 1、2 课时	调查分析
第 3、4 课时	理论学习
第 5、6 课时	搭配食谱
第 7、8 课时	实践操作

七、项目实施设计

（一）入项活动

随着生活水平的提高，人们对饮食的要求也越来越高，尤其是午餐的质量。然而由于工作繁忙、外卖泛滥等原因，许多人的午餐质量无法得到保证。为了提高同学们的健康水平，自己设计一周的营养午餐食谱，旨在帮助同学了解营养知识，掌握营养搭配技巧，为自己和家人提供健康美味的午餐。

（1）制作"最喜欢吃的食物"调查问卷，以班级为单位，对全校师生进行调查。

（2）以小组为单位，统计出人数最多的前 20 种主食和菜（荤菜和素菜分开）。

（3）回家查询人的一天需要补充哪些营养，这 20 种菜分别可以提供哪些营养物质。

（4）为食堂设计搭配营养午餐。

（5）根据上面的结果搭配出一周食谱。

（二）项目实施

1. 问题导入

通过提问导入，引导学生思考什么是营养午餐，为什么要关注营养午餐的设计。

2. 理论学习

（1）教师讲解营养学基础知识、营养午餐设计原则、烹饪技术及各类人群的营养需求等内容，了解人体所需的各类营养成分和食材的营养价值，并利用教学软件进行营养分析示范。

（2）学生通过查找、搜集相关资料了解不同种类实物的营养成分分别是多少克，再根据具体的含量写一写膳食宝塔设计的理念（见图 1）。并讨论学生的餐品是否科学。

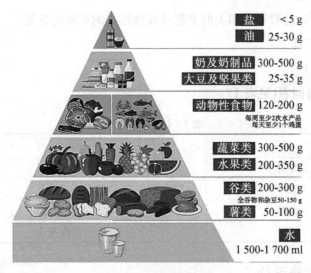

盐 <5 g
油 25-30 g
奶及奶制品 300-500 g
大豆及坚果类 25-35 g
动物性食物 120-200 g
每周至少2次水产品
每天至少1个鸡蛋
蔬菜类 300-500 g
水果类 200-350 g
谷类 200-300 g
全谷物和杂豆50-150 g
薯类 50-100 g
水
1 500-1 700 ml

图 1　平衡膳食宝塔

3. 深入研究，实践操作

整理分析数据，调整创新搭配。

任务一：我学习——了解营养标准。

以小组为单位，分工合作，调查、记录学校一周的午餐。用上网等方法查找资料，了解每道菜的热量和营养成分，记录食物的热量和含有的主要三种营养物质及其含量。

表2　食物热量与营养成分表

编号	菜品	热量（千焦）	脂肪（克）	蛋白质（克）	维生素	矿物质	微量元素
1	米饭						
2	猪肉粉条						
3	西红柿鸡蛋						
4	白菜						
5	炸鸡排						
6	土豆炖牛肉						
7	家常豆腐						
8	……						

注：营养标准：热量≥2 926千焦，脂肪≤50克。

任务二：同学们最喜欢什么菜？有哪些偏好？

为了更好地设计出同学们喜爱的、受欢迎的食谱，以小组为单位，调查全班同学最喜欢吃和最不喜欢吃的食物，并根据数据绘制统计图（见表3）。

表3　"同学们最喜欢什么菜"统计表

蔬菜	喜欢的人数	肉蛋	喜欢的人数
西红柿		鸡蛋	
白菜		鸡腿	
韭菜		鸡排	
茄子		牛腩	
香菜		牛排	
油麦菜		五花肉	
丝瓜		排骨	
莲藕		虾	
菠菜		黄花鱼	
土豆		鸡米花	

任务三：调查食材的价格。

针对"同学们最喜欢什么菜"的问卷调查，通过数据统计和分析，调查至少20种食材的批发价格，绘制统计图，为食堂搭配出既省钱和营养均衡又符合学生喜好的菜谱。

表4　食材的价格统计表

蔬菜	价格	肉蛋	价格
西红柿		鸡蛋	
白菜		鸡腿	

(续表)

蔬菜	价格	肉蛋	价格
韭菜		鸡排	
茄子		牛腩	
香菜		牛排	
油麦菜		五花肉	
丝瓜		排骨	
莲藕		虾	
菠菜		黄花鱼	
土豆		鸡米花	

任务四：你准备怎样搭配符合营养标准的午餐呢？（同学之间讨论交流）。

提示：热量高的菜，脂肪含量也高，只需要考虑脂肪。先从脂肪含量最低的韭菜、豆芽考虑，配炸鸡排脂肪含量超标，配土豆炖牛肉也超标了，配辣子鸡丁正好。剩下的只要是脂肪含量低于或等于 18 克的菜就都可以和这两个菜搭配。

用估算的方法。热量 ≥ 2 926 千焦，大约是 3 000 千焦。因此，我们就找热量在 1 000 千焦左右的食物，炸鸡排、土豆炖牛肉、辣子鸡丁、家常豆腐、香菇油菜的热量都在 1 000 千焦左右，它们中任意三个组合起来，热量都可以达标。所以，只需要考虑脂肪含量。将其中脂肪含量较高的和较低的优先考虑，再从剩下的方案里找脂肪含量 ≤ 20 克的。

学生根据菜品的热量以及营养的含量进行搭配，排列组合统计出搭配方式以及数量，制作菜谱。

表 5　菜品热量及营养搭配表

方案	配菜编号	热量（千焦）	脂肪（克）	蛋白质（克）	维生素

任务五：我制作——入厨烹饪，制作午餐。

生活即课堂，劳动出真知。菜谱里隐藏着许多数学问题，学生们可以利用周末入厨学习烹饪，烹饪过程中，在符合营养标准的前提下，不断优化食材搭配，控制成本。在这一系列的活动过程中，学生体会到了父母为我们准备一日三餐的辛苦，并感恩他们的付出。

通过五个任务层层递进的安排，学生在真实问题、真实情境、真实任务中学习，实现知识、能力、价值观的融通与获得，从以往"先学再用"到现在"做中学、用中学"。

任务六：整合科学知识，完善午餐方案，为食堂提供一周的食谱建议书。

任务七：活动总结，评价反思。

说一说：我们解决了什么问题？是怎样解决的？

评一评：运用"活动评价单"开展自评与互评（见表6）。

表6　活动评价表

学习表现	评 价 标 准			我的评价	小组评价
	☆☆☆	☆☆	☆	☆☆☆	☆☆☆
积极参与	能主动组织和参与并积极表现	能参与活动,但主动性不强	有时参与活动,有时不参与	☆☆☆	☆☆☆
主动合作	小组成员友好配合,互相帮助	在合作活动中,做好自己的任务	没有交流,甚至与他人产生矛盾	☆☆☆	☆☆☆
解决问题	能主动设计活动方案,并运用所学知识解决问题	在同伴和教师指导下,形成活动方案,运用数学知识解决部分问题	完全依赖组内其他同学或者教师,独立能力活动差	☆☆☆	☆☆☆
乐于分享	及时完成对活动成果的交流讨论,交流汇报效果较好	基本完成活动过程,有分享交流	没有完成或者完成质量较差	☆☆	☆☆☆

采用过程性评价与总结性评价,结合师生共评、小组互评、学生自评,投票评选出最佳建议奖、最佳营养搭配奖、最佳色彩搭配奖和最佳一周菜单设计奖等,颁发设计新秀、设计达人、设计王者奖章。

（三）出项活动

（1）创新挑战。学生根据给定的食材和要求,发挥想象力,制作出有创意的营养菜品。教师对菜品进行评价,提出改进意见。

（2）产品推广阶段。学生根据市场调研结果,制定营销策略,推广自己设计的营养午餐产品。可以通过线上线下渠道进行宣传和销售。

（3）项目评估与总结。项目评估：教师根据学生在理论学习、实践操作、创新挑战、市场调研和产品推广等各个环节的表现进行评估,给出综合评分。学生也可以相互评价,提出建议和意见。项目总结：在项目结束后,教师组织学生进行总结交流,分享经验教训,促进相互学习成长。同时,对表现优秀的学生进行表彰奖励,激发学生的学习积极性。

八、反思与展望

在营养午餐项目化设计的过程中,我们取得了一定的成果,但也存在一些值得反思的地方。如在项目需求分析阶段,我们虽然进行了问卷调查和座谈会等方式来收集学生的需求和意见,但在数据处理和分析方面可能存在不足。未来应更加注重数据的有效性和可靠性,以便更准确地把握学生的营养需求和口味偏好。

展望未来,营养午餐项目化设计仍有很大的发展空间和潜力。

首先,我们将继续深化对学生营养需求和口味偏好的研究,通过更加科学、全面的调查和分析,为菜品设计和食材采购提供更加有力的依据。

其次,我们将探索更多创新性的菜品设计和烹饪方式,以满足学生日益多样化的口味需求。同时,我们还将注重菜品的营养搭配和口感提升,让学生在享受美食的同时也能获得充足的营养。

制作冰爽中药保健饮品

课程类型	年级	课时数	设计者	实施者
跨学科项目	四年级	5课时	蔡英甫	蔡英甫

一、项目概述

海口市秀英区长滨小学地处城乡结合部,周边社区各式奶茶店琳琅满目,奶茶食品卫生问题尤为严重。学校如何让学生对奶茶减少依赖,享用更为健康的饮品呢?本项目始终关注冰爽中药保健饮品,依托"东篱园"教育基地中药种植劳动课程,整合语文、科学、美术等学科的重要概念,和多个学科形成关联。学生通过搜索、调查、访谈、咨询等手段来获取信息,并通过信息处理及分析的方式形成基本概念。学生使用各类技能,开展协作式、探究式学习。在解决学生奶茶成瘾问题的同时,学习知识、建立学科联系、掌握技能、使用中医药知识生活保健,传播中医药文化。

二、项目目标

(一)知识与能力目标

(1)语文:通过项目研究,学会用文字描述调查问卷报告、小组讨论交流解决方案、撰写决策方案等;学会组织语言汇报项目开展经历。

(2)科学:在项目实施过程中,学会冰爽中药保健饮品泡制的原理和方法;认识薄荷,知道薄荷的营养成分、功效和作用;了解可以自制冰爽中药保健饮品的其他中草药。

(3)美术:通过实地观察写生,用淡彩的艺术表现形式绘画出薄荷的基本特征。

(4)劳动:通过项目实践,提升学生的知识技能、合作技能、实践技能。掌握自制冰爽中药保健饮品的劳动技能和一般步骤,运用教师提供的项目工具,完成泡制一杯冰爽中药保健饮品。

(二)学习素养目标

(1)通过项目研究,学会通过问卷调查、访谈访问、实地观察、实验测试等方法收集、筛查、整理项目信息,具备搜集和整理信息的能力。

（2）通过项目研究，学会根据调研数据分析问题，制作问题清单，整合知识结构，设计制作思维导图。

（三）核心价值目标

（1）正确看待学生奶茶成瘾的问题，减少喝奶茶的次数，做好自我健康管理。

（2）在制作冰爽中药保健饮品的过程中，感知中医药文化博大精深，自觉地担负起传承中医药文化的光荣使命。

三、挑战性问题

（一）本质问题

如何让学生通过制作冰爽中药保健饮品，深入了解中医药文化、认识中草药——薄荷在生活中的价值，同时提升学生的综合素养。

（二）驱动性问题

冰爽奶茶是青少年最喜爱的奶茶饮品之一，奶茶中的香精、色素和咖啡因虽然是按照国家饮料添加剂标准添加，但是过量或长期饮用奶茶对青少年的身体有严重危害。近年来，网红奶茶食品卫生问题新闻事件频发，奶茶成瘾不利于青少年健康成长，我们是不是可以探讨一下用什么方法才能解决奶茶成瘾的问题呢？喝什么饮品既清爽可口且有助于同学们健康成长呢？

如何用薄荷或其他中草药制作出受大家欢迎的冰爽中药保健饮品呢？

四、预期成果

（一）产品形式

（1）薄荷绘画写生作品。

（2）制作冰爽中药保健饮品思维导图。

（3）自制冰爽中药保健饮品。

（4）本项目相关的演示文稿。

（二）公开方式

学生以小组为单位，带着自己制作的冰爽中药保健饮品及相关图表、演示文稿等布置冰爽中药保健饮品产品推销会，向参会的师生介绍项目经历，呈现产品使用效果，展示并推销。

五、项目评价

（一）过程评价

（1）能否辨识薄荷，说出几种可以制作冰爽饮品的中药植物。

（2）能否用语言表达和文字描述的方式说说薄荷的形态特征，记录薄荷中医药的功效与作用。

（3）能否用淡彩的形式绘画出薄荷的基本特征。

（4）能否运用知识思维设计制作冰爽中药保健饮品思维导图。

（二）结果评价

1. 知识技能、合作技能、实践技能的评价

（1）知识评价：薄荷的形态特征以及功效与作用的相关评价。

（2）技能评价：药材的选择、器材的使用、操作技法、沟通评价。

（3）实操评价：手工制作冰爽中药保健饮品，成品性能检测。

2. 产品展示、项目介绍、营销效果评价

六、项目资源及工具

（一）项目资源

计算机、网络、与中草药相关的书籍或其他形式的资料信息、绘图工具、美术材料、中药种植基地等。

（二）制作工具

榨汁机、筛网、茶壶、茶杯、竹篮、剪刀、冰块等。

（三）计划时间表（见表 1）

表 1　计划时间表

时间	内　　容
第 1 课时	发布项目主题，调查数据分享，确定探究内容，开展入项活动
第 2 课时	观察薄荷特征，了解生长习性，学习功效作用，绘画写生作文
第 3、4 课时	提供知识技能，掌握技术工具，设计思维导图，自制中药饮品
第 5 课时	提出修订建议，形成最终成果，演示文稿报告，公开成果展示

七、项目实施设计

（一）入项活动

海口市秀英区长滨小学地处城乡结合部，周边社区各式奶茶店琳琅满目，奶茶食品卫生问题尤为严重。学校如何让学生对奶茶减少依赖，享用更为健康的饮品呢？

（1）全班学生利用周末时间，观察社区周边冰爽奶茶的销售情况，阅读关于网红奶茶卫生问题的新闻报道。

（2）全班学生以小组为单位，利用课间时间，随机对全校师生进行口头问卷调查，调查小学生每周喝冰爽奶茶的情况。

（3）以小组为单位，统计出被提及次数排名最多的冰爽奶茶及相关数据。

（4）公布统计结果,激发学生探寻奶茶成瘾的原因和探究制作冰爽中药保健饮品的驱动力。

（二）项目实施

1. 分享饮用奶茶之体验,初步探索学生奶茶成瘾的原因

（1）学生广泛收集平时常饮用冰爽奶茶的资料,分享饮用奶茶之体验。

（2）教师运用如下问题链驱动学生探索,填写"学生冰爽奶茶消费观察问题清单"(见表2),统计出青少年常饮用各式冰爽奶茶的调查信息,发现饮用冰爽奶茶频次较高时学生的精神状态,驱动学生对健康饮品的思考:①你平时常饮用什么冰爽奶茶? 喜欢哪些口感? ②你饮用奶茶时精神状态如何,晚上饮用你会失眠吗? ③爸爸妈妈会经常给你买冰爽奶茶吗? 说一说原因。

表 2　学生冰爽奶茶消费观察问题清单

观察的对象:全校学生		观察的主题:饮用冰爽奶茶是否成瘾			
观察到的现象	喜欢奶茶的口味?	水果味 (　)人	茶味 (　)人	巧克力 (　)人	其他 (　)人
	喜欢奶茶的口感?	冰爽 (　)人	甜味 (　)人	辅料 (　)人	其他 (　)人
	喝奶茶时的状态?	开心 (　)人	精神 (　)人	失眠 (　)人	其他 (　)人
	每周喝几次奶茶?	(　)次	(　)次	(　)次	(　)次以上
	会经常买奶茶吗?	会 (　)人	不会 (　)人,原因是:		
你想研究的问题:					
请根据观察的实际情况,选择相应的选项,并在"(　　)"里填写人数或次数。					

（3）通过以上的信息统计,你发现了什么? 为什么小学生高频次地饮用冰爽奶茶都会有特别开心、兴奋、失眠等情况呢?

2. 比较分析冰爽饮品的营养成分,形成探索制作冰爽中药保健饮品的决策

（1）整理信息,深度分析长期喝奶茶对身体的危害。

（2）以小组为单位,进行头脑风暴,组织学生展开讨论,提出学生奶茶成瘾问题的解决方法,形成小组创见。

（3）发表意见,形成决策。全班学生对各小组提出适合学生饮用的冰爽饮品进行分析,形成探索制作冰爽中药保健饮品的决策。

（4）教师运用如下问题链驱动学生去思考和探索,填写教师提供的"网红奶茶学生探究分析表"(见表3)。①奶茶中的"奶"和真正的牛奶比起来,在营养上有什么区别呢? ②奶茶中的香精和色素对人体又有什么影响呢? ③奶茶中含有大量的糖、脂

肪和咖啡因会提高患哪些疾病的风险呢？④青少年长期喝奶茶对身体还有哪些危害？⑤如何打开正确喝奶茶的方法？⑥什么样的冰爽饮品有益学生健康成长？

表3　网红奶茶学生探究分析表

成分		奶茶	牛奶	饮料	中药饮品
营养成分	糖				
	脂肪				
	配料				
添加剂	香精				
	色素				
	咖啡因				
备注： 　①糖可以很快结合味蕾上的甜受体，激活大脑相应区域的信号，刺激身体分泌多巴胺，让人感到快乐。 　②高糖、高脂肪容易引起肥胖，肥胖会增加高血压、高脂血症、糖尿病等许多慢性病的风险。					

3. 实地考察，初识薄荷及可以制作冰爽中药保健饮品的相关植物

(1) 参观中药种植区，观察薄荷、金银花、千日红等植物的外形特征。

(2) 完成薄荷绘画写生，写出关于薄荷形态的说明文。信息包括植物的高度、叶子的形状、花果的色彩等，植物散发的气味可作为进一步讨论点。

教师提供"薄荷绘画写生作品评价量表"（见表4），学生根据审美感知、艺术表现、创意实践、文化理解等学科素养对薄荷绘画写生作品进行评价。

表4　薄荷绘画写生作品评价量表

评价领域	评价标准	画上你的个性表情吧！		
		自评	组评	师评
审美感知	能否说出薄荷植物的组成部分			
	能否准确描述薄荷的形状特征			
艺术表现	能否用线描的形式绘出薄荷的基本造型			
	能否准确配对薄荷的基本颜色			
创意实践	作品是否有突出薄荷生长习性的特写部分			
	作品是否有描写关于薄荷形态的说明文			
文化理解	能否用语言表达自己对美术作品的感受			
	能否简单说一说薄荷对生活饮品的影响			
表情评价	☺非常满意	☺比较满意		☹不满意
综合评语				

4. 运用问题链,促进深研薄荷

(1) 教师运用问题链促进学生去思考和探索。

① 一棵完整的薄荷植物由几个部分组成?

② 薄荷叶片的形状特点?

③ 薄荷有什么样的气味?

(2) 小组讨论薄荷的特征和作用及产品,记录相关信息(见表5)。①辨识薄荷最有效的方法主要是什么? ②你是否使用或食用过与薄荷有关的产品? ③你知道薄荷的药用价值和食用价值都有哪些吗?

表5　学生探究薄荷信息记录表

枝叶特征	
花果特征	
品种类型	
生长环境	
食用价值	
药用价值	

5. 开展分享会,提升认知与表达能力

学生根据主题用中医药词汇,通过文字描述和语言表达对薄荷的认识。

如薄荷植株较为低矮,根茎横生地下,叶片长圆状披针形,边缘锯齿状,叶面呈绿色,叶脉上密生余部疏生微柔毛。

如薄荷本身是一种比较芳香的中药,有一种纯天然的特殊的香味,全株青气芳香,是一种有特种经济价值的芳香作物。

如薄荷具有医用和食用双重功能,主要食用部位为茎和叶,也可榨汁服用。薄荷含有薄荷醇,该物质可清新口气并具有多种药性,可缓解腹痛、健胃和助消化等功效。

为了帮助学生完成以上任务,我们为其提供了三种类型的知识技能:一是解决该问题所需的学科知识技能;二是项目化学习过程中所需的技术工具(收集信息、中医药书籍和小红书 APP 网络工具);三是合作技能。

6. 探究制作方法,尝试制作冰爽中药保健饮品

(1) 小组设计"冰爽中药保健饮品"的思维导图。

各小组通过小红书学习、网络查询或自媒体视频学习,了解制作"冰爽中药保健饮品"的方法和步骤,使用不同的设计思维,设计制作"冰爽中药保健饮品"的思维导图,内容包括选薄荷、榨汁、过筛、制作饮品等方法和步骤的分析。

学生需要决定哪个设计方法是最成功的并且思考为什么。

教师从以下几个方面驱动学生思考:便捷生产、健康生产、安全生产。学生完成"思维导图小组活动成果展示的评价量表"(见表6),量化评分进行自我评价。

表6 思维导图小组活动成果展示的评价量表

项目	评 价 标 准
美观性(10分)	颜色和形状新颖;视觉效果
简洁性(10分)	抓住中心、关键词
完整性(10分)	内容全面,科学概念要点无遗漏
正确性(30分)	主题明确;概念准确;关系合理
结构性(20分)	层次分明;思路清晰
形象性(10分)	符号具有独特性;图标指示性强
参与度(10分)	小组成员有团队意识,能群策群力,交流积极主动

(2) 各小组分工合作,使用项目工具,泡制一杯冰爽中药保健饮品。通过尝试,熟练掌握榨汁、煮泡、调配等制作冰爽中药保健饮品的劳动技能。教师运用如下问题链驱动学生操作实践:①你制作冰爽中药保健饮品是自己食用还是批量分享?②你制作冰爽中药保健饮品都需要什么工具?③除了薄荷你还可以选择什么材料来制作冰爽中药保健饮品?④金银花、千日红、斑斓等茶类的中药材煮泡需要多少分钟?⑤你制作完成一杯冰爽中药保健饮品需要多长时间?⑥你们小组的制作方法适合批量生产吗?⑦你可以简单地记录下小组实践操作的步骤吗?

如薄荷冰茶泡制法,杯中倒入适量冰块,现场切好柠檬片放入杯中,采摘取适量的薄荷叶搅拌过滤成汁,将薄荷汁倒入杯中,加满雪碧,杯面放置现场采摘的薄荷叶点缀,可口的薄荷冰茶就泡制好了。

如千日红冰茶泡制方法,取适量晒干的千日红花加水煮开、放凉备用;取千日红花和薄荷叶冻冰块备用;篮子现场采摘取适量的千日红花,冲洗干净放置备用;杯中放入适量自制冰块,加入3块冰糖,倒入放凉的千日红花茶,杯面放置现场采摘的薄荷叶,色香味俱全的千日红冰茶就泡制好了。

学生需要记录探究制作过程及数据,并交流分享经验(见表7)。

表7 学生探究制作冰爽中药保健饮品记录表(一)

目标管理	自饮/批量生产
使用工具	
中药材料	薄荷、金银花、千日红、其他
方式方法	榨汁、过滤、泡煮
制成时长	
操作步骤	

教师运用问题链驱动学生合作探讨。一是你们小组选择什么中药材料制作冰爽饮品?二是你负责什么工作,需要注意什么问题?三是你有什么重大发现,小组是否采纳了你的提议?四是合作过程中是否有意见分歧,你是怎么处理的?学生需要记

录探究制作心得，并交流分享经验。

教师提供学生探究制作过程的学习工具表（见表 8）：

表 8　学生探究制作冰爽中药保健饮品记录表（二）

我的任务：
我的发现：
我猜这可能是因为：
我解决该问题的方法：
小组探讨解决该问题的方法：

（3）自制冰爽中药保健饮品。

为了帮助学生完成以上任务，我们为其提供了手工制作冰爽中药保健饮品的工具：烧水壶、手持榨汁机、筛网、茶壶、茶杯、竹篮、剪刀、冰块等，选择泡制的中草药，学生可以在中药园就地采摘，清洗或晒干备用。学生自制冰爽中药保健饮品，并完成教师提供的"探究小组 PBL 实践评价表"（见表 9）。

表 9　"自制冰爽中药保健饮品"探究小组 PBL 实践评价表

评价要素	主要指标	评价结果 ☆☆☆——优秀 ☆☆——良好 ☆——一般		
		自评	组评	师评
奶茶产品调研	积极参与小组分工，调查产品数量达到 5 个以上，善于解决过程中遇到的问题			
调查结果分析	能从奶茶、牛奶、饮料和中药饮品营养成分、添加剂、健康及危害等方面进行综合分析			
中药保健饮品	与小组成员积极配合，动手能力强，熟练掌握冰爽中药保健饮品的制作方法			
展示汇报	声音响亮，吐字清晰，表达流利，能较好地呈现出探究结果			
收获的评语				

7. 试验、探讨与矫正

（1）品尝自制的冰爽中药保健饮品，并根据青少年的喜好和需求、冰爽中药保健饮品的品质和口感、中药的保健功效和美术装饰，确定调整冰爽中药保健饮品配方，提出修订建议。

（2）个体和项目小组根据意见修订自己的成果（见表 10）。

表 10　自制冰爽中药保健饮品试验修正表

第一次试验			第二次试验		
品质口感	保健养生	外形包装	品质口感	保健养生	外形包装
味觉：	营养：	颜色：	味觉：	营养：	颜色：
嗅觉：	功效：	装饰：	嗅觉：	功效：	装饰：
食用效果：			食用效果：		
喜爱程度：			喜爱程度：		

（3）收集项目材料，包括项目计划、调查问卷、过程日志、修改记录、评价量规以及产品测试最终结果，形成最终可以参加成果展的成果。

（三）出项活动

（1）在学校丰收节活动场地设置展柜，展示自制冰爽中药保健饮品并营销推广，学生需要现场演示制作冰爽中药保健饮品，记录消费者食用后的反馈意见，便于优化项目产品，以满足消费者的需求并提升产品的品质。

（2）进行评估陈述。在陈述中，项目小组共同介绍陈述报告，并介绍自己在项目中承担的责任。

（3）在公开成果展中记录他人意见和观点（见表 11）。

表 11　自制冰爽中药保健饮品评估量表

视觉感知	嗅觉感知	营养成分	保健功效	美术装饰	制作时长	产品优点	产品缺点
意见或建议：							

八、反思与展望

（1）通过本项目的研究，学生学会做好自我健康管理。本项目学生通过问卷调查和口头访谈相结合的方式，对我校学生的奶茶饮用情况以及奶茶成瘾对学生身心的影响进行实证分析。在自主探究中，发现奶茶成瘾对小学生的睡眠、体重、心血管疾病和情绪等生理、心理健康方面都有很大的影响。为驱动学生继续探索如何摆脱对奶茶的心理依赖，科学合理地食用冰爽饮品，学生将理论知识实际应用到实践中，通过团队合作自制出对青少年身心有帮助的冰爽中药保健饮品。在此项目化学习过程中，学生提升了在真实情境中解决复杂问题的能力，增强了自主学习和沟通能力，在实践中发现和解决问题，更加深入地理解所学知识，做好自我健康管理。

（2）通过本项目的研究，学生提升综合能力，教师拓展专业知识。本项目式研究过程中，教师要提醒学生注意冰爽奶茶市场调研数据的真实性、严谨性和科学性，转变专业观念，拓展专业知识，鼓励学生充分利用项目化学习工具开展自我探究学习，促进学生综合能力的提升。培养学生学会学习、理解、运用中医药知识和技能,形成基本能力、情感态度和价值取向。

（3）希望通过本项目的研究,学生能够学会部分中医药保健知识,掌握中医保健技能,建立民族自信,传播中医药文化。

制作创意年历卡

课程类型	年级	课时数	设计者	实施者
跨学科项目	三年级	4 课时	王晓芬	王晓芬

一、项目概述

年、月、日的知识丰富而散乱,学生在课堂上学习了很多关于年、月、日的知识,为了让学生对这部分知识有更系统、更深刻的认识和理解,让学生更好地积累数学直观经验,促进对繁杂知识的深度学习,提高数学学习兴趣,体会生活中处处有数学,感受数学的魅力,领悟数学之美,于是我们让学生根据课堂所学的知识,将课堂教学与课外实践活动相结合,发挥自己的想象力和创造力,制作属于自己的创意年历卡。

二、项目目标

（一）知识与能力目标

（1）数学:经历制作创意年历卡的过程,巩固和深化学生对年、月、日基础知识的理解,让零散的知识结构化,能够运用年、月、日的知识制作年历,感悟数学知识在生活中的应用价值。

（2）美术:以绘画、剪贴等多种技巧相结合的方式制作创意年历卡,提高学生的绘画表现能力及设计制作、色彩的搭配、构图等能力,在互评过程中培养学生审美感知能力和艺术鉴赏能力。

（3）科学:通过制作创意年历卡,了解闰年的由来、二十四节气的前后顺序等科学知识,感受数学与科学是紧密联系的。

（4）语文:通过对自己设计的创意年历卡的介绍以及对传统文化的了解,培养学生的逻辑思维和语言表达能力。

（二）学习素养目标

（1）动手操作能力:通过制作创意年历卡的过程,掌握年历的一般制作方法和注意点,培养学生动手设计操作的能力。

（2）探索发现能力:通过查找年、月、日相关知识的资料,培养学生探索发现问题的能力。

（3）应用意识:体会年历卡在生活中的应用,培养学生的应用意识。

（4）表达能力：通过对自己年历卡的介绍，学生将有机会借助语言、行为等方式来表达自己的创意和想法，提高口头表达和沟通能力。

（5）创新能力：通过制作创意年历卡，发挥想象，培养学生的创新能力。

（三）核心价值目标

通过实践活动，让学生感受到数学有用、数学就在生活中、数学能帮助我们解决生活中的实际问题。

三、挑战性问题

（一）本质问题

如何让学生深入理解年、月、日的知识，如年、月、日之间的关系，哪些是大月、哪些是小月，平年、闰年怎么判断等。

（二）驱动性问题

马上到新年了，我们学习了很多关于年、月、日的知识，我们是不是可以利用所学的知识，发挥想象力和创造力，亲手制作一张属于自己的美观、创意年历卡呢？

四、预期成果

（一）产品形式

（1）对网络上或生活中各种各样的年历卡的观察和欣赏。

（2）展示一些经典年历卡图片，讲解年历卡的作用。

（3）创意年历卡作品。

（4）绘制创意年历卡的设计和制作过程的思维导图。

（二）公开方式

学生以小组为单位，带着自己制作的 2024 创意年历卡及相关材料等布置创意年历卡交流会，向参会的师生介绍项目经历，呈现自己的设计理念和创意，同时互相欣赏和评价。

五、项目评价

（一）过程评价

（1）能否分辨 2024 年是平年还是闰年，每个月分别有多少天。

（2）能否用语言和文字表达出年历卡上数的排列规律。

（3）能否说出年历上的重要日子：如传统节假日和二十四节气等。

（4）能否体现创意，在制作的过程中是否互相帮助、学会合作。

（二）结果评价

（1）学生介绍和推荐自己制作的创意年历卡。

（2）学生依据创意年历卡作品的科学性、创新性、美观性、实用性等，评出最有创意、最有价值的年历卡。

六、项目资源及工具

(一) 项目资源

计算机、网络、与年历卡相关的书籍或其他形式的资料信息、绘图工具、美术材料、家庭或班级照片等。

(二) 制作工具

卡纸、水彩笔、胶水、剪刀等。

(三) 计划时间表(见表1)

表1 计划时间表

时间	内 容
第1、2课时	发布项目主题,查找资料分享,确定制作内容,开展入项活动
第3、4课时	敲定制作步骤,准备制作材料,形成最终成果,公开成果展示

七、项目实施设计

(一) 入项活动

每年,当新年钟声敲响,人们都会迎来新的一年,随之而来的,是一本新的年历。年历,就像一个沉默的朋友,静静地陪伴在我们的生活中,它不言不语,却用最直观的方式告诉我们时间的流逝,提醒我们要珍惜每一个瞬间。在生活中我们见过什么样的年历呢?年历多种多样,漂亮极了,同学们想不想拥有一件属于自己的独特且有创意的年历呢?

(1) 在科技如此发达的今天,电子日历是否完全取代了纸质日历? 被手机、电脑包围的现代人,是否还需要一本纸质日历?

(2) 网上搜索不一样的年历卡,边欣赏边观察,体会不同年历的特点及一般结构。

(3) 观察自己家的年历卡由哪些部分组成,是用什么材料制成的、是什么颜色的、有什么图案等。

(4) 观察年历卡上每个月的天数有什么不一样,特殊节假日是怎么标记的,有特殊标记的地方都是什么重要的日子。

(二) 项目实施

1. 制作创意年历卡的必要性

问卷调查:在科技如此发达的今天,电子日历是否完全取代了纸质日历? 被手机、电脑包围的现代人,是否还需要一本纸质日历?

通过调查,得出结论,大多数同学觉得需要制作年历卡,理由是纸质年历卡有一种电子日历给予不了的感觉,比如,翻日历、在日历上涂涂画画做标记等,在一年结束的时候,翻翻年历,仿佛看到自己度过的每一天就在眼前,年历卡时刻提醒我们要珍惜时间。

2. 运用问题链,了解制作创意年历卡需要做哪些准备

(1) 年历卡有哪些形状?

(2) 制作年历卡需要准备哪些材料?

(3) 观察年历卡,由哪些部分组成,各部分的含义是什么?

(4) 制作年历卡需要哪些年、月、日的知识?

(5) 年历卡上有多少个月? 每个月分别有多少天?

(6) 年历卡中的年份是平年还是闰年? 2 月有多少天?

(7) 遇到特殊的日子,如传统节日、重要纪念日、二十四节气等,你喜欢以什么样的方式呈现?

(8) 你喜欢的主题是什么? 如家庭、学校、美景、动物等。

(9) 怎样的年历卡会更漂亮、更个性、更实用呢?

(10) 怎么制作年历卡,步骤是怎样的?

3. 通过小组交流得出制作创意年历卡步骤

(1) 确定年历卡的主题(如师生情、友情、亲情、美景等主题)。

(2) 在年历卡抬头写上是哪一年的年历,每个月上方要标注月份。

(3) 画表格,每月的第一行标明星期几,从星期日开始写。写星期六、星期日用红笔做特殊标记。

(4) 确定每月的 1 日是星期几,把日期写完。

(5) 每个月的特殊节日要做标记,如节日、亲人生日、二十四节气等。

(6) 用照片、彩笔等美化年历卡。

4. 制作创意年历卡的注意事项

(1) 年历卡要使用一整年,所以卡纸选择厚的比较好。

(2) 年历卡主题不同摆放的位置就不同。如果是亲情主题的,就适合摆放在家里。

(3) 除了有关年、月、日的知识要正确以外,还要注意哪些知识?

5. 制作年历卡

(1) 准备材料。①拿出提前准备好的剪刀、卡纸、画笔、相片等材料。②查找今年最后一天是星期几,确定明年 1 月 1 日是星期几。③记录所有农历传统节日的新历日期、二十四节气的日期、重要的日子(儿童节、建党节、建军节、七夕、教师节、国庆节、父母生日等)。

(2) 动手制作年历卡。①拿出卡纸,用剪刀剪出合适大小的长方形卡片。②做一月份年历卡。用自己喜欢的样子在卡纸上合适的位置标明一月份,再用尺子和铅笔在卡纸上画出格子,在第一行第一格写上星期日、星期一、星期二……③查找今年

最后一天是星期几,确定2024年1月1日是星期几,并填在相应位置,例如1月1日是星期一就写在星期一的位置,以此类推,把一月份的所有日期写完。④美化一月份年历卡,用自己喜欢的颜色、图案美化年历卡,并标出重要的日子,例如节日、节气等。⑤按照一月份年历卡的步骤制作其他月份的年历卡,最后装订成一本完整的年历卡,设计出漂亮、个性的封面、插图、花边等。

(三) 出项活动

经过入项和实施后,项目活动进入出项公开展示阶段——举办"巧手制年历看谁有创意"展示竞赛活动。全班同学共同探讨出展示活动的简略方案,成立评委小组,活动分为以下五个部分。

1. 自我评价,及时反思及修改(见表2)

表2　自我评价量表

分值	评价标准	得分
20分	我能自己单独完成年历卡的制作	
20分	我知道制作年历卡与年、月、日之间的关系	
20分	我知道制作年历卡的步骤和方法	
20分	我的年历卡非常有创意	
20分	这个制作过程让我很快乐	
总分100分		

2. 他人评价,提升认知与表达

学生通过文字描述和语言表达对年历卡的外观及用途的认识。说一说、比一比,看谁的创意年历卡最精美、最有温度和内涵。

个人分享要点:①制作材料是什么? 为什么选择这种材料? ②主题是什么? 为什么选择这个主题? ③我的创意在哪里? ④我与别人的不同之处是什么? ⑤在制作过程中有没有遇到什么问题? 是怎样解决的? ⑥还有什么可以改进的地方?

3. 填写评价量表(见表3),评委小组投票产生10张最有创意的年历卡

表3　创意年历卡作品评价量表

评价领域	评价标准	画上你的个性表情吧!		
		自评	组评	师评
巩固知识	能否准确说出年、月、日的相关知识			
	能否准确说出月份与天数、日期排列的关系			
艺术表现	能否显现合适的色彩或者图案			
	排版是否合理			
创意实践	作品是否有突出的、不同于他人的地方			
	作品中是否有情感表达			

（续表）

评价领域	评价标准	画上你的个性表情吧！		
		自评	组评	师评
文化理解	能否用语言表达自己对美术作品的感受			
	能否简单说一说年历卡在生活中的作用,准备摆放在哪里			
表情评价	☺ 非常满意 　　　 ☺ 比较满意			☹ 不满意
综合评语				

4. 作品展示及颁奖

获奖者上台领奖并说说自己在制作过程中的收获及反思。

5. 活动小结

设计、裁剪、涂色、标记……同学们根据课堂上所学的"年月日"的知识,发挥自己的创意,制作了一张张属于自己的独特的年历卡,这些年历卡制作精美,每一幅都倾注着孩子们的童心童趣。在制作的过程中,数学与美术、科学等学科相融合,让学生在综合学习中体会数学与生活的密切联系,促进学生对"年月日"知识有了更具体的认识,使知识架构能力、实践操作能力等得到全面锻炼和提升,让学生在有趣又具有实践性的活动中,完成知识的积累,升华情感的体验,真正感受到学习的快乐。

八、反思与展望

制作创意年历卡并不仅仅是制作一个时间管理工具,它也可以用来激发学生的数学学习兴趣,增强学生的数学学习效果,并感受数学与数学、数学与其他学科、数学与生活之间的密切联系。

制作年历并不是一项简单的任务,不仅需要仔细规划每个月份的内容和各种节日、纪念日,还要合理地规划和排版,这对三年级的学生来说有一定的难度。在制作年历的过程中,年历的设计不能过于复杂,否则会让学生产生厌烦和困惑,影响他们的学习积极性。因此在以后的设计中,需要改进个别问题,例如:怎样简洁明了地让人清晰看出日历上的日期和重要节假日?重点在体现简洁明了的风格,并让学生在年历上只标注记得的节日或者自己家庭重要的日子,这样对部分学生来说会更容易接受、更容易动手操作。

玩转轴对称——为教室设计窗花

课程类型	年级	课时数	设计者	实施者
跨学科类项目	三年级	6 课时	王一竹	王一竹

一、项目概述

随着元旦的到来,海口市秀英区长滨小学准备举办元旦活动,各班级都开始积极筹备,那么教室如何布置呢?学生通过学习轴对称图形,制作轴对称窗花来装饰教室。本项目始终关注轴对称图形,依托中国传统技艺剪纸劳动课程,整合数学、美术等学科的重要概念,和多个学科形成关联。

学生在经历了资料收集和思考设计后开始动手实践,将此前两个任务得到的信息进行汇总,并思考:剪一个轴对称窗花需要哪些材料?制作过程中要注意什么?先做什么?后做什么?学生的创造性体现在想象设计轴对称窗花的构思中,学生在项目过程中对于数学知识轴对称和民间传统手艺剪纸有了更深的理解。最终,学生在这个项目中需要经历的学习历程是:寻找生活中的轴对称图形,并通过查阅书籍或网页搜索收集窗花的资料,同时思考要设计裁剪出一个精美的轴对称窗花,需要考虑哪些因素,并在此过程中获得对美的感知。基于以上的思考,我校尝试用项目化学习的方式探究社会实践活动的新路径。

二、项目目标

(一) 知识与能力目标

(1) 数学:在动手折和观察的过程中认识轴对称图形的特点,建立轴对称图形的概念;运用所学的轴对称图形的知识进行窗花的设计,在活动中发展空间观念,提高观察能力和动手操作能力。

(2) 语文:通过项目研究,学会表达自己的思考过程和行为,小组交流讨论设计方案、撰写决策方案和项目开展经历介绍。

(3) 美术:学会设计窗花。

(二) 学习素养目标

(1) 学习搜集、整合资料的方法,注意运用关键词法整合资料,进行信息的搜集与概括,让学生具备初步搜集和整理信息的能力。

(2) 科学探究:应学会经过调查发现问题、用各种学习工具确定要解决的问题,提出解决假设和验证,最终给出解决方案。

(三) 核心价值目标

(1) 感受大自然的对称,提高对传统民间艺术的兴趣。

(2) 体会到生活中处处有数学,感受数学的独特魅力。

三、挑战性问题

(一) 本质问题

如何让学生真正掌握轴对称图形的相关知识?

(二) 驱动性问题

我国民间的剪纸艺术多采用对称的方法设计图案,如何利用对称美设计有特色的窗花？如何完成窗花的制作和美化？

四、预期成果

(一) 产品形式

(1) 绘制窗花制作思维导图。

(2) 自制窗花。

(3) 相关的演示文稿。

(二) 公开方式

(1) 把学生制作的窗花张贴在学校展示栏。

(2) 班级文化应用。

(3) 根据制作过程及成果展示制作美篇，展示并宣传窗花文化。

五、项目评价

(一) 过程评价

(1) 能否相互协作、探究和分享轴对称图形的特点。

(2) 能否合作完成窗花设计思维导图。

(3) 能否在信息收集和学习实践的过程中，层次分明、条理清楚地进行分析。

(4) 能否用语言清晰准确地讲解展示小组成果。

(二) 结果评价

(1) 知识评价：轴对称图形的特点及窗花制作步骤相关检测。

(2) 技能评价：窗花材料的选择、制作工具的使用、操作技法检测。

(3) 实操评价：手工制作窗花美观性、独特性检测。

六、项目资源及工具

(一) 项目资源

网络、与窗花有关的书籍等。

(二) 制作工具

彩纸、安全性的剪刀、铅笔、橡皮等。

(三) 计划时间表(见表 1)

表 1　计划时间表

时间	内　　　　容
第 1～3 课时	发布项目主题，开展入项活动。观察剪纸特征，提供知识技能
第 4～6 课时	掌握技术工具，手工制作剪纸。演示文稿报告，公开成果展示

七、项目实施设计

（一）入项活动

为了不断丰富学校活动,延伸学习空间,促进学生创新思维发展,积极探索活动与学科相结合的有效方法,强化实践体验,突出创造、发现生活之美的价值理念。从学生兴趣出发,通过数学探究和美术相结合,开展项目化活动,培养学生用眼睛去发现生活的美,用双手去创造美的生活,让活动改变生活,让艺术提升品位,同时感受数学来源于生活,生活中处处有数学。

此次探究结合民间艺术"剪纸"和数学内容"轴对称图形",开展轴对称窗花设计活动。同学们可以通过观察身边的窗花,网上查找有关窗花的资料,设计喜欢的图案,用彩纸手工裁剪出精美的轴对称窗花。让我们一起来剪裁出漂亮的窗花装点我们的教室吧!

学生通过头脑风暴,提出并细化了驱动性问题:

问题1:可以通过哪些途径寻找生活中的轴对称图形和窗花的资料?

问题2:要设计裁剪出一个精美的轴对称窗花,需要考虑哪些因素?

问题3:如何完成窗花的制作和美化?

（二）项目实施

1. 折纸活动

观察准备好的图形,如正方形、长方形和圆,探究它们的特点,用什么方法来验证? 填写记录表(见表2)。

表2 学生探究轴对称图形特点记录表

我的任务:
我的发现:
判断依据:
我解决该问题的方法:
小组探讨解决该问题的方法:

在折纸活动中学生通过实际动手操作,自主去探究判断轴对称图形的方法(对折后两边完全重合),在过程中思考并体会轴对称图形的特征,并找出轴对称图形的对称轴。与以前所学平面图形的知识建立连接,做到系统的学习,锻炼了学生探究、合作、思考、语言表达的能力

2. 开展分享会,提升认知与表达能力

小组成员交流讨论,选出小组代表,跟同学们分享对轴对称图形的初步认识,形成对轴对称图形的清晰表象。

如一个平面图形沿一条直线折叠,直线两旁的部分能够互相重合,这个图形就叫

作轴对称图形,这条直线就是它的对称轴。

如在轴对称图形中,对称轴两侧的对应点到对称轴两侧的距离相等。

3. 补全轴对称图形

在同学们掌握了轴对称图形的性质后,小组合作探究如何将只有一半的图形补全成轴对称图形? 学生在小组中讨论、不断磨合出各组认为最恰当的方法。

在补全轴对称图形活动中学生通过实际动手画一画,经历一个轴对称图形形成的过程,加深对轴对称图形性质的理解,同时激发学生的学习兴趣,为后续自主设计一个轴对称窗花做好铺垫。

4. 剪纸活动

认识了轴对称图形的特征,为了更好地设计窗花,小组合作,剪一个轴对称图形。教师运用以下问题链驱动学生合作探究:

(1) 在剪纸的过程中,需要用到哪些工具?

(2) 在开始剪纸之前,需要做哪些准备工作?

(3) 可以用什么方法检验自己剪的是不是轴对称图形?

在折纸活动中学生通过实际动手剪一剪,经历一个轴对称图形形成的过程,加深对轴对称图形特征的理解,同时激发学生的学习兴趣,为后续窗花设计做好铺垫。既锻炼了学生动手操作、思考探索的能力,又培养了学生团结互助的品质。

5. 设计窗花

(1) 小组设计"手工制作窗花"的思维导图。

要设计裁剪出一个既实用又精美的轴对称窗花,需要考虑哪些因素? ①利用已有的经验思考要怎样来折纸? 不同的折法剪出的图形是什么样的? ②思考想要的图案要怎么设计和折叠才能剪裁出来?

各小组通过课上学习、查阅书籍、网络搜索、自媒体视频学习等方式收集窗花的资料,寻找生活中的轴对称图形。了解"手工制作窗花"的方法和步骤,使用不同的设计思维,设计思维导图,内容包括剪纸种类、特点、步骤、技巧、纹样等,并完成评价量表(见表3)。

表3 思维导图小组活动成果展示的评价量表

项 目	评 价 标 准	得分
美观性(10分)	颜色和形状新颖;视觉效果好	
简洁性(10分)	抓住中心、关键词;画面布局合理	
完整性(10分)	内容全面;科学概念要点无遗漏	
正确性(30分)	主题明确;概念准确;关系合理	
结构性(20分)	层次分明;思路清晰	
形象性(10分)	符号具有独特性;图标指示性强	
参与度(10分)	小组成员有团队意识,能群策群力,交流积极主动	

（2）如何完成窗花的制作和美化？

① 在经历了资料收集和思考设计后学生开始动手实践，但在此前要把前面得到的信息进行汇总并思考。教师运用以下问题链驱动学生思考：剪裁一个轴对称图形窗花需要哪些材料？制作过程中要注意什么？先做什么？后做什么？

② 各小组分工合作，使用项目工具，结合学生在课堂中所学习的关于轴对称图形的相关知识，将其应用到设计窗花图案的过程中，手工制作窗花。通过尝试，熟练掌握制作窗花的劳动技能。此环节的设计做了四部分的规定，一是工具（彩纸、安全性的剪刀、铅笔、橡皮等），二是主题（小组交流决定设计什么主题的窗花），三是应用（利用轴对称图形的知识进行窗花设计的应用），四是合作（小组集思广益合作完成设计的窗花）。

③ 教师收集相关资料，结合学生做中学，创中学的教学模式为项目做准备。根据学生兴趣爱好的差异，通过构思—起稿—剪裁—美化，引导学生剪裁出自己心中的轴对称窗花。

④ 评价。学生和教师依据制订好的评价表进行评价，通过表格（见表4、表5）可以量化学生行为和学习习惯，助力自我认识和成长。

表4　轴对称窗花设计自评表

学习主题：		组别：	姓名：	
评价指标	评价内容	评价要点	自评	
实践探究	查找资料	能围绕小组商定的窗花查找相关资料	☆ ☆ ☆ ☆ ☆	
		能通过上网、查课外书、询问家长等各种途径来查找需要的资料	☆ ☆ ☆ ☆ ☆	
	整理资料	能用自己喜欢的记录方式记录找到的相关资料	☆ ☆ ☆ ☆ ☆	
		能根据记录的要点准确地介绍查找的内容	☆ ☆ ☆ ☆ ☆	
	制作过程	关注传统文化与现代审美的结合，添加新颖的设计元素	☆ ☆ ☆ ☆ ☆	
	小组合作	成员分工合理，人人都能发挥特长	☆ ☆ ☆ ☆ ☆	
	口语表达	分享过程中声音响亮、条理清楚、仪态大方	☆ ☆ ☆ ☆ ☆	

表5　轴对称窗花设计他评表

学习主题：		组别：	姓名：	
评价指标	评价内容	评价要点（每一项满分10分）	组员评分	教师评分
团结协作能力	参与度	积极参与小组活动，按要求完成任务		
	专注度	遇到困难能坚持，并尝试解决		
	自信心	态度大方，充满自信		
	合作度	乐于合作，主动与人交流		

（续表）

评价指标	评价内容	评价要点（每一项满分 10 分）	组员评分	教师评分
探究实践能力	整理资料	能根据需要选取有价值的材料		
	解决问题	主动积极解决学习过程中遇到的问题		
	整合各科	能将各学科融合进行探究		
语文素养	口语表达	能清楚并且有条理地表达自己做窗花的感受，介绍自己如何做窗花		
	文化自信	在向身边的人介绍窗花时，表现出热爱、自豪的感受		

（三）出项活动

1. 学生在成果输出中增强创新实践能力

此次项目化学习，学生们在创作过程中，充分发挥创造思维，能多方面、多角度创作作品，激发了学生动手实践能力，动手创造能力，动手创新能力。

2. "数学＋美术"跨学科整合激发学科素养

本项目结合多门学科的特点，把学生学习体验和探究放在首位，以实践操作为核心，学生用切实的行动解决了一个又一个驱动型问题，真正走向综合性学习。

项目小组共同介绍陈述报告，对自己组设计的窗花进行讲解展示，并介绍自己在项目中承担的责任。完成评价表（见表 6）。

表 6 "自制窗花"成果展示效果评价表

评价种类	序号	评价指标	获得星数
基础知识（16 颗☆）	1	一致性：设计构思与剪裁作品相一致	
	2	美观性：剪裁精美，有美好的寓意	
	3	实用性：作品能张贴在教室中，美化环境	
	4	原创性：作品原创，成本节约	
汇报设计（20 颗☆）	1	结构紧密，逻辑性强，过渡自然	
	2	汇报呈现的内容能够让听众理解	
	3	汇报知识点正确，无知识性错误，分量适中	
	4	汇报的形式灵活多样	
汇报效果（9 颗☆）	1	听众参与度高，活动积极	
	2	情绪饱满，富有表情	
	3	表演形式适当	
特色与创新（5 颗☆）		某一方面有独特之处	
总得星数（50 颗☆）			

八、反思与展望

（1）剪纸是我国历史悠久的一项民间手工艺术，它的对称美更是深深地震撼着我们。学生在折叠、画线、裁剪的剪纸过程中感受剪纸与轴对称的密切联系，对数学概念中点、线、面有了更深的理解。学生通过该活动在玩中自然愉快地学习了轴对称，对轴对称也有了更深刻的理解，进一步提升了学生对数学学习的兴趣。

（2）学生在找、画、折、剪、拼等活动中不断积累数学活动的经验，创作出新颖、独特、精美的窗花，促进了数学综合素养的提升。

（3）教师应努力贯彻以"学生为主体、教师为主导"的学生自主发展的教育原则。教师只是对概念的引入加以指导以及对整个教学流程加以控制，其余都让学生自己观察、思考、操作、联想、讨论、口述，让学生成为真正学习和活动的主人。

绘制校园平面图

课程类型	年级	课时数	设计者	实施者
活动项目	五年级	8课时	黄巧妮	黄巧妮

一、项目概述

海口市秀英区长滨小学作为自贸港窗口学校，每年接待多批外来访客，该如何清晰直观地向访客介绍我们校园的整体概貌与布局，带领他们去参观呢？学生通过学习比例尺、方向等知识，绘制了校园平面图来展现校园整体概貌。本项目基于"图形与几何"领域，围绕认识方向、确定位置、测量计算、构建比例尺等相关知识开展，整合数学、美术等学科的重要概念和多个学科形成关联。

本活动基于真实情境，围绕驱动性问题开展的项目化学习，重点是让学生学会自主选择合适的测量工具，经历比较复杂的测量过程，学会事先规划和分步落实，学会处理测量的误差，在促进量感培养的学科实践中积累丰富的经验，构建比例尺，最终呈现设计作品。

二、项目目标

（一）知识与能力目标

（1）数学：在实际的测量过程中，进一步掌握测量几何图形的知识；在实践活动中巩固比例知识，会确定比例尺，并根据比例尺及实际距离求图上距离；进一步培养学生的绘图能力，能根据各建筑物底面形状和各建筑物的相对距离绘制出比例合理、画面整洁的平面图。

（2）美术：审美感知和艺术表现。如平面图的配色、设计。

（3）语文：文字描述和语言表达。如成果展示并进行介绍。

（二）学习素养目标

（1）空间观念：在活动中通过观察、测量、计算，进而绘制出校园平面图，由实物抽象出图形。

（2）数据分析观念：初步掌握数据收集、整理、描述和分析的方法，形成统计意识。

（3）应用意识：通过了解"比例尺"的运用，从而解决与生活密切联系的问题，强化数学的应用意识。

（4）运算能力：通过对数据的收集、测量、计算，进一步巩固按"比例尺"求实际距离或图上距离的方法。在这个过程中，学会了寻找合理、简洁的运算来解决实际问题。

（三）核心价值目标

体会生活中处处有数学，感受数学的独特魅力。

三、挑战性问题

（一）本质问题

如何让学生深入了解比例尺？如何利用比例尺解决生活中的问题？

（二）驱动性问题

如何清晰直观地向访客介绍我们校园的整体概貌与布局？

四、预期成果

（一）产品形式

（1）绘制校园平面图。
（2）本项目相关的介绍视频。

（二）公开方式

学生以小组为单位，带着自己绘制的校园平面图向师生介绍，呈现产品使用效果，展示并介绍比例尺的运用知识。

五、项目评价

（一）过程评价

（1）能否相互协作、探究和分享比例尺的基本特征。
（2）能否合作完成校园平面图设计的思维导图。
（3）能否在信息收集和学习实践的过程中，层次分明、条理清楚地进行分析。
（4）能否用语言清晰准确地讲解展示小组成果。

（二）结果评价

（1）知识评价：比例尺的基本特点及平面图绘制步骤相关检测。

（2）技能评价：选择合适的测量工具、构建合适的比例尺检测。

（3）实操评价：绘制校园平面图的美观性、独特性检测。

六、项目资源及工具

（一）项目资源

测量工具包、比例尺有关的书籍等。

（二）制作工具

测量工具、安全性的剪刀、铅笔、橡皮等。

（三）计划时间表（见表1）

表1　计划时间表

时间	内　　容
第1、2课时	发布项目主题，开展入项活动。了解学校布局，学习比例尺知识
第3、4课时	测量学校各建筑物相关数据，构建比例尺并完成计算
第5、6课时	修改、完善方案，设计平面图
第7、8课时	成果展示、汇报、评价

七、项目过程

（一）入项活动

为促进学生创新思维发展，积极探索活动与学科相结合的有效方法，强化实践体验。从学生兴趣出发，通过数学探究和美术相结合，开展项目化活动，培养学生用眼睛去发现生活中的数学，让活动改变生活，同时感受数学来源于生活，生活中处处有数学。

本次基于"图形与几何"领域，围绕认识方向、确定位置、测量计算、构建比例尺等相关知识，开展绘制校园平面图的项目化活动。学生可以通过选择合适的测量工具，测量校园各建筑物相关数据，构建比例尺，逐步修改、完善设计方案，绘制出美观、清晰的校园平面图。让我们一起来绘制校园平面图吧！

学生通过头脑风暴，提出细化了驱动性问题，并形成以下几个问题：

问题1：估计学校各建筑物的相应数据，怎样让测量的数据尽可能准确？

问题2：如何测量不规则的建筑物？

问题3：如何在平面图上更规范地画好跑道两侧的半圆形？

问题4：将标志性建筑物缩小后画到纸上的时候，怎样构建合适的比例尺？

（二）项目实施

1. 认识平面图

观察准备好的两张平面图，初步认识平面图，明确平面图上一般需要画的或标明的是什么？在观察的过程中，与以前所学比例尺、方向的知识建立连接，做到系统的学习，锻炼了学生的探究、合作、思考、语言表达能力。

2. 开展分享会，提升认知与表达能力

小组成员交流讨论，选出小组代表，跟同学们分享对平面图的初步认识。

如一般需要画出主要的建筑物以及主要活动场所的位置、形状、大小等；

如需要标明各建筑物和活动场所的名称；

如需要标明平面图的方向标志、比例尺等。

教师运用如下问题链驱动学生探索：①绘制校园平面图前，要先做哪些方面的准备？②在校园平面图中要绘制哪些主要建筑物？③需要收集哪些数据？如何收集这些数据呢？（实地测量的方法）④如何确定这幅图的比例尺呢？

3. 测量学校各建筑物的相关数据

先自主估算建筑物的长和宽，选取合适的测量工具包，各小组明确人员分工，选择合适的工具对学校建筑物进行测量并填写数据记录单（见表2），同时对测量数据进行收集及分析检验，协商解决测量过程中相关的困难或问题，初步设计校园平面图的方案。

表2　学校建筑物数据记录单

地点	长（米）	宽（米）
校园外围		
校门		
善思楼		
致远楼		
游泳馆		
运动场		

4. 定比例尺，绘制校园平面图

（1）小组设计"绘制校园平面图"的思维导图。

要设计出一个既实用又美观的校园平面图，需要考虑哪些因素？①利用已有的知识经验思考要怎样绘制平面图？不同的比例尺绘制的平面图有何不同？②思考想要的平面图要怎么设计？

各小组通过观察平面图，查阅学习有关比例尺的书籍等方式寻找生活中的比例尺。了解"绘制平面图"的方法和步骤，使用不同的设计思维，设计思维导图，内容包括了解学校布局、测量方法、确定比例尺、设计图布局等，填写评价量表（见表3）。

表3　思维导图小组活动成果展示的评价量表

项目	评价标准	得分
美观性(10分)	颜色和形状新颖；视觉效果好	
简洁性(10分)	抓住中心、关键词；画面布局合理	
完整性(10分)	内容全面；概念要点无遗漏	
正确性(30分)	主题明确；概念准确；关系合理	
结构性(20分)	层次分明；思路清晰	
形象性(10分)	符号具有独特性；图标指示性强	
参与度(10分)	小组成员有团队意识，能群策群力，交流积极主动	

（2）如何完成平面图的制作和美化？

① 在经历了数据收集和思考设计后学生开始动手实践，但在此之前要把前面得到的信息进行汇总，并思考。

教师运用如下问题链驱动学生思考：在校园平面图中要绘制哪些主要建筑物？如何确定这幅图的比例尺呢？

② 各小组分工合作，使用项目工具，结合学生在课堂中所学习的关于比例尺、位置等相关知识，将其应用到绘制校园平面图的过程中。通过尝试，熟练掌握绘制平面图的技能。

此环节的设计做了三部分的规定，一是工具（绘画纸、铅笔、尺子、橡皮等），二是应用（利用比例尺、位置的知识进行校园平面图绘制的应用），三是合作（小组集思广益合作完成设计的校园平面图）。

③ 评价。学生和教师依据制订好的评价表（见表4、表5）进行评价，量化学生行为和学习习惯，助力自我认识和成长。

表4　校园平面图设计自评表

学习主题：		组别：		姓名：
评价指标	评价内容	评价要点		自评
实践探究	查找数据	能围绕小组商定的平面图布局查找相关数据		☆ ☆ ☆ ☆ ☆
		能通过选取合适测量工具，测量相关数据		☆ ☆ ☆ ☆ ☆
	整理数据	能准确记录测量的相关数据		☆ ☆ ☆ ☆ ☆
		能准确地介绍查找的数据		☆ ☆ ☆ ☆ ☆
	绘制过程	关注比例尺的选取，绘制美观清晰的平面图		☆ ☆ ☆ ☆ ☆
	小组合作	成员分工合理，人人都能发挥特长		☆ ☆ ☆ ☆ ☆
	口语表达	分享过程中声音响亮、条理清楚、仪态大方		☆ ☆ ☆ ☆ ☆

表5 校园平面图设计他评表

学习主题：		组别：		姓名：	
评价指标	评价内容	评价要点（每一项满分 10 分）		组员打分	教师打分
团结协作能力	参与度	积极参与小组活动，按要求完成任务			
	专注度	遇到困难能坚持，并尝试解决			
	自信心	态度大方，充满自信			
	合作度	乐于合作，主动与人交流			
探究实践能力	整理数据	能根据需要选取有价值的数据			
	解决问题	主动积极解决学习过程中遇到的问题			
	整合各科	能将各学科融合进行探究			
语文素养	口语表达	能清楚并且有条理地表达自己绘制平面图的感受，介绍自己绘制平面图的想法			
	文化自信	在向身边的人介绍校园平面图时，表现出热爱、自豪的感受			

（三）出项活动

1. 学生在成果输出中增强创新实践能力

此次项目化学习，学生们在绘制过程中，充分发挥创造思维，能多方面、多角度设计作品，激发学生动手实践能力，动手创造能力，动手创新能力。

2. "数学＋美术"跨学科整合，激发学科素养

本项目结合多门学科的特点，把学生学习体验和探究放在首位，以实践操作为核心，学生用切实的行动解决了一个又一个驱动性问题，真正走向综合性学习。

项目小组共同介绍陈述报告，对自己小组绘制的校园平面图进行讲解展示，并介绍自己在项目中承担的责任。完成评价表（见表6）。

表6 "绘制校园平面图"成果展示效果评价表

评价种类	序号	评价指标	获得星数
基础知识（16 颗☆）	1	一致性：设计与校园布局相一致	
	2	美观性：平面图设计美观、清晰	
	3	实用性：作品能张贴在校园中	
	4	原创性：作品原创，成本节约	
汇报设计（20 颗☆）	1	结构紧密，逻辑性强，过渡自然	
	2	汇报呈现的内容能够让听众理解	
	3	汇报知识点正确，无知识性错误	
	4	汇报的形式灵活多样	

（续表）

评价种类	序号	评价指标	获得星数
汇报效果 （9 颗☆）	1	听众参与度高,活动积极	
	2	情绪饱满,富有表情	
	3	表演形式适当	
特色与创新 （5 颗☆）		某一方面有独特之处	
总得星数(50 颗☆)			

八、反思与展望

　　测量学校各建筑物时,引导学生先自主估计,再根据估计的结果从工具包中选择相应长度的尺子进行测量。如测量操场跑道的长度时选择 100 米长的尺子进行测量,多次测量后比对测量结果,尽量减小数据测量的误差,提高测量的精准性。又如在测量操场跑道两侧的半圆形时,用直尺无法直接测量,小组商议后决定通过测量半圆的直径再推算出其弧线的长度。

　　获得测量数据后,小组需要将各建筑物的平面图画到纸上,这时就需要根据纸张大小构建合适的比例尺。这一过程不仅需要学生熟练掌握度量单位之间的进率及换算方法,还需要学生能够先将建筑形态抽象为平面图形,然后运用比例尺进行可视化的呈现,实现从直观到抽象的转化,从而达成对比例尺的深刻理解和合理运用。如构建 1∶500 的比例尺时,需要理解图上距离 1 厘米表示实际距离 500 厘米,也就是 5 米。

　　本次活动培养了学生的量感,有效发挥了项目化学习的优势——创设充分自主探究的空间、增强相关的直观体验,让量感培养从"静态"走向"动态"、从"封闭"走向"开放",使得学生的量感在深度参与和丰富体验中得以不断生长,同时也为培养学生的数学核心素养做出了积极有效的探索。

参考文献

［1］夏雪梅等.项目化学习工具:66个工具的实践手册［M］.北京:教育科学出版社,2022.

［2］夏雪梅.项目化学习设计:学习素养视角下的国际与本土实践［M］.北京:教育科学出版社,2018.

［3］胡久华,郇乐.促进学生认识发展的驱动性问题链的设计［J］.教育科学研究,2012(9):50-55.

［4］李梅.认知视角下的项目化学习解析［J］.电化教育研究,2017(11):102-107.

［5］管光海,卢夏萍.如何设计驱动性问题［M］.北京:教育科学出版社,2022:41-43.

［6］杜在琴.项目化学习在初中语文教学中的实践探索［J］.语文教学与研究,2020(24):84-85.

［7］孟彩娜.问题链在初中英语阅读教学中的应用［J］.读写算,2024(13):89-91.

［8］王后雄."问题链"的类型及教学功能:以化学教学为例［J］.教育科学研究,2010(05):50-54.

［9］夏雪梅.学习素养视角下的项目化学习:问题、设计与呈现［J］.教育视界智慧管理,2020(04):22-26.

［10］周文叶,毛玮洁.表现性评价:促进素养养成［J］.全球教育展望,2022(05):94-105.

［11］夏雪梅.学科项目化学习设计:融通学科素养和跨学科素养［J］.人民教育,2018(01):61-66.